GENERATION ALLY

Katja Kullmann

GENERATION ALLY

Warum es heute so kompliziert ist, eine Frau zu sein

Eichborn.

3 4 5 04 03 02

Umschlaggestaltung: Moni Port
Fotografie: © Catch publishing
Lektorat: T. Schulte
Satz: Fuldaer Verlagsagentur, Fulda
Druck und Bindung: GGP Media, Pößneck
ISBN 3-8218-3918-X

Verlagsverzeichnis schickt gern:
Eichborn Verlag, Kaiserstraße 66, D-60329 Frankfurt/Main
www.eichborn.de

INHALT

DIE ALLY IN UNS ALLEN
Eine Art Vorwort

»In Wahrheit will ich gar nicht glücklich oder zufrieden sein. Denn: Was wäre dann? Eigentlich gefällt mir dieser Zustand, diese Suche. Genau darin liegt der Spaß. Je schlechter es einem geht, desto mehr gibt es, worauf man sich freuen kann. Wer hätte das gedacht? Es geht mir richtig gut, ich hab's bloß noch nicht bemerkt.«

(Ally McBeal, 1. Staffel, Folge1)

Eine Frage vorweg: Gehören Sie auch zu der Million Frauen, die dienstagabends zwischen 22 und 23 Uhr bei Vox *Ally McBeal* einschalten, die amerikanische Fernsehserie um eine neurotische Anwältin? Wenn ja, dann wissen Sie, worum es geht. Wenn nicht, ist es nicht schlimm. Sie haben vermutlich nicht viel verpasst. Als Frau um die 30 dürfte Ihr eigenes Leben aufregend genug sein. Darum geht es in diesem Buch. Wenn Sie ein Mann sind, macht das auch nichts. Sie könnten noch etwas lernen, schließlich sind Sie Teil der Szenerie, haben im Job oder im Privaten täglich mit Frauen zu tun. Also lesen Sie ruhig weiter, auch wenn Sie keine Ahnung von Gesichts-BHs, Unisex-Toiletten und der biologischen Uhr haben.

Stellen Sie sich einfach vor, es ist Dienstag, 19.45 Uhr, und Sie sitzen im Büro. Sie sind Sachbearbeiterin oder Werbekauffrau, nennen sich Office Managerin oder Team Assistant und arbeiten für eine Agentur-für-Irgendwas, nicht gerade sechzehn, aber immerhin zehn Stunden am Tag. Sie leben in einer Stadt mit mehr als 100.000 Einwohnern in einem passablen Viertel, in einer Zweieinhalbzimmerwohnung mit Dielenboden oder Laminat. Aller Wahrscheinlichkeit nach allein, denn Sie sind Single. Vielleicht gehören Sie zu denjenigen, die auf den Anruf eines Mannes warten. Vielleicht führen Sie eine Wochenendbeziehung. Auf jeden Fall sind Sie häufig unterwegs, zu Firmenreisen, Businessdinners, Wohnungseinweihungspartys, Polterabenden, Städtetrips, Extremsport-Seminaren, Frauen-

Netzwerk-Treffen, Fisch-sucht-Fahrrad-Feten, zu Besuch bei den Eltern in Hildesheim oder bei Freunden in Houston, Hongkong, Haifa. Heute ist Ihr 31. Geburtstag. Für den Abend haben Sie ein paar Leute in eine Lounge eingeladen, Kollegen, Bekannte, Artverwandte. Sie müssen los, die anderen warten auf Sie.

In der Lounge schmeißen Sie mehrere Runden Cocktails und ausländisches Kultbier, das in exotischen Flaschen ausgeschenkt wird. Die Gespräche drehen sich zunächst kurz um Sie und Ihren Geburtstag, dann lange ums Geschäft, den Job, Mobbing-Anekdoten werden ausgetauscht, schließlich verabschieden sich die ersten, weil sie morgen wieder früh raus müssen, und diejenigen, die definitiv zu viel getrunken haben, belallen Beziehungskrisen und Partnersuche. Sie merken, dass der Abend gelaufen ist, verabschieden sich, zahlen per Electronic Cash, rufen mit dem Handy ein Taxi und lassen sich nach Hause fahren. Auch Sie müssen morgen früh raus, ein Meeting steht an.

Im Briefkasten finden Sie eine Glückwunschkarte Ihrer Eltern, die Auszüge Ihres Online-Depots und ein Werbemailing für Katzenfutter samt Futterprobe. Frau, ledig, Katzenfreundin. Dabei haben Sie eine Katzenallergie. Dann noch die Frauenzeitschrift, die Sie abonniert haben, Titelstory: »66 Tipps für besseren Sex«. Sie kommen in Ihre Wohnung, dimmen den Deckenfluter und checken Ihr privates E-Mail-Postfach. »Sie haben Post«, sagt die Frau vom E-Mail-Dienst, und alles ist gut. Sie sind online, Sie sind vernetzt, Sie kommunizieren. Jede E-Mail, jede SMS, jede Nachricht auf der Handy-Mailbox sagt Ihnen, dass Sie jemand sind.

Gerne hätten Sie heute Abend zur Feier des Tages Geschlechtsverkehr gehabt, wenn Ihnen schon keiner Blütenblätter aufs Kissen streut. Aber das war schlecht zu organisieren. Vor allem, weil Ihnen der vorläufig letzte Akt – mit einem Kollegen aus einer Partnerfirma aus einer anderen Stadt oder mit Ihrem Lebensabschnittsgefährten, der gerade auf Dienstreise ist – Ihnen einen Pilz eingebracht hat, die Grippe der Frauen. Überarbeitung, Anfälligkeit, schwaches Immunsystem. Ihre frisch epilierte Bikinizone müssen Sie nun zeitweilig mit einer klebrigen Fungizid-Creme beschmieren. Keine gute Voraussetzung für einen Flirt-for-Fun. Außerdem dieses Meeting morgen.

Sie gehen ins Bad, schminken sich ab. Es ist kein Schock, dass sich das Mädchenhafte in Ihren Zügen bereits weitgehend verflüchtigt hat, dass sich feine Linien in die Haut um Augen und Mundwinkel gegraben haben. »Scheiß auf die Körperhygiene«, denken Sie, wen interessiert's? Sie werden morgen duschen, putzen sich die Zähne und legen sich auf Ihr 1,40x2-Meter-Bett, das Matratzenmaß dieser Tage – zu groß für einen Menschen alleine, zu klein für zwei zusammen. Daneben liegen dieses Buch über Buddhismus und dieser Finanzratgeber für Frauen, mit deren Lektüre Sie vor Monaten begonnen hatten, aber Sie kommen einfach nicht weiter, Sie haben schon wieder vergessen, was Sie bisher lasen, weil Sie so furchtbar viel um die Ohren haben.

Buddhismus und Geldanlage: Sie haben das dunkle Gefühl, an Ihrer Altersvorsorge ist noch einiges zu tun, mental wie materiell. Eigentlich hatten Sie noch ein Kind eingeplant. Das bedeutet finanzielle, arbeitszeitliche und vor allem partnerschaftliche Organisation höchster Diffizilitätsstufe. Sie schauen an die Decke und wünschen sich Gefühle. Große Gefühle, die Ihnen sagen, wie es um Sie steht, Glück, Stolz, wenigstens Einsamkeit. Sie warten einige Sekunden, Minuten, aber es kommt nichts. Sie sind das, was man gerade noch jung nennt, auf alle Fälle erfolgreich. Sie haben sich etwas aufgebaut, ganz für sich allein. Sie brauchen nichts und niemanden. Aber Sie wollen alles und jemanden. Jemanden zum Lieben und zum Familiegründen. Sie denken an die Kollegin, die geheiratet hat und schwanger wurde und sich für ein Jahr in die Elternzeit verabschiedet hat, obwohl sie gerade zur Senior-Irgendwas befördert wurde. Sie denken an Ihre allein stehende Chefin, die ihren Jahresurlaub stets auf einer Karibikinsel verbringt, wo sie für viel Geld dunkelhäutige Loverboys mietet, die ihr im Gegenzug Komplimente und körperliche Zuwendung geben. Sie denken an Ihre Mutter, die in Ihrem Alter bereits drei Kinder hatte, dafür keinen Beruf, und daran, dass Sie selbst es heute viel besser haben. Sie waren schon lange nicht mehr richtig verliebt, nur flüchtig verknallt oder von Gewohnheit ermüdet. Das Männerproblem, die Mutterschaft, die Rentenfrage, die Glückssuche – all das ist anstrengend. So anstrengend, dass Sie oft zu erschöpft sind zum Nachdenken.

Mit der multioptionalen Fernbedienung schalten Sie den Dolby-Surround-Fernseher ein und dann den Videorecorder, der die neueste *Ally-McBeal*-Episode aufgenommen hat, die wenige Stunden zuvor ausgestrahlt wurde, als Sie gerade in der Lounge saßen und tranken. Wenn irgend möglich, verpassen Sie keine Folge dieser Serie, Ihrer Lieblingsserie. Die Bostoner Fernsehanwältin sagt Sätze wie diese: »Ich dachte immer, wenn ich 30 bin, dann wäre ich reich, hätte Erfolg und drei Kinder und einen Mann, der abends auf mich wartet und mir die Füße krault. Und jetzt sieh mich an: Mir gefallen nicht einmal meine Haare!« Sie sind nicht einmal mehr 30, Sie sind seit heute 31, und Sie müssen schmunzeln, Sie fühlen sich verstanden, Sie fühlen sich ertappt. »Genau so ist es«, denken Sie. Wie diese Ally sich abzappelt in ihrem großartig kleinen Leben, total emotional, durchgeknallt, sie darf was, sie kann was – irgendetwas hat das mit Ihnen zu tun, denken Sie. »Ich bin nicht allein«, denken Sie. Allys piepsige Niedlichkeit beruhigt Sie, und Sie schlafen ein, noch bevor das Band zu Ende ist und der Fernseher zu rauschen beginnt.

Als »gut ausgebildete, erfolgreiche Frauen, die Spaß am Job haben und für die ein überlanger Arbeitstag völlig normal ist«, beschrieb die österreichische Frauenzeitschrift *Wienerin* die Ally-Anhängerinnen. Frauen zwischen 25 und 40, die Hälfte Singles, Frauen, »die genau wissen, was sie wollen und sich nichts gefallen lassen. Schon gar nicht von Männern«. Das Londoner *Times Magazine* bezeichnete die Fernsehfigur als »Ikone eines neuen Ich-Feminismus«. Das Wirtschaftsmagazin *Bizz* fragte seine Leserinnen und Leser: »Sind wir nicht alle ein bisschen Ally?«, und brachte in derselben Ausgabe eine Titelgeschichte zum Thema »Karriere-Killer Kind?«. Genau darum geht es in den Hinterzimmern von Allys Glitzerwelt – und auch im Leben ihrer weiblichen Fans: Karriere, Kinder und andere grundlegende Fragen der Lebensplanung – die in der Realität freilich nicht mit ein paar Slapstickeinlagen wegzuwischen sind. Wenn

Ally sich auf dem Bildschirm mit einem Chauvi anlegt, dann schlägt sie ihm in ihrer Fantasie mit der Faust in die Magengrube, und ihre Anhängerinnen triumphieren gedanklich mit ihr. Wenn die biologische Uhr wieder einmal laut tickt, tanzt Ally mit einem imaginären Säugling, der rhythmisch »Ugachaka« ruft. Wenn sie an Liebeskummer leidet, dann futtert sie eine Packung Vanilleeis und verliert sich in Barry-White-Halluzinationen. Die TV-Heldin kämpft mit zwei Prinzipien: dem der Unmöglichkeit und dem der Ungerechtigkeit. Es ist für Frauen scheinbar unmöglich, beruflich erfolgreich und privat glücklich zu sein, führt sie uns vor. Und das ist verdammt ungerecht, findet Ally. Das kennen wir irgendwoher, denken wir, die Zuschauerinnen und Frauenzeitschriftenleserinnen.

Weibliche Heldinnenbilder verändern sich mit der Zeit, gesamtgesellschaftlich wie privatpsychologisch. Mit acht Jahren schauten wir *Pippi Langstrumpf* im Kinderferienprogramm, mit elf bewunderten wir die Baseball spielende Amanda aus *Die Bären sind los*. Mit 14 war es die früh von zu Hause ausgezogene Balletttänzerin *Anna* in der gleichnamigen ZDF-Serie, mit 19 die amour-fou-anfällige Kelly aus *Beverly Hills 90210*. Mit 24 mussten wir in *Melrose Place* entsetzt feststellen, was aus der Kaugummi kauenden, selbstbewussten Baseball-Amanda von einst geworden war: Die neue Amanda war um die 30, wurde gespielt von der früheren *Denver*-Schlampe Heather Locklear, besaß eine Werbeagentur und war zur eiskalten, biestigen Karrierekuh mutiert. Erfolg im Job = Pech in der Liebe = gefrustetes Um-sich-Beißen = andauernde Bestrafung. Das war die Botschaft.

Nun ist es also Ally. Ein ziemlich logischer Anschluss, denn Ally ist im Grunde nichts anderes als Amanda von innen. Amanda präsentierte in *Melrose Place* das nackte, kalte Image der postmodernen, urbanen, erwerbstätigen Single-Frau, Ally haut uns die Gefühlslage einer solchen Frau um die Ohren. Sie darf immerhin beides: erfolgreich *und* ein nettes Mädchen sein.

So weit, so sympathisch. Die meisten von uns müssten sich allerdings mehrmals täglich übergeben, säße eine echte Ally als Kollegin am Nachbarschreibtisch. In der Realität würden wir ihre 48 Kilo, ihre kurzen Röcke, ihre Zicken und ihre Tussihaftigkeit gar nicht aushalten. Ally würde uns auf die Palme bringen, wenn sie mit den Kulleraugen rollt und sagt: »Meine Probleme sind die wichtigsten, weil es meine sind.« Wie kann sie sich das herausnehmen, würden wir uns fragen. Schließlich geht es uns allen genauso, auch denjenigen, die die Serie noch nie gesehen haben.

Anders als Ally reden wir Realfrauen aber nicht gern über unsere versagten Erfüllungsgefühle, die Zweifel an der eigenen Biografie, die Angst vor der Zukunft. Über die Ungerechtigkeit, offenbar immer noch allein für die Reproduktion der Menschheit zuständig zu sein. Über die Sorge, den richtigen Zeitpunkt zu verpassen. Über die Angst, eines Tages der Tablettensucht anheim zu fallen und vor lauter Inhaltsleere im Privaten auch sonntags noch ins Büro zu fahren. Über die Tatsache, dass sich solcher Eifer nicht einmal lohnt, weil noch immer zwei Drittel der Chefsessel von männlichen Hintern besetzt sind. Darüber, dass wir mit 40 statistisch gesehen 20 Prozent weniger verdienen als der Depp mit dem y-Chromosom, der im Examen noch von uns abgeschrieben hat. Über das diffuse Gefühl, dass es da irgendwo einen Fehler im System gibt. Über den Kraftakt, seinen Platz zu finden auf dem Jahrmarkt der Lebensstile. Wir wollen kein Karrieremonster sein wie Amanda, keine Backpflaumenexistenz wie Mutter Beimer aus der *Lindenstraße*, kein Tittenwunder in der Boxengasse, keine verhärmte Esoterikerin, keine Frauenbeauftragte und nicht unbedingt eine Lesbe, wenn es sich vermeiden lässt.

Wir versuchen, das alles locker zu nehmen, wollen keinen Ärger machen. Wenn wir Worte wie Emanzipation, Geschlechterkampf und Feminismus laut aussprechen, dann kommen wir uns vor, als ob wir einen dicken Döner mit ordentlich Tsatsiki gegessen hätten. Es müffelt übel, abgestanden, unappetitlich, peinlich. Wir sind aufgewachsen in der erblühenden Lifestyle-Ära, in der ein Slogan mehr zählt als tausend Worte. Wir denken in Kategorien wie »Coolness« und »Ich-AG«. Microsoft fragt uns in Werbespots: »Where do you want to go today?«, und wir glauben fest daran, dass letztlich alles eine Frage der Organisation ist. Jede(r) ist seines/ihres Glückes

Schmied, so sieht es doch aus. Jede(r) kann alles sein, Skateboarder(in), Existenzgründer(in), Alleinerziehende(r), Würstchenbrater(in), Pop-Autor(in), Bobo oder Weltenbummler(in). Hauptsache, der Style stimmt. Hauptsache, der Laptop funktioniert und das Handy findet ein Netz. Die Politik hat im Privaten nichts zu suchen, finden wir.

Und so leiden wir still am Einerseits-andererseits-Komplex und nennen das dann Flexibilität, Mobilität, Work-Life-Balance. Einerseits empfinden wir Souveränität und Selbstbestimmtheit, andererseits sehnen wir uns nach dem Aufgehen und Verschmelzen in einer Partnerschaft. Einerseits wollen wir uns im Beruf verwirklichen, andererseits Kinder bekommen und vielleicht sogar selbst großziehen. Einerseits wollen und müssen wir uns mit solchen grundlegenden Angelegenheiten auseinander setzen, andererseits finden wir das ziemlich unsexy und, das muss noch einmal betont werden, ziemlich ungerecht.

Keine Frauengeneration vor uns war so gut ausgebildet, aufgeklärt und »befreit« wie wir, die zwischen 1965 und 1975 Geborenen, die Töchter der Emanzipation. Und trotzdem sind wir nicht wirklich glücklich. Das ist Allys Geheimnis, und es ist gleichsam unser aller Geheimnis, das große Glücksrätsel, das es zu lösen gilt. Die Produzenten von *Ally McBeal* machen sich einen Spaß draus, und wir amüsieren uns, denn anders als mit (Selbst-)Ironie ist dieser Zustand ja nicht auszuhalten, meinen wir.

Vielleicht sollten wir darüber noch einmal nachdenken.

1. MAKRAMEE-MÜTTER IM EIGENHEIM-IDYLL

»Manchmal bin ich überzeugender, wenn mir die Überzeugung fehlt.«

(Ally McBeal, 1. Staffel, Folge 1)

Irgendwann zwischen 1980 und 1990 wurde ich vom Mädchen zur Frau. Davor kam die Pubertät. Und davor die Vorpubertät. Bei diesem Wort muss ich immer an Umkleidekabinen denken. Spinde, Kleiderhaken, Fußmatten, Schweiß. Ich denke an Schwimmbäder, Landschulheime, Jugendherbergen. Und an die Mehrzweckhalle neben meiner Grundschule in Friedrichsdorf, einer rund 20.000 Einwohner zählenden Gemeinde im Vordertaunus, knapp 20 Kilometer nordwestlich von Frankfurt/Main. In den Umkleideräumen dieser Halle ahnte ich Anfang der 80er zum ersten Mal, dass es womöglich anstrengend ist, eine Frau zu sein. Dass es darauf ankommt, welcher Typ Frau man ist. Ich begriff zum ersten Mal, dass ich eines Tages erwachsen werden würde. Unweigerlich.

Abends trafen sich Heimatvereine oder Rock'n'Roll-Clubs in der Halle, tagsüber nutzten die Kinder sie für den Schulsport. Wir ABC-Schützen, wie Grundschüler in jenen Tagen noch genannt wurden, mussten dazu in Zweierreihen den örtlichen Kirmesplatz überqueren, der die Schule, einen für damalige Verhältnisse hochmodernen Glas-Beton-Bau, und die Halle miteinander verband. Innen quietschten die Gummisohlen unserer Turnschuhe auf dem hellgrauen Linoleumboden und hinterließen dunkle Streifen. Die Wände hatte man mit rotbraunen Holzlatten verkleidet, die sicherlich mit *Xyladekor* oder einem anderen giftigen, vermutlich Krebs erregenden Holzschutzmittel lackiert waren. Die Latten speicherten die Sonnenstrahlen, die durch die Oberlichter hineinfielen, und zusammen mit dem Kinderschweiß führte das zu dieser ganz speziellen Mehrzweckhallenhitze, vielmehr zu einer mehrzweckhallenspezifischen Stickigkeit. Auch wenn es das Wort »Turnbeutelvergesser« damals noch nicht gab, zählte ich zu eben dieser Spezies. Meine Zehen waren chronisch blau angelaufen, weil mir die riesigen Medizinbälle ständig auf die Füße fielen. Ich hasste Schulsport und kam bis zum Abitur nicht über eine 3 hinaus, meist hatte ich eine 4.

Es war der Spätsommer 1980, ich ging in die vierte Klasse, die Sommerferien waren gerade vorbei. Zwar turnten wir Mädchen damals noch mit den Jungs gemeinsam, aber für jedes Geschlecht gab es einen eigenen Umkleideraum. Wir waren neun oder zehn Jahre alt. Bis auf Ramona, die aus irgendwelchen Gründen ein Jahr älter war. Ramona war etwas größer als wir anderen Mädchen und insgesamt »weiter entwickelt«, das heißt, sie hatte bereits deutliche Ansätze eines Busens, worüber wir flachbrüstigen Mädchen mindestens ebenso fiese Witze machten wie die Jungs. Anders als die meisten anderen Kinder wohnte Ramona nicht mit ihren Eltern in einem Einfamilienhaus, sondern ohne Vater nur mit ihrer Mutter und mehreren kleinen Geschwistern in einer Sozialwohnung. Wenn wir mit *Barbies* spielten, passte sie auf ihre Brüder und Schwestern auf. Wenn unsere Mütter an unserem Geburtstag eine Kinderparty veranstalteten und Überraschungstüten mit Schokoriegeln, Filzstiften und Aufklebern an die Gäste verteilten, war Ramona nie eingeladen. Wir sprachen Hochdeutsch, sie sprach Dialekt. Ramona war schon immer anders, und jetzt, nach den sechswöchigen Sommerferien, war sie sogar noch fremdartiger geworden. Ihr war ein körperliches Detail gewachsen, welches mich erschaudern ließ.

Ramona trug eine Frotteeunterhose aus der beliebten Wochentagsserie, die rosafarbene »Montagshose« für den Montag, die blassgelbe »Dienstagshose« für den Dienstag, die babyblaue »Mittwochshose« für den Mittwoch; der Welten- und Zeitenlauf hatte für uns damals noch einen pastellfarbenen Anstrich. Entlang des Gummibundes, der ihre schon weiblich geformten Schenkel einschnitt, kräuselten sich nun dunkle Schamhaare. Sie krabbelten aus der Unterhose heraus, störrisch und unglaublich obszön. Ich konnte gar nicht richtig hinschauen, ich war peinlich berührt und gleichzeitig entsetzt, genau wie die meisten anderen Mädchen auch. Schwarz und kraus und ölig glänzend waren diese Haare, die besonders auffielen, weil Ramona sehr blass war, vermutlich weil sie in den Ferien nicht nach Gran Canaria oder Südfrankreich gefahren war wie wir. Es war schrecklich. Die Natur war über sie gekommen, die Biologie, Dr. Sommer. »Hast du gesehen, die Ramona hat richtige Schamhaare ...«, raunten wir uns später auf dem Schulhof zu, und waren zu geschockt, um darüber Witzchen zu machen. Dieses Bild eines auf halbem Wege entwickelten Frauenkörpers, obendrauf der Kopf eines Mädchens, wirkte monströs und rief bei den meisten von uns eine Mischung aus Mitleid und Angst hervor. Schamhaare waren zum Schämen, tatsächlich. Die arme Ramona. Und wir Armen! Denn uns würde dasselbe blühen, eines Tages. Bis dahin hatte ich an das Älterwerden noch keinen Gedanken verschwendet. Eines Tages eine Frau zu sein, Damenbinden zu tragen, Geschlechtsverkehr zu haben, Schamhaare zu frisieren (von Lady-Shavern und Epiliergeräten wusste ich noch nichts): eine schreckliche Vorstellung. Ich beschloss, einen noch größeren Bogen um Ramona zu machen als vorher. Hätte ja sein können, dass Schamhaarbefall ansteckend ist.

Einige Jahre später, als die meisten von uns ein Gymnasium besuchten und Ramona den Hauptschulzweig der örtlichen Gesamtschule, sah ich sie bei der Kirmes vor der Mehrzweckhalle knutschend am Autoscooter stehen. Ich selbst war vielleicht 12 Jahre alt und, abgesehen von schüchternen Partyerfahrungen mit dem Flaschendrehen, vom ersten Kuss noch mindestens ein Jahr entfernt. Die meisten von uns *Esprit*-Sweatshirt-tragenden Mädchen waren in ihrer Persönlichkeitsentwicklung gerade erst im Stadium des Fanmappen-Anlegens angekommen. Wir begannen, die Pferdebilder und *Holy-Hobby*-Stickereien in unseren Kinderzimmern gegen Popstarposter auszutauschen, besonders beliebt waren der schwule Boy George und der nicht minder homosexuell wirkende Rick Astley, außerdem der angeblich bisexuelle Limahl von Kajagoogoo, des Weiteren Simon LeBon von Duran Duran, der später ein Fotomodell heiratete, und Morten Harket von A-ha, der neuerdings wieder Platten macht, die fast genauso klingen wie damals. Wir schnippelten ihre Fotos aus *Bravos*, *PopRockys* und *Popcorns* aus und hefteten das Material in

Klarsichthüllen, manche bauten sogar altarähnliche Verehrungsstätten für ihr Idol. In meinem Fall war es David Bowie. Er hat ein grünes und ein braunes Auge. Das liegt angeblich daran, dass ihm als Kind ein Kugelschreiber in eine der Pupillen gerutscht ist. Aber auch sonst war der Mann faszinierend. Unnahbar, schön, englisch, entrückt, berühmt und all das. Bei dem Song *China Girl* fühlte ich mich immer angesprochen, weil ich glatte, schwarze Haare auf Kinnlänge hatte und dunkle Augen, aber leider keine geschlitzten. Wenn ich von David Bowie träumte, was ungefähr in der Zeit der *Serious-Moonlight*-Tournee passiert sein muss, dann stellte ich mir vor, dass ich im Konzert in der allerersten Reihe stünde und er mit dem Zeigefinger auf mich deuten und ein Lichterkranz um mich erstrahlen und mich nach oben tragen würde, auf dass ich an seiner Brust lande und langsam auf seine Füße gleite. Hunderttausende anderer Mädchen würden sehen, wie David Bowie *mich* auserwählt hat. Danach würden wir einen Cappuccino trinken und gemeinsam Platten kaufen gehen, David und ich. Das wäre es gewesen. Niemals hätte ich an etwas anderes gedacht in diesem Alter.

»Du darfst mit mir die Brause blubbern, du, manchmal meine Nase stubbern. Du darfst mit mir im Matsch rumwühlen, du, heimlich Doktor mit mir spielen. Du darfst alles, was du willst, nur eins, das nicht: Mach mir doch kein' Knutschfleck, alles nur kein' Knutschfleck, so'n Fleck hat nur den einen Zweck, der Knutschfleck bleibt, und du bist weg.«

Ixi, das One-Hit-Wonder aus Elmshorn, hatte es mit diesem Song 1983 in die Top Ten der Charts geschafft und sich darüber hinaus einen Spitzenplatz in unser aller Soundtrack des Lebens und der Liebe erobert. Als ganz und gar nicht frühreife Sechstklässlerin nahm ich den Text wörtlich, dabei war der *Knutschfleck* in Wahrheit nur eine Metapher für weit Unanständigeres. Zuvor hatte Ixi den Song *Detlev* aufgenommen, der die tapfer gedichtete Zeile »Detlev, ich bitte dich, geh doch für mich auf den Strich« enthielt. Allerdings kannten damals nur die wenigsten von uns dieses Lied, denn es stand auf dem Index und kam in den Radio-Hitparaden nicht vor. Wir hielten Ixi für eines der netten Mädchen von nebenan. Sex mit scharfem *s*. Unmöglich, dieses Wort auszusprechen und dabei nicht rot zu werden, wenn man noch nicht mal 13 ist.

Ramona unterdessen betonte jetzt ihren Hintern mit weiten *Sasch*-Hosen aus Fliegerseide, die sie mit einem breiten Gürtel eng in der Taille zusammenschnürte. Sie trug große Ohrringe aus pinkfarbenem Plastik und farblich passenden Glitzerlipgloss. Sie steckte einem Jungen öffentlich die Zunge in den Hals und umgekehrt. Sie hatte offensichtlich einen Freund, sie ging mit ihm, während meine Schulfreundinnen und ich die Jungs im Zweifelsfall einfach blöd fanden. Stell dir vor, du wachst eines Morgens auf und hast einen *Freund,* fantasierten wir damals. Du müsstest knutschen, igitt. Andererseits würde er dich auf seinem Moped mitnehmen und auf ein Spaghetti-Eis einladen, und du wärst beinahe erwachsen. So oder so: Ramona hatte wieder einmal Fakten geschaffen, sie war einfach schneller. Sie hatte Brüste und praktizierte bereits Petting. Und die Jungs auf der Kirmes und bei den Disco-Abenden im Gemeindehaus standen drauf. So sah es aus. Auch wenn sie für Mädchen wie Ramona wenig später unschmeichelhafte Spitznamen wie »Matratze« oder »Dose« einführten. Da darf jeder mal ran. Als »feste Freundin« kamen freilich ausschließlich unerfahrenere Mädchen in Frage. Den Begriff »prollig« gab es damals noch nicht, wir benutzten den Ausdruck »asi« und meinten damit die Kombination aus schlechten Noten, billiger Kleidung und frühreifem Geschlechtsverkehr. »Früh erblüht, früh verwelkt«, lautete ein Spruch, den wir bei unseren Mittelstandsmüttern aufgeschnappt hatten und mit dem wir Spätzünderinnen uns vorerst trösteten.

Noch einige Jahre später, etwa um das Abitur herum, schnappte ich auf, dass Ramona Mutter geworden war. Ich fühlte mich bestätigt. Die Verwelkung hatte tatsächlich eingesetzt. Frühe Mutterschaft war ja wohl das Allerletzte, schön blöd, total uncool, »asi« eben. Selbstverständlich war auch ich längst mit dem einen oder anderen Jungen gegangen, nahm seit meinem 17. Lebensjahr die Pille und hatte mein erstes Mal erfolgreich absolviert. Aber niemals wäre ich so bescheuert gewesen, mich zu einem solch unüberlegten Schritt hinreißen zu lassen. Ein Freund, mit dem man zusammen wohnte, oder gar Kinder hatten in der akuten Lebensplanung nichts zu suchen. Während Ramona die Windeln wechselte, überlegte ich, ob ich lieber Schauspielerin werden oder in einer Werbeagentur Karriere machen sollte, vielleicht auch als Ansagerin bei einem großen Fernsehsender.

Friedrichsdorf verfügte schon damals über einen S-Bahn-Anschluss nach Frankfurt/Main-City und dient noch heute als Endstation der Linie S 5. Entlang der Bahnlinie entstanden Ende der 70er, Anfang der 80er Jahre so genannte Eigenheimsiedlungen. Die Siedlung, in die meine Familie 1978 zog, heißt Schäferborn, und alle ihre Straßen sind nach Blumen benannt: Tulpenweg, Kornblumenweg, Gladiolenweg. Das ist deshalb erwähnenswert, weil damals an fast allen S-Bahn-Linien der Republik genau die gleichen Siedlungen entstanden, nicht nur in Friedrichsdorf-bei-Frankfurt, sondern auch in Porz-bei-Köln oder Pattensen-bei-Hannover. Friedrichsdorf war überall. Junge Familien zogen ins Grüne, denn in den Randgebieten der Ballungszentren war Bauland noch erschwinglich und auch mit dem Angestellteneinkommen eines (männlichen) Alleinverdieners zu finanzieren. Es waren die fetten Jahre, auch für die Eigenheimarchitekten. Wer selbst nicht in einer Eigenheimsiedlung wohnte, hatte Freunde, deren Eltern frisch gebaut hatten, oder eigene Eltern, die sich mit dem Gedanken trugen. Meine zum Beispiel hatten meinen kleinen Bruder und mich jahrelang zu Musterhausausstellungen geschleppt, die quasi über Nacht am Rande der umliegenden Gewerbegebiete hochgezogen wurden. Dort konnte man, kostenlos und unverbindlich, durch komplett eingerichtete Fertighäuser spazieren, die *Aurora* oder *Toskana* hießen. Als Anbauelement waren Carports beliebt, überdachte Parkplätze amerikanischen Stils, die die Garage ersetzten. Ein Bungalow oder zumindest ein Reihenhaus mit 20 Quadratmeter Garten und maisgelber oder orangefarbener Markise über der Terrasse war der Wohntraum der breiten Masse jener Tage. Es war das Ideal, an dem man sich orientierte, auch wenn man in einem Mietshaus wohnte. Die meisten Mitschüler hatten zumindest ein eigenes Zimmer, was für unsere Eltern Jahrzehnte zuvor »keineswegs eine Selbstverständlichkeit« gewesen war, wie sie uns oft und gerne unter die Nase rieben. Zum Beispiel, wenn wir über Nacht die Lust am Skifahren verloren, obwohl wir erst zu Weihnachten eine komplette Ausrüstung geschenkt bekommen hatten, und jetzt zu Ostern plötzlich um ein BMX-Rad oder Roller Skates mit Neon-Stoppern bettelten.

Alles war übersichtlich zu dieser Zeit, nicht nur die Gleichförmigkeit der Siedlungen, auch das Leben darin. Samstags brutzelten Männer Steaks auf Grillrosten, Frauen dekorierten Vorgärten mit Schilf und Natursteinen, Kleinkinder rutschten mit dem *Bobbycar* durch die Spielstraßen und Teenager vergnügten sich mit ihrem *Commodore 64* oder nahmen Kassetten aus dem Radio auf. Die ideale Familie bestand aus Vater, Mutter, Kind 1, Kind 2, Hund und Kombi. Scheidungen waren noch ein Tabu. Leute, die sich scheiden ließen, waren entweder sehr reich oder sehr arm. Trennten sich die Eltern einer Klassenkameradin, so war das eine schreckliche, auch peinliche Angelegenheit (»Psssst, ihre Eltern sind geschiiiiiieden …«). Die Idee der Patchwork-Familie war so neu, dass ihr sogar eine eigene Fernsehserie gewidmet wurde. Sie hieß *Ich heirate eine Familie*, wurde erstmals im November 1983 ausgestrahlt, und Thekla Carola Wied und Peter Weck spielten die Hauptrollen: sie die geschiedene und daher allein erziehende Angie, Mutter von drei Kindern und Inhaberin eines Babymodenfachgeschäfts; er den allein stehenden Werbegrafiker Werner, Freiberufler und sehr verständnisvoll. Die zusammengewürfelte Fernsehfamilie war stets äußerst fröhlich und lebte ebenfalls in einem Einfamilienhaus, allerdings mit Haushälterin. Laut gestritten wurde auch in realen Eigenheimsiedlungen nicht, eher gezischelt und gezüngelt, und wenn unsere Eltern sich einmal in die Haare gerieten, sorgten sie dafür, dass es die Nachbarn aus der Tempo-30-Initiative nicht mitbekamen.

Wenn wir heute unsere Eltern an einem langen Wochenende besuchen, im in die Jahre gekommenen Eigenheim, bekommen wir manchmal fast Beklemmungen. So niedrig die Decken, so eng die Flure. *Schöner wohnen*, darunter stellen wir uns inzwischen eine loftartig umgebaute Fabriketage vor, die wirklich Lässigen unter uns denken an eine Plattenbauwohnung im Berliner Osten. Oder an ein Domizil in einem ehemaligen Schlachthof- oder Hafenquartier, mit türkischem Gemüsemann und portugiesischem Kaffeeröster um die Ecke. Global Village statt Parzellen-Idyll. In unserer Kindheit aber blieb der Mittelstand am liebsten unter sich, und wir genossen die damit verbundene Heimeligkeit. So wohnten in den Straßen mit den Blumennamen meist Familien aus derselben Schicht, auch wenn das im Rückblick altmodisch klingen mag, wer spricht heute noch von Schichten? Der soziale Wohnungsbau blühte meist geballt am anderen Ende der Stadt, etwa in Köln-Chorweiler, München-Hasenbergl oder in Frankfurt-Griesheim, tief im wilden Westen der Bankenmetropole. Weit weg jedenfalls vom Doppelhaus-Idyll, das den Kundenberatern, Lehrern, Versicherungskaufleuten, Ärzten, Rechtsanwälten, Sachbearbeitern und Autoverkäufern so gut gefiel. Meist besuchten alle Kinder aus einem Viertel dieselbe weiterführende Schule, was dazu führte, dass man dort weitgehend unter seinesgleichen blieb. Kurz gefasst gab es die Gymnasien mit den Kindern aus den Einfamilienhäusern und es gab die Hauptschulen mit den Kindern aus den Hochhäusern. Dann gab es noch die Gesamtschüler, auf die die Gymnasiasten stets herabblickten, weil soziale Härtefälle dort auf dem Schulhof sichtbar waren. Und weil der Unterricht an Gesamtschulen generell als leichter galt. Es gingen Legenden, dass diejenigen, die das Gymnasium mangels Notenleistung verlassen mussten, auf den Gesamtschulen immer nur Einser schrieben.

Arbeitslosigkeit kam in Eigenheimsiedlungen so gut wie nie vor, und wenn, wurde nicht laut darüber gesprochen. Unsere Väter waren nicht selten auch mit über 40 noch in derselben Firma beschäftigt, in der sie einst »gelernt« hatten, und wurden von Zeit zu Zeit befördert. Die Besserverdiener unter den Vätern, leitende Bankangestellte oder Flugkapitäne, wurden gelegentlich in andere Städte versetzt, und wir begannen Brieffreundschaften mit ehemaligen Mitschülern. Arbeitslosigkeit entsprach totalem Versagen, war für uns gleichbedeutend mit Alkoholsucht und körperlicher Ungepflegtheit.

»Ausländerkinder« waren, sowohl in der Eigenheimsiedlung als auch im Gymnasium, die Ausnahme. Wenn ein Mitschüler dunkle Haut hatte, dann stammte er vermutlich eher aus einer Botschafter- oder Industriellenfamilie aus den USA oder Singapur als aus einer anatolischen Großfamilie. Die Einwanderer, die man aus Südosteuropa als Gastarbeiter gerufen hatte, waren erst ein gutes Jahrzehnt im Land, die so genannte zweite Generation wuchs gerade erst heran. Man hatte bis dahin übersehen, dass diese Menschen möglicherweise in der Bundesrepublik bleiben wollten, wenn sie schon ihre Steuern hier bezahlen mussten, und dass sie sich hier auch fortpflanzen würden. Die Debatte über die multikulturelle Gesellschaft nahm gerade erst ihren Anfang, und wir bekamen von ihr nichts mit. 1982 beantragte die NPD-nahe »Bürgerinitiative Ausländerstopp« in Nordrhein-Westfalen ein Volksbegehren zur Einrichtung getrennter Schulklassen für deutsche und ausländische Kinder. Die Landesregierung lehnte jedoch ab, und wir lernten derweil, dass wir zu Ausländern zwar freundlich sein sollten (»Das sind auch nur Menschen«), ihnen aber besser nicht zu nahe kamen (»Die haben andere Sitten«). Erst unsere jüngeren Geschwister luden neben Patricks, Stefans und Kathrins auch Salvatores, Abduls und Ayshes zu ihren Kindergeburtstagen ein.

Außerdem gab es damals noch die DDR, was wesentlich zur Übersichtlichkeit unseres Weltbildes beitrug. Wir schickten zu Feiertagen Päckchen »nach drüben«, denn wir wohnten auf der glücklichen Seite. Wir Kullmanns schickten die Päckchen immer nach Langenbach, ein kleiner Ort zwischen Zwickau und der tschechischen Grenze. Zwar hatten wir dort keine Verwandten, aber in der siebten Klasse hatte man an unserer Schule heftig für eine postalische Freundschaft mit einem ebenfalls pubertierenden DDR-Bürger geworben und Adressen verteilt, und ich hatte mir Doreen aus Sachsen ausgesucht, warum, weiß ich nicht mehr. Die Päckchen füllte meine Mutter mit Jeanshosen, Ananasdosen, Schokolade, Kaffeepulver und anderen Lebensmitteln, die sie bei Aldi kaufte, obwohl wir unseren eigenen Bedarf an Gebrauchsgütern lieber bei HL stillten, wo es Markenartikel gab, für die im Fernsehen und auf Plakaten geworben wurde. Auch Doreen schickte uns Päckchen, darin waren jedesmal bogenförmige Kerzenständer aus Kiefernholz, so genannte Schwippbögen, wie Doreen auf hellgrauem Briefpapier erklärte, und weiße Baumwollunterhemden, die ich niemals anzog. Im Sommer 1986 habe ich sie einmal für eine Woche besucht, nachdem unsere Eltern beiderseits der Grenze wochenlang Anträge für das Visum ausgefüllt und Erklärungen abgegeben hatten. Ich durfte sie nicht in die Schule begleiten, das wäre »Diebstahl geistigen Eigentums« gewesen. Alles andere war sowieso exotisch genug, und ich war froh, nach einer Woche wieder zu Hause zu sein. Im Vergleich zu Doreen führte ich wirklich ein cooles Leben. Ich habe sie stets bedauert, und das war ein wohliges Gefühl. Wir haben uns nach der Wende nie wiedergesehen und uns auch nicht mehr geschrieben.

Cool oder uncool – diese Frage spielte auch auf dem Schulhof eine wichtige Rolle. So wie man DDR-Bürger ob ihrer altmodischen Plastikkleidung identifizieren konnte, so leicht war der Klassenstar vom Klassenloser zu trennen: anhand des Outfits. Unsere pubertären Ausdrucksformen waren genauso überschaubar und klar definiert wie das Alltagsleben in unseren Wohlstandsfamilien. Die Rede ist von den musikalisch-modischen Erscheinungen, die heute gemeinhin als Popkultur bezeichnet werden, ein Begriff, der für alles steht, was irgendwie »jung« ist, für alles, was für Menschen bis 35 gedacht ist; ein Begriff, an dem sich hauptsächlich unsere männlichen Altersgenossen bis zum Brechreiz weiden; vor allem, wenn sie noch mehr Schwierigkeiten mit dem Erwachsenwerden haben als wir Frauen und mit 35 noch *Spex* lesen und all die CDs kaufen, die darin empfohlen sind. Damals sprach kein Mensch von »Popkultur«, stattdessen gab es Rockabillys und -bienen mit pomadisierten Haaren, Loafers und Lederjacken; es gab Waver mit schwarzen Wischmoppfrisuren, knielangen Pfeffer-und-Salz-Mänteln und The-Cure-T-Shirts; es gab Gothics mit weißer Schminke und kiloweise Kreuzen um den Hals; es gab Punks mit Iro und Ratte und einem

Anarcho-A auf dem T-Shirt. Und es gab die Popper, die englische Originalpressungen von Style Council-, ABC- und Matt-Bianco-Platten sammelten, Seitenscheitel, Collegeschuhe oder Ballerinas, Kaschmirschals, Wildlederblousons, V-Pullis, Poloshirts, Hemden mit Blockstreifen oder weiße Blusen trugen und den Erwachsenen nicht weiter auffielen, weil sie aussahen wie minderjährige Bankangestellte. Innerhalb dieser größten Fraktion unter den Schulhofcliquen wurde nach Marken gesiebt: *Sasch* und *Vanilla*, nö; *Benetton* und *Burlington, Liberto* und *Classic Nouveau* schon eher. Freilich gab es auch Normalos, die meisten von uns zählten zu ihnen. Die Normalos orientierten sich in Kleidung und Frisur tendenziell an den Poppern, weil man so am wenigsten falsch machen konnte. Bei den Normalos spielte die Markenauswahl vielleicht eine noch größere Rolle als bei den Anhängern der Subkulturen, denen oft ein Second-Hand-Kleidungsstück oder ein Band-T-Shirt genügte, um zu zeigen, welcher Kaste sie angehörten. Dass uns ähnliche Stilfragen unser Leben lang begleiten würden, ahnten wir noch nicht. (Es gab natürlich auch hoffnungslose Fälle, männlich wie weiblich, die mit 16 Jahren noch von ihrer Mutter angezogen wurden, jedenfalls sahen sie so aus.) Worauf es ankommt: Unsere pubertären Ausdrucksformen hatten noch einen bescheidenen politisch-sozialen Restbezug – war das Popper- und Wavertum doch eher ein gymnasiales Mittel- und Oberschichtsphänomen, während etwa Punks und Rockabillys häufig aus »einfacheren« Familien stammten.

Nach meiner David-Bowie-Phase hatte ich mit 17 ein Karl-Marx-Poster über dem Bett hängen, trotz oder gerade wegen der DDR-Erfahrung, beides war möglich. Ich hörte The Smiths und Iggy Pop, holte mir die ersten Hühneraugen meines Lebens in schwarzen, spitzen Schnabelschuhen und gehörte damit zu den Indie-Anhängern, die eine etwas schwermütigere Variante des Poppertums praktizierten. Mit 19 sympathisierte ich mit den Mods, Roller fahrenden Parkaträgern, die Musik aus den 60er Jahren hörten, ohne dass irgendwer einen Retro-Trend ausgerufen hatte. Ich trug weiße Strumpfhosen und dazu *Doc Martens*, eine Kombination, für die ich mich heute sehr schäme und die meine Beine noch kürzer erscheinen ließ, als sie sind. Aber das war mir damals egal. Außerdem hatte ich meine Haare zu einem akkurat geschnittenen »Bob« frisiert, mein heutiger Freund sagt immer »Prinz-Eisenherz-Frisur« dazu, wenn er alte Fotos sieht. Erwähnenswert ist dies, weil die Kleiderfrage bis heute eine spezifisch weibliche zu sein scheint. Im Rückblick erscheint es doch als bemerkenswert, dass tussihaftes Gebaren Ende der 80er, Anfang der 90er alles andere als en vogue war. Riemchenpumps und Miniröcke waren etwas für minderbemittelte Ramonas. Coole Frauen hielten es eher androgyn, trugen derbe Boots, gerippte Unterhemden unter Karoshirts – Grunge hieß der kommende Stil – und in der Techno-Szene vereinzelt bereits Tattoos. Salt'n'Pepa sangen *Ooh Baby, Baby, you push it real' good* und Kylie Minogue war in jenen Tagen definitiv abgemeldet. Unisex war unmittelbar nach Ende unserer Schulzeit der Trend der Stunde, und in den ersten *Calvin-Klein*-Spots sahen die Jungs aus wie die Mädchen und umgekehrt. »Sexy« auszusehen war nicht unbedingt gefragt, beziehungsweise war auch ohne Fleischpräsentation möglich, und wir dachten rund um unseren 18. Geburtstag nicht im Traum daran, uns eines Tages unseren Busen vergrößern zu lassen.

Mitten in die übersichtliche Unbeschwertheit unserer Teenagertage platzte plötzlich der Vorwurf des politischen Desinteresses. Null-Bock-Generation. Konsum-Kids. Kein Engagement. Eines Tages wachten wir auf, mit *Clearasil*-verklebten Poren, und sollten uns was schämen. Wir hatten noch gar nichts getan und mussten schon ein schlechtes Gewissen haben. Unsere Ignoranz war Thema bei Werner Höfers *Internationalem Frühschoppen* sonntagmorgens in der ARD und auf den Titelseiten der Politmagazine und Tageszeitungen. Umfragen wurden gestartet, Jungwählerstatistiken rauf- und runteranalysiert. Alle machten sie uns plötzlich schräg von der Seite an, sozusagen. Das rief anfangs ähnliche Gefühle hervor, wie wenn man mit vier Jahren beim Spielen bei unsittlichen Berührungen ertappt und zurechtgewiesen wird. Man ahnte an der Reaktion der Erwachsenen, dass es ganz schön blöd war, was man da gemacht hatte, aber man wusste nicht, was genau es war.

Seltsam war vor allen Dingen, dass wir diesen Vorwurf niemals persönlich zu hören bekamen. Man sagte uns nicht ins Gesicht, dass wir hohle, verwöhnte Gören seien. Stattdessen schenkte man uns Videorecorder zum Geburtstag. Ich vermutete zunächst, dass die Erwachsenen bei Elternabenden besprachen, was zu tun sei. Vermutlich diskutierten sie bloß das Reiseziel des nächsten Wandertags oder den Schüleraustausch mit Schottland, aber zeitweilig dachte ich wirklich, sie brüteten bei solchen Gelegenheiten immer neue erzieherische Gesamtkonzepte aus.

Die Erwachsenen waren eine seltsame Menschengruppe, aus damaliger Perspektive. Sie entstammten einer anderen »Generation«, hörten wir und versuchten, diese neue Vokabel zu verstehen. Bis dahin hatten wir unsere Eltern und Lehrer einfach für »alt« gehalten und uns für »jung«. Sie lehrten uns rechnen und schreiben, wie man Schnürsenkel bindet und Schnittmengen bildet, das war ihre Aufgabe, das war zu ertragen. Aber nun stellten sie uns neben Wissens- auch noch Gewissensfragen. Sozialpädagogik nannte man das. Unser Wortschatz gedieh so schnell, wie wir selbst aus den Kinderkonfektionsgrößen 164 bis 182 herauswuchsen.

Die Sozialpädagogik, sie hatte die Macht. Es hatte schon mit der Einschulung begonnen: In besagter Grundschule in Friedrichsdorf zum Beispiel war in den 70ern ein so genannter Schulversuch gestartet worden. Es gab keine erste Klasse mit Schulnoten, sondern das erste Schuljahr war auf zwei Jahre verteilt, in denen es Stunden wie »Freies Spiel« oder »Freie Arbeit« gab, und schriftliche Beurteilungen, die sich ähnlich lasen wie die Praktikumszeugnisse, die wir nach dem Abi sammelten. »Katja ist stets bemüht, sich in die Gruppe zu integrieren«, stand da zum Beispiel, und meine Eltern wussten vermutlich auch nicht recht, was sie mit dieser Nachricht anfangen sollten. Das Konzept hatte die Förderung unserer Gesamtpersönlichkeit zum Ziel, aber ehrlich gesagt habe ich mich bei »Freiem Spiel« und »Freier Arbeit« immer gelangweilt. Lieber hätte ich zu Hause gespielt als auf dem kratzigen Schulfußboden, noch viel lieber hätte ich ferngesehen. Erst viel später fiel mir auf, dass ich wegen dieses

Schulversuchs auch noch ein Jahr länger in der Schule war als andere Kinder, fünf Grundschuljahre statt vier! So ein Blödsinn aber auch, eine Frechheit, dieser aufgezwungene Wettbewerbsnachteil.

Später dann gingen wir nicht einfach in die fünfte Klasse einer weiterführenden Schule, sondern wir mussten uns zwei Jahre in der Förder- oder Orientierungsstufe weiter fördern lassen – damit wir es auch bestimmt alle bis zum Abitur schafften, denn das war die gewünschte Schullaufbahn für ein Kind aus einem Eigenheimparadies. So viele waren wir, dass der Philologenverband im Juli 1982 bundesweit einen neuen Schülerrekord vermeldete und Alarm schlug: Die Zahl der Gymnasiasten war von 1971 bis 1981 von 1,5 auf 2,2 Millionen gestiegen, und allerorten mangelte es an Lehrkräften, gleichzeitig waren Tausende hoch motivierte Junglehrer arbeitslos. Wir hessischen Schulversuchkinder mühten uns in der Förderstufe mit A-, B- und C-Kursen für die Leistungsstarken, Durchschnittlichen und Beschränkten und beteten inständig, dass am Ende auch tatsächlich »Gymnasium« auf dem Empfehlungsschreiben stand, das die Pädagogen unseren Eltern mit auf den Weg gaben, damit wir endlich keine Nachhilfe mehr zu nehmen brauchten.

Hatten wir es in die Mittelstufe geschafft, ließen Englischlehrer uns Bob-Dylan-Songtexte übersetzen, um unsere gesellschafts- wie weltpolitische Unlust zu bekämpfen. Sie übersahen, dass Bob Dylan für uns ein alter Mann war. In Biologie lernten wir, wie Komposthaufen funktionieren, dank derer der Müllberg schrumpft. In Deutsch nahmen wir die *Neuen Leiden des jungen W.* von Ulrich Plenzdorf durch, ohne den Original-Werther von Goethe gelesen zu haben. In Gemeinschaftskunde bekamen wir abwechselnd den Nationalsozialismus und den Nord-Süd-Konflikt erklärt und lernten, dass wir an allem schuld sind. In Kunst übten wir uns in Pop-Art und bastelten Skulpturen aus Joghurtbechern, die später beim Schulfest ausgestellt wurden. Lehramtsreferendare bemühten sich besonders, sie veranstalteten Kennenlernspiele, gaben uns Kreativ-Collagen als Hausaufgaben auf, und wir quälten sie dafür mit allerhand Gemeinheiten und Bockigkeit.

All die Pädagogisiererei änderte nichts an der Tatsache, dass man als Jugendlicher »seine eigenen Sachen« machen wollte und die Erwachsenen grundsätzlich eher blöd fand. Das galt für die Alt-68er im Lehrerkollegium genauso wie für den Restbestand ewig gestriger Studienräte, die gar nicht daran dachten, sich vorzeitig pensionieren zu lassen, obwohl so viele arbeitslose Jungpädagogen aus Verzweiflung Taxischeine machten. In der Mittelstufe hatte ich einen Klassenlehrer, der Major der Reserve bei der Bundeswehr war und dummerweise auch noch Geschichte unterrichtete. Während andere Klassen ehemalige KZs besichtigten, lotste er uns am Wandertag zu einer Waffenausstellung der NATO im nahe gelegenen Oberursel. Zur Einstimmung verteilte er Aufkleber, auf denen ein Igel mit Stahlhelm zu sehen war, darüber stand »Bundeswehr, ja bitte«, was jedoch nur einen müden Anlauf zu einem Elternprotest auslöste.

Der Vorwurf des mangelnden Politikinteresses ließ uns schon bald ziemlich kalt. Wir glaubten nicht im Ernst daran, dass unsere Eltern im Teenageralter lieber über die Kuba-Krise diskutiert hatten, anstatt halbstark durch die Gegend zu flitzen.

Politik war sowieso eine zwiespältige Angelegenheit damals, und uns fiel partout nicht ein, wie wir auf den Null-Bock-Vorwurf hätten reagieren können. Für Radikalität war die RAF zuständig. Am Morgen des 30. November 1989, ich saß im Grundkurs Mathe, den ich bald abwählen sollte, töteten die Terroristen den Vorstandssprecher der Deutschen Bank, Alfred Herrhausen, mit einem durch eine Lichtschranke ausgelösten Sprengsatz, 300 Meter von unserer Schule entfernt. In seiner dunklen, panzerverglasten Dienstlimousine mit Chauffeur befand er sich auf dem Weg von seiner Bankervilla ins nahe gelegene Mainhattan, wie jeden Morgen. Die Terroristen waren offenbar wochenlang in unmittelbarer Nähe unserer Schule im Gebüsch herumgestolpert, hatten vielleicht auf der Lauer gelegen, als wir mit dem Fahrrad vorbeifuhren, womöglich hatte einer von uns einem von ihnen an der Bushaltestelle einen Zehnmarkschein in Kleingeld gewechselt, damit sich der Terrorist eine Packung *Gauloises* ohne Filter ziehen konnte, um sich beim Spionieren die Zeit zu vertreiben. Die Frauen und Männer mit den blassen Gesichtern und den fettigen Haaren, die vom Fahndungsplakat, das überall hing, es gab sie wirklich.

Für den Rest des Tages bekamen wir schulfrei, abends sahen wir die Straße, die zu unserer Kleinstadtschule führte, in allen Nachrichtensendungen, Rauchschwaden umwolkten das ausgebrannte Autowrack. Damals war ich zwar schon in der zwölften Jahrgangsstufe, aber mir war trotzdem nicht klar, worum es bei diesem Attentat eigentlich ging. Nicht einmal in Gemeinschaftskunde war dieser Vorfall Thema, keiner wusste etwas Gescheites darauf zu sagen. Im weitesten Sinne ging es wohl um Klassenkampf. Dabei war der doch angeblich längst erledigt.

Die Bedrohungen, mit denen wir uns als Teenager auseinandersetzen mussten, waren nicht gesellschaftlicher, sondern globaler Natur. Der Saure Regen und *die Bombe* drohten mit der Apokalypse, aber Apokalypsen haben es nun mal an sich, dass sie sehr weit weg zu sein scheinen und dass der Einzelne nur sehr wenig dagegen ausrichten kann. Das Feindbild in Sachen Kalter Krieg war zwar politisch nicht immer klar – für Jugendzentrumsbetreuer war es der Ami-go-home, für Lehrer und Eltern der älteren Generation dann doch der Russe – sah für uns aber etwa so aus: Das Risiko rührte von alten Männer in schlecht sitzenden Anzügen und mit unglaublichem Machthunger, die den Roten Knopf direkt an ihrem Schreibtisch installiert hatten, so dass sie jederzeit über unser aller Leben und Tod entscheiden konnten. 1985 sang Sting *The Russians love their children too*, ein Jahr später ließen Genesis im Video zu *Land of Confusion* Nancy und Ronald Reagan tanzen – als Gummipuppen, die von der genialen britischen Polit-Klamaukshow *Spittin' Image* entliehen waren. Allerdings kauften eher die Lehramtsreferendare diese Platten als wir.

Man hatte, allgemein gesehen, ein mulmiges Gefühl in diesen Tagen, sogar als angebliches Konsumkid. Wir hatten Anti-Atom-Bücher wie *Die letzten Kinder von Schewenborn* von Gudrun Pausewang gelesen und Anti-Atom-Filme wie *When the wind blows* im Kino gesehen, in dem zwei englische Zeichentrickrentner qualvoll dem Strahlentod erliegen. Im Fernsehen wurden Berichte über Prominente ausgestrahlt, die sich private Schutzbunker bauen ließen. Am 25. April 1986 kam es zum Tschernobyl-GAU, wenige Tage später informierte man uns in der Schule darüber, abends sahen wir den geschmolzenen Reaktorhaufen in der *Tagesschau*. Fall out, Verseuchung. Am nächsten Tag auf dem Heimweg von der Schule begann es apriltypisch heftig zu regnen. Wir rannten alle, was unsere *Buffalo-Boots* oder *Converse*-Turnschuhe hergaben, keiner sagte ein Wort, es war gruselig.

In Sachen Umweltzerstörung war es mit der Schuldzuweisung allerdings nicht ganz so einfach wie mit dem Wettrüsten und der Atomenergie. Denn an der Ökokrise hatte nicht nur die Industrie, sondern auch der gemeine Verbraucher Schuld, der zu viel Auto fuhr und Müll produzierte. Im Januar 1985 gaben die Behörden erstmals Smog-Alarm der Stufe III, und zwar im Ruhrgebiet. Einer der ersten Horrorfilme, die ich unter Umgehung des Jugendschutzes im Kino gesehen hatte, hieß *The Fog – Nebel des Grauens*, aber während man den »fog«, den weißen Nebel, wenigstens sehen konnte, war der Smog fast unsichtbar, und das Ozonloch, das sich einige Jahre später breit machte, war sogar unvorstellbar.

Auch wenn alle Welt um uns herum CDU wählte: Ein bisschen Grün war bald überall, und eines Tages ging es auch bei uns zu Hause mit der Abfallsortierung los, und meine Mutter führte Altpapierstapel und Altglaskisten und Alufolienhäufchen ein, was der Rest der Familie anfangs recht mühsam fand. Umweltschutz im Alltag war im Wesentlichen Frauensache, zumindest wochentags. Und er beruhigte das Gewissen ungemein. Wenn samstags glückliche Familien mit Altpapierbergen zu Altpapiercontainern pilgerten, fühlte es sich fast so an, als ob man mal wieder in die Kirche gegangen wäre. An den Wochenenden ließen die Familienväter ihre Superbenzinautos, mit denen sie werktags trotz S-Bahn aus den Vorstädten in die Ballungszentren fuhren, stehen und trafen sich mit ihren Kindern und anderen Vätern in nahe gelegenen Waldgebieten, und man staunte immer wieder, dass die Bäume doch eigentlich noch ganz gesund aussahen. Bei der nächsten Wahl konnte man die Turnschuhpartei der Grünen wählen, für die Zweitstimme waren sie allemal gut, immerhin machte Joschka Fischer als hessischer Umweltminister seit 1985 eine gute und nicht einmal sonderlich radikale Figur. Man konnte, kurz gefasst, mit recht einfachen Mitteln »Verantwortung übernehmen«. Und das genügte dann auch, fanden wir damals, finden wir heute. Schließlich steht der deutsche Wald noch immer.

1988 nahm Deutschlands erste *Ökobank* in Frankfurt/Main ihr Geschäft auf, und als wir etwa zur selben Zeit unseren Führerschein machten (überproportional häufig in einem *VW Golf*, dem Fahrschulstandard der Ära) und bald unser erstes eigenes Auto fuhren (überproportional häufig ein *VW Polo*), wollten wir vom Tempolimit nichts wissen. Wir hielten auch nichts von Sitzblockaden, Demos, Lichterketten, Hungerstreiks. Wir empfanden dies als altmodisch und lächerlich, es waren die Ausdrucksformen unserer Vorgängergeneration, derjenigen, die uns mit Bob Dylan kamen. Es waren hängengebliebene Nostalgiker, oft über 40, die in Achtergrüppchen Mahnwachen für das Überleben der Nacktschnecke veranstalteten. Oder aber es waren DDR-Bürgerrechtler, die Ende der 80er auf die Straße gingen. Zu Wendezeiten demonstrierten sie sich einen Wolf, wie man damals sagte, selbst als die Mauer längst gefallen war, schwenkten sie noch Transparente. Dabei war doch all die Mühe umsonst, sie würden einfach annektiert, ins D-Mark-Paradies übergeführt werden, das war den westdeutschen Abiturientenjahrgängen jener Tage klar. Die Wende hat die Generation Ally nicht erschüttert, aus Zonis wurden Ossis, Punkt. Sie wollten so werden wie wir, deshalb interessierten wir uns nicht besonders für sie, es sei denn als Witzfigur.

Demonstriert hatten wir höchstens für ein Open-Air-Konzert befreundeter Schülerbands auf dem Schulhof, oder für einen *Coca-Cola*-Automaten in der Aula – und im Gegensatz zu den politisch und ökologisch Bewegten hatten wir meistens Erfolg. Die Eltern und Lehrer waren froh, wenn wir uns »wenigstens für irgendwas« engagierten. Aussichtslos erschien uns dagegen der Kampf für eine bessere Welt. Mag ja sein, dass 1982 noch Zehntausende am Frankfurter Flughafen gegen die Startbahn West protestiert hatten. Gebaut wurde sie trotzdem, und wenige Jahre später zogen mehr Jets ihre Kerosinkreise über den Eigenheimparadiesen am Rande des Rhein-Main-Gebiets als je zuvor. Diejenigen, die sich weiterhin gegen den Flugverkehr wehrten, hatten vor allen Dingen ihre persönliche Ungestörtheit im Sinn und forderten Nachtflugverbote und alternative Einflugschneisen, denn sie hatten Angst, dass sie vor lauter Starts und Landungen nicht mehr schlafen konnten oder dass gefrorene Kotbrocken aus *Airbus*-Toiletten in ihre Vorgärten fielen. Auch die Wasser- und Steinewerfer-Demonstrationen gegen die Atommüll-Wiederaufbereitungsanlage Wackersdorf in der Oberpfalz hatten sich 1989 gelegt, nachdem der deutsche Energiekonzern Veba ein Abkommen mit der französischen Firma Cogema geschlossen hatte und der Strahlenabfall von nun an in Castor-Behältern nach Frankreich geschickt wurde. Hauptsache nicht vor unserer Haustür, darauf kam es an.

Unsere Verachtung für praktisches politisches Engagement, auch im Kleinen, rührte im Wesentlichen daher, dass wir nach und nach den hohen Nostalgieanteil in den 68er-Mythen enttarnt hatten. Mit ihrem Null-Bock-Vorwurf wollte unsere Vorgängergeneration vielleicht nur von der Tatsache ablenken, dass das einst arg gescholtene bürgerliche Besitzdenken längst in ihrem Leben Einzug gehalten hatte, dass sie, die angeblichen Ex-Revoluzzer, satt und feist geworden waren. Es herrschte die Arroganz der frühen Geburt, das ärgerte uns. Die Kreativen und die Gutmenschen hatten bereits die Entscheider- und Meinungsbildnerstühle eingenommen, und manche von ihnen übten sich in *1000 ganz legalen Steuertricks*, schließlich zählten sie jetzt zu den Gut- und Besserverdienern. Ex-Kommunen-Luder Uschi Obermaier verkauft heute Modeschmuck in Kalifornien wie Monica Lewinsky Handtaschen in New Jersey. »Die Autonomen sind in der Mehrheit sehr sanfte und keineswegs auf Straßenschlachten fixierte Menschen«, erklärte Ex-RAF-Anwalt Otto Schily 1982 in einem *Spiegel*-Interview. Heute fordert er eine europaweite Sonderpolizei, die auf Globalisierungsgegner abgerichtet ist. »Ich komme ja aus einer Zeit, in der man sich politisch eingemischt hat«, sagte im Frühjahr 2001 der Kommunikationsdesigner und Trendforscher Peter Wippermann, der an der Uni Wuppertal lehrt, in einem Gespräch mit der *Financial Times Deutschland*. In den 70ern arbeitete er für das linke Sponti-Blatt *Konkret*, danach für die *Zeit*. In den 80ern war es jedoch flugs vorbei mit der politischen Einmischung, stattdessen war Marketing gefragt. Wippermann gründete gemeinsam mit dem Soziologen Matthias Horx das Hamburger Trendbüro und entwickelte im Auftrag des Tabakmultis Philip Morris das »Trend«-Magazin *Übermorgen*. Noch heute arbeitet er im Dienste des Großkapitals, wie es in seiner eigenen Jugend so schön hieß, und verrät Konzernen wie Unilever und Volkswagen, mit welchen Marketingtricks sie uns, die einstigen Konsumkids und heutigen kaufkräftigen Thirtysomethings, am besten erwischen. Wenn das mal keine rasanten biografischen Schlenker sind.

Damals litt die Glaubwürdigkeit des 68er-Mythos allerdings vor allem im Privaten. Wenn unsere Eltern Anekdoten aus ihrer ach-so-bewegten-und-wilden Jugend von sich gaben, dann klang das immer ein wenig, als wenn Oma oder Opa aus dem Krieg erzählten. Wie sie sich gegen Ende der Lehre Koteletten wachsen ließen und als »langhaarige Bombenleger« beschimpft und angeblich beinahe rausgeschmissen wurden (»Das waren noch Zeiten!«). Wie sie einst mit einem VW-Käfer mit Che-Guevara-Aufkleber auf der Windschutzscheibe nach Holland ans Meer fahren wollten und an der Grenze angehalten und gefilzt wurden, weil man sie für linksextreme Terroristen hielt, dabei hatten sie weder Drogen noch Waffen im Gepäck. (»Das war vielleicht ein gesellschaftliches Klima, kann ich dir sagen!«) Wie sie Casey Jones und die Governors oder irgendeine andere Shalala-Hey-Hey-Band in der Stadthalle von Kleinkrotzenburg live sahen und sich hinter der Bühne ein Autogramm holten. (»Ein halbes Jahr hatte ich auf die spitzen Beat-Boots gespart, die ich damals trug!«)

Wenn unsere Väter freitagabends nach einer harten Woche total geschafft im Sessel saßen und nicht fernsahen, dann hörten sie vielleicht *When I was young* von den Animals und atmeten schwer. Und unsere Mütter enstaubten ihre schicken Backfisch-Fummel und begannen, uns ab der Tanzstundenzeit zu jedem erdenklichen Anlass mit ihren abgelegten Cocktailkleidern zu belästigen. (»Damals war dieses Kleid ein Skandal, so kurze Röcke trug damals noch niemand.«) Jede Kleinigkeit aus ihren Jugendjahren erschien ihnen im Rückblick als eine gesellschaftspolitische Äußerung. Sie dachten, wenn sie *Make-love-not-war*-Aufkleber, Hannes-Wader-Platten und *Pardon*-Archive besäßen, besäßen sie auch eine Haltung. Dabei ist das *Make love not war* von einst nichts anderes als das *Fit for Fun* von heute: ein Slogan, mit dem Korkpinnwände und Kiefernholzmöbel und Räucherstäbchen verkauft wurden, auch wenn es ursprünglich einige Leute ganz anders gemeint hatten. Unsere Eltern fühlten sich in ihrer Jugend ein bisschen gesellschaftskritisch, aber im Zweifelsfall sind wir, ihre Nachfahren, nicht beim Gruppensex in einer Kommune gezeugt worden, sondern von Früh-Verlobten, die dann bald heirateten und auf das Eigenheim sparten, in dem wir schließlich groß wurden. Letztlich fliegt man doch lieber einmal im Jahr nach Alicante als in den Ashram, letztlich spendet man doch nicht für Nicaragua, sondern kauft sich eine *Hülsta*-Schrankwand.

Die Generation unserer Eltern hatte sich von der verknöcherten Nachkriegsgeneration abgesetzt, und das war richtig und wichtig. Erst mit der Liberalisierung des Sexualstrafrechts 1973 wurden Homosexualität und Kuppelei für weitgehend straffrei erklärt – im selben Jahr, in dem Wehr- und Zivildienst gleichgestellt wurden. Erst seit 1974 ist man schon mit 18 erwachsen, nicht erst mit 21. Wir hätten wirklich nicht in Adenauer-Deutschland groß werden wollen. Aber Moral und politische Überzeugung mussten uns – im Alltag der 80er – zwangsläufig als wankelmütig Ding erscheinen, als Hobby, als Lustgewinn fürs eigene Gewissen.

Auch die Frauenbewegung sahen wir in diesem Licht. Alice Schwarzer hatte als Journalistin im Juni 1971 den umstrittenen Abtreibungs-Titel des *Sterns* produziert, in dem 374 Frauen, darunter Senta Berger und Romy Schneider, gestanden: »Wir haben abgetrieben!«, und damit die Debatte über den Paragraphen 218 des Strafgesetzbuches losgetreten, der eine Abtreibung damals in beinahe jedem Fall für illegal und verfolgungswürdig erklärte. 1975 veröffentlichte Schwarzer das Buch *Der kleine Unterschied und seine großen Folgen* und rief damit öffentlich zum Geschlechterkampf auf, zwei Jahre später erschien erstmals das feministische Magazin *Emma*. Alice Schwarzer galt gemeinhin als die Galionsfigur der Bewegung, dabei gab es eine Menge unterschiedlicher feministischer Strömungen, vor allem im englischsprachigen Raum. Zum Beispiel die Orgasmus-Befreierinnen-Bewegung um Shere Hite; oder die Germaine-Greer-Anhängerinnen, die in der Mutterschaft grundsätzlich Verrat witterten; oder die Hardcore-Provokateurin Valerie Solanas, die zur Vernichtung der Männer aufgerufen und verheiratete Hausfrauen als »Wärmflaschen mit Titten« bezeichnet hatte.

Wenn wir im Alter von 13 oder 15 Jahren den Namen Alice Schwarzer hörten, was verbanden wir mit ihr? Nichts wirklich Gutes, vermutlich. Eher im Gegenteil. Das Wort »Emanze« hatte für uns etwas teils Anrüchiges, teils Lächerliches, es kam fast einem Schimpfwort gleich. Als ich mich in der Mittelstufe einmal mit einem Mitschüler zankte – ich weiß leider nicht mehr, worum es ging –, da bescherte ich ihm einen tiefen Kratzer auf der linken Hand, dessen Narbe der junge Mann mir noch acht Jahre später auf einem Abi-Jahrgangstreffen präsentierte. Er hatte mich damals, mit 15 oder 16 Jahren, als »Emanze« beschimpft, daran erinnerten wir uns noch und mussten beide lachen. »Emanze« bedeutete lange Zeit etwas Ähnliches wie noch vor wenigen Jahren der Begriff »Zicke«, bevor wir auf die Idee kamen, ihn zu einem Kompliment umzudeuten und auf T-Shirts zu tragen.

Die Frauenbewegung war für die Generation Ally von Anfang an eine überaus abstrakte Angelegenheit. Zum einen lag das schlicht daran, dass wir mitten in der Debatte noch gar keine Frauen waren. Die Geschlechterfrage bekam für uns zunächst durch die Sexualreife Brisanz und nicht, weil wir uns als 15-Jährige real benachteiligt fühlten. Wir rüschten uns auf, begannen uns zu schminken, und verwendeten keinen Gedanken darauf, ob wir uns damit zur Ware machten.

Zum anderen erlebten wir täglich unsere Mütter. Sie mögen Ratgeber mit Titeln wie »Dein Eierstock und du« gelesen haben. Sie mögen Trommelkurse auf La Gomera gebucht oder VHS-Kurse zum Thema »Astrologie aus weiblicher Sicht« oder »Makramee für Einsteiger« belegt haben. Vielleicht organisierten sie die Kinderbetreuung in der Nachbarschaft oder den Weihnachtsbasar an unserer Schule, vielleicht ließen sie sich die Haare zu einem asymmetrischen Fiasko umfrisieren oder bastelten Wandschmuck aus Salzteig. Sie unternahmen allerhand für ihre Selbstverwirklichung. Und trotzdem machten sie den Dreck weg, putzten die Fenster, unsere Rotznasen und die Popos unserer kleinen Geschwister. Derweil verdiente unser Vater das Geld.

Der Loriot-Sketch mit Evelyn Hamann, in dem sie ihr Jodel-Diplom präsentiert und stolz verkündet, eine Frau müsse schließlich »etwas Eigenes« haben, trifft es sehr genau. »Emanzipation« hatte – auf den mittelständischen Durchschnittsalltag der 80er heruntergebrochen – oft etwas Skurriles, unfreiwillig Komisches. Selbstverständlich fanden wir unsere Mütter während unserer Pubertät peinlich, was ganz natürlich ist. Und unter diese Gesamtpeinlichkeit fielen eben auch ihre diversen Bemühungen, sich selbst als Person zu erleben, nicht nur als Versorgungsmaschine.

Mieses Timing, könnte man sagen. Denn unsere Mütter waren zu einem denkbar schlechten Zeitpunkt Mütter geworden. Die Normalbiografie einer jungen Frau Ende der 60er hatte vorgesehen, dass sie ihren Job spätestens mit Mitte 20 aufgab, um zu heiraten und Kinder zu bekommen, wenn sie vorher überhaupt berufstätig war. Während unsere Mütter sich verlobten und für die Aussteuer sparten, hörten einige, wenige Frauen Vorlesungen in Volkswirtschaft oder Philosophie. Viele von ihnen waren später aktiv in der Frauenbewegung, zu unser aller Vorteil. Fakt ist jedoch: Diese Bewegung ist wesentlich aus der intellektuellen Avantgarde erwachsen, einer kleinen Gruppe, die unseren Müttern anfangs im Zweifelsfall eher Angst machte.

Meine Mutter zum Beispiel hatte ihren Job als Rechtsanwaltsgehilfin 1970 aufgegeben, weil ich zur Welt kam. Ich wurde unter anderem deshalb geboren, weil meine Eltern unbedingt heiraten wollten, meine Mutter aber noch nicht 21 war und die Einwilligung zur Hochzeit nur mit Hilfe eines dicken Bauches bekam, denn sie stammte aus einem katholischen Haushalt, und ein uneheliches Kind wäre eine Schande gewesen. Sie wäre nie auf den Gedanken gekommen, meinen Vater mit der Kindererziehung zu beauftragen, auch, weil er eine bessere Ausbildung als sie hatte und mehr verdiente. Eigentlich kam mir meine Mutter immer ganz zufrieden vor, und sie sich offenbar auch.

Aber Mitte, spätestens Ende der 70er werden unsere Mütter mit dem Nachdenken begonnen und bemerkt haben, dass ihr Alltag plötzlich ein »Rollenbild« war, zu dem es verdammt nochmal Alternativen gab. Sie werden nicht umhingekonnt haben, ihre eigene Biografie zu durchleuchten, zu erkennen, dass sie andere Möglichkeiten gehabt hätten oder zumindest hätten haben sollen. Denkbar, dass unseren Müttern in schwachen Momenten ihr eigenes Leben plötzlich schäbig erschien. Sie hatten vielleicht gar nicht um Aufklärung gebeten, aber sie bekamen es um die Ohren gehauen, dass sie benachteiligt waren bei Gehältern, bei der Sexualität, bei der Rente, bei der Persönlichkeitsentwicklung. Dass sie selbst mit ihrem Hausfrauendasein zur Aufrechterhaltung der patriarchalischen Herrschaftsverhältnisse beitrugen. Unsere Mütter ahnten vermutlich, dass da etwas Wahres dran war. Jetzt mussten sie diese Erkenntnis nur irgendwie in den Alltag in der Doppelhaushälfte integrieren, sie konnten schwer zurück. Waren ihre Unzulänglichkeitsgefühle allzu groß, traf sie die Parole von der Wärmflasche mit Titten allzu hart, so verfielen sie vielleicht in einen »Emanzen«-Hass und schimpften wie ihre Ehemänner laut über die »Schwanz-ab-Alice« und die »frigiden Fregatten« in ihrem Zirkel.

Unsere Mütter bemühten sich verzweifelt darum, neben dem Haushalt noch ein bisschen an sich selbst zu denken. Wir jedoch hatten zu keinem Zeitpunkt vor, jemals nicht an uns selbst zu denken. Diesen Fehler würden wir niemals machen. Wir, die zwischen 1965 und 1975 Geborenen, sind die erste Frauengeneration, die unmittelbar von der Frauenbewegung profitierte. Unsere Ausbildung und spätere

Berufstätigkeit wurden vom Elternhaus im Regelfall ausdrücklich gefördert. Und auch für uns selbst stand außer Frage, dass wir uns nehmen würden, was wir wollten. Zum einen wollten wir – wie jede Generation – alles anders machen als unsere Mütter, und der Weg war ja nun geebnet, das Klima bereit. Zum anderen hatte das Abziehbild des *Working Girl* Ende der 80er im Nachklang der Frauenbewegung auch eine kommerzielle Aufwertung erfahren, es gab sogar einen gleichnamigen Film mit Melanie Griffith in der Hauptrolle, damals noch ohne Antonio Banderas und ohne Collagen in den Lippen. Außerdem war es schlicht eine pragamatische Frage, für uns wie für unsere Eltern: Wenn wir schon so viel Zeit und Geld in unsere Ausbildung investiert hatten, dann musste ja auch etwas dabei herumkommen. Wir kamen gar nicht auf die Idee, unser Abitur zu machen, um danach Strümpfe zu stopfen.

Insgesamt hatten wir Mädchen in den 80ern sowieso das coolere Geschlecht, fanden wir. Und das lag nicht nur daran, dass man uns immer wieder versicherte, wir seien viel reifer, viel weiter entwickelt als gleichaltrige Jungs. Wenn auf einer Party *Girls just wanna have fun* von Cindy Lauper lief oder *Material Girl* von Madonna, tanzten wir Pogo. Die Jungs hatten derweil noch Herbert Grönemeyers *Männer* im Ohr und mussten im Kino im gleichnamigen Doris-Dörrie-Film die Verhohnepipelung ihres Geschlechts erleben. Der HipHop-Machismo war noch lange kein Trend, es gab keinen Frauen verachtenden Eminem, stattdessen zogen sich die männlichen Popstars aus der New-Romantic-Ecke Lidstriche unter die Augen und trugen blassblaue Seidenhemden.

Auch die Jungs wollten, allein qua natürlichem Generationsprinzip, vieles anders machen als ihre Väter. Sie mussten sich überlegen, ob sie einer von den »neuen Männern« sein wollten, die Ina Deter Anfang der 80er in ihrem Song *Neue Männer braucht das Land* beschworen hatte. Würde es genügen, wenn sie eines Tages ihrer Ehefrau einen Makramee-Kurs sponserten? Auch die Jungs hatten ihren Vater als Verdiener und ihre Mutter als halb selbstverwirklichte Versorgerin erlebt. Spätestens wenn sie eine von uns nassforschen Mir-gehört-die-Welt-Frauen zur Freundin hatten, mussten sie sich mit der Perspektive auseinandersetzen, eines Tages vermutlich keine zweite Mutti zur Partnerin zu haben. Die Gesellschaft hatte sie auf dem Kieker, die Jungs. Der Begriff »Mann« war Ende der 80er mindestens so politisch wie das Wort »Frau« zehn Jahre zuvor.

Gleichzeitig waren all diese Themen – Frauen, Männer, Chancengleichheit – viel zu weit weg, um ernsthaft darüber nachzudenken, für die Jungs wie für uns. Wir beendeten gerade die Schulzeit, erlebten unsere erste Beziehung oder den ersten One-Night-Stand, wir machten Schluss mit jemandem oder baggerten an jemandem – und dachten beim Stichwort Liebe und Partnerschaft an alles Mögliche, nur nicht daran, wer eines Tages den viel zitierten Müll rausbringen würde.

Wir jungen Frauen wollten frei jeder Überzeugung – außer der, dass wir super drauf waren – einfach loslegen mit unserem tollen Leben, und ans Kinderkriegen verschwendeten wir zunächst keinen ernsthaften Gedanken, hatte doch fast jede von uns ein abschreckendes Beispiel wie Ramona vor Augen, die jetzt dasaß mit ihren zwei kleinen Kindern und abgeschnitten war von Auslandsaufenthalten und Trainee-Programmen. Wir waren 20, und wir dachten tatsächlich, dass später immer noch Zeit für eine eventuelle Ehe samt Mutterschaft wäre, dass wir mit 30 Kerl, Kinder und Karriere vorweisen könnten und einfach glücklich wären, da müssen wir *Ally McBeal* in der Tat Recht geben.

2. PRAKTIS, HIWIS, ASSIS UND DIE LATZHOSEN-FRAKTION

»Ich habe Angst, dass, wenn ich Luft hole, jemand anderes zu Wort kommen könnte.«

(Ally McBeal, 4. Staffel, Folge 1)

Mein ganzes Schülerleben lang habe ich amerikanische und englische Jugendliche um diese schwarzen, quadratischen Quasten-Hüte beneidet, die man in den USA zum Highschool-Abschluss und beim Verlassen des Colleges trägt, oder zum Examen an den britischen Universitäten. Man sieht das immer im Fernsehen, auch heute noch. Für Kelly, David, Steve und Donna aus *Beverly Hills 90210* zum Beispiel gibt es in jeder dritten Folge Anlass, solche Hüte zu tragen, und es hat stets etwas Feierliches, beinahe Heiliges. Kommen die Hüte in der Serie zum Einsatz, so signalisiert dies: »Achtung, jetzt beginnt ein neuer Lebensabschnitt für die Helden«, und in der nächsten Folge leben Kelly und Donna dann plötzlich in einer Mädchen-WG am Strand und arbeiten als Modedesignerinnen, und David, der eben noch das SV-Radio auf dem Schulcampus managte, ist in null Komma nichts zum Musikproduzenten geworden. Was macht man nach der Abschlussveranstaltung mit solchen Hüten? Hängt man sie an die Wand? Setzt man sie zu Halloween wieder auf? In Donnas Strandhaus sind sie jedenfalls nie wieder aufgetaucht. Vermutlich verstauben sie oben auf dem Kleiderschrank in der hintersten Ecke, neben dem Bauchweg-Trainer.

Nun standen die USA Ende der 80er nicht unbedingt im Ruf, ein intellektuelles Land zu sein, was sich bis heute nicht geändert hat. In der Oberstufenzeit, als wir uns mit Stochastik und der Weimarer Republik quälten, ging sogar das Gerücht, in Amerika sei ein Highschool-Abschluss im Fach Make-up und ein College-Abschluss im Fach Inneneinrichtung möglich. Dort wurden außerdem Miss- und Misterwahlen an den Schulen veranstaltet, jeder Jahrgang wählte alljährlich die oder den Schönste(n), Klügste(n), Sportlichste(n), sozial

Engagierteste(n). Das erzählten diejenigen, die in der elften Klasse ein Jahr an einer Austauschschule in Wisconsin oder Wyoming verbracht hatten. Niemals gelangte einer der Austauschschüler an einen wirklich spannenden Ort, New York, San Francisco, Miami – die meisten wurden für ein Jahr in eine Kleinstadt im landwirtschaftlich geprägten Mittleren Westen geschickt und verbrachten ihre freien Wochenenden mit Kühehüten oder Dartspielen im örtlichen Country-Music-Club, während wir Daheimgebliebenen in der Dorfdisco oder in den Tanztempeln des nächstgelegenen Ballungsgebietes unsere ersten Nachtlebenerfahrungen machten.

Damals dachten wir in der Alten Welt zumindest insoweit europäisch, als wir von unserer geistigen Überlegenheit den Amerikanern gegenüber überzeugt waren. Das war ein Ausgleich dafür, dass die Ju-Ess-Ei selbstverständlich das coolere Land waren, im Vergleich zur BRD, denn dort gab es längst MTV, während hierzulande Stefanie Tücking mit Mörder-Grübchen und Windkanalfrisur in der wöchentlichen Videoclip-Show *Formel Eins* die Scorpions oder Alphaville ansagte. Wir litten unter einem jugendkulturellen Minderwertigkeitskomplex, aber immerhin wussten wir, wo Kalifornien lag, während die Amerikaner dachten, Hitler sei immer noch an der Macht. Was die Hüte mit den Quasten angeht, so nahm ich also keineswegs an, dass darunter stets ein kluger Kopf steckte, sondern im Zweifelsfall eine Dumpfbacke, wie Al Bundy seine Tochter, die ebenfalls Kelly hieß, in der Trash-Serie *Eine schrecklich nette Familie* zärtlich nannte. Neidisch war ich allein auf das Ritual, bei dem man zu den Hüten passende Umhänge trug und außerdem eine Urkunde bekam, die mit einem Taftband zusammengebunden war. Die Hüte waren Filz gewordene Bildung, zumindest der Tradition nach, und trotz ihrer fast schon lächerlich anmutenden Altmodischkeit flößten sie Respekt ein. Sie waren ein Zeichen dafür, dass man die ersten Stufen auf dem Weg zur Weisheit erklommen hatte, sie verschafften einem Zutritt zur Kaste der Erwachsenen, wenn man wollte sogar zu den Akademikern, sie waren der Beweis dafür, dass man es geschafft hatte und dass man jetzt dazugehörte. Die Hüte, die Kutten, die Urkunden, die Schulwiese mit den weißen Klappstühlen, auf denen die Eltern in den Fernsehserien immer saßen, der Direktor auf der Bühne an einem 40er-Jahre-Mikrofon, das als Running Gag nicht richtig funktionierte, die Cheerleader der unteren Jahrgänge, die im Hintergrund mit bunten Pompoms wedelten: All das hatte Event-Charakter.

Meine eigene Abiturfeier fand bei Kunstlicht im Kurhaus von Bad Homburg statt. Auf der Bühne zwei Standvasen, dazwischen ein Rednerpult mit modernem Stabmikrofon. Es sprachen nacheinander ein Schüler aus unserem Jahrgang, der Elternbeiratsvorsitzende und der Schuldirektor. Im Saal, in dem abends Kurgäste und Abonnementkarteninhaber Tourneetheater mit Judy Winter und Herbert Herrmann oder den Don-Kosaken-Chor genossen, saßen wir mit unseren Eltern. Es war elf Uhr morgens, und den wenigsten von uns war feierlich zumute, denn zwischen der letzten mündlichen Prüfung und der Abschlussfeier waren einige Tage vergangen, und dieses terminliche Vakuum hatten wir dazu genutzt, das in Rekordzeit eingepaukte Prüfungswissen mit allerlei Alkoholika wegzuspülen. 85 Prozent dürften unter einem dicken Kopf gelitten haben. Was das äußere Erscheinungsbild angeht, so gab es drei Gruppen: erstens die geschätzten 30 Prozent, die sich zur Feier des Tages oder aus Konzession an ihre Eltern in Schale geworfen hatten, zum Beispiel in den umgearbeiteten Konfirmationsanzug oder das Tanzstundenballkleid. Die zweite Gruppe, die etwa 45 Prozent der anwesenden Schüler ausmachte, hatte sich zwar dezent und ordentlich gekleidet, aber doch so flexibel, dass es nach dem Festakt umgehend mit dem Feiern weitergehen konnte. Bei den Jungs war die Kombi Jeans-Hemd-Sakko-Turnschuhe stark vertreten, bei den Mädchen ein Ensemble aus wadenlangem Rock, enganliegendem Body und Kurzblazer. Dann gab es noch die 25 Prozent, die sich nicht mal ansatzweise um den Anlass geschert hatten und im Prä-Grunge-Look auf den billigen Plätzen herumschlunzten, was vermutlich weniger aus einer Protesthaltung rührte als vielmehr aus dem noch höheren Alkoholkonsum der vergangenen Tage.

Als die Feier vorüber, die Lehrer und Verwandten mit einem

Handschütteln verabschiedet waren und die ersten Abiturienten am Springbrunnen vor dem Kurhaus Sektflaschen per Hand öffneten, oder Bierflaschen mit Feuerzeugen, war ich kurz von der Unspektakularität des Moments gebremst. Das war es also gewesen, das Ziel, das ich 13 Jahre vor Augen hatte, war erreicht. Genau genommen waren es 14 Jahre, das überflüssige Jahr »Freies Spiel« an der pädagogisch korrekten Grundschule mitgerechnet. Volljährig war ich sowieso, mein 20. Geburtstag stand kurz bevor, und ich war frei, so frei, wie ich es nie mehr in meinem Leben sein würde – so kolportierten es jedenfalls die Erwachsenen, die das alles Jahre hinter sich gelassen hatten. Weder die Mendelschen Regeln, noch die Gesetze der Fliehkraft, noch die Harmonielehre würden mir in meinem künftigen Leben praktisch weiterhelfen, das war mir schon damals klar. Nicht für die Schule, sondern fürs Leben lernen wir, hieß es immer. Dabei war es genau umgekehrt: Nicht für das Leben, sondern für die Schule hatten wir gelernt. Und für die Quizshows, die zehn Jahre später mit *Wer wird Millionär* eine Renaissance erleben sollten, und in denen man mit einem soliden, gymnasialen Halbwissen locker über die 32.000-Marks-Grenze kommt, neuerdings über die entsprechende Euro-Grenze. Weder wusste ich damals, wie man eine Steuererklärung ausfüllt, noch wie ein Standardmietvertrag aussieht, geschweige denn wie ein Asylverfahren funktioniert oder das Rentensystem, oder wie man Zündkerzen wechselt, wenn das Auto liegen bleibt. Noch nicht einmal den Unterschied zwischen Erst- und Zweitstimme bei der Bundestagswahl hätte ich erschöpfend erklären können.

Der Mitschüler, der bei der Abiturfeier stellvertretend für unseren Jahrgang auf dem Podium eine kurze Rede gehalten hatte, sagte, dass wir nun »aus der Schutzhaft unserer Jugend« ins Leben entlassen würden, und er hatte für diese Bemerkung einige Buh-Rufe aus dem Saal geerntet, aber er hatte Recht. Kaum einer hatte bis zur Volljährigkeit ernst zu nehmende Begegnungen mit der Arbeitswelt gemacht, kaum einer hatte Erfahrung mit dem Geldverdienen und -verwalten oder dem Treffen von Entscheidungen, keinem von uns brannte ein gesellschaftspolitisches Problem unter den Nägeln, nicht einmal Ansätze einer Mission. Ich hatte erwartet, dass Freiheit sich anders anfühlt, stärker, mächtiger, aufregender.

Ich hatte mehr Rausch erwartet. Nicht einmal der »Abi 90«-Aufkleber, den viele sich ans erste eigene Auto pappten, gefiel mir, denn er war in einer völlig veralteten Ncw-Wavc-Zackenschrift gehalten, blitzblau und potthässlich, wie man damals gern sagte. Vermutlich lag meine Enttäuschung über die ausbleibende Euphorie nur daran, dass die Quastenhüte fehlten. So tröstete ich mich fürs Erste.

Leider wird in *Beverly Hills 90210* nie gezeigt, was die Kids unmittelbar nach der Abschlussfeier tun, denn das ist nicht jugendfrei. Sie fahren nämlich in Pick-up-Trucks und Cabriolets nach Daytona Beach, zum Springbreak, wo sie Tequila zum Breakfast trinken und Speedpillen zum Dinner futtern, wo sie Wet-T-Shirt-Wettbewerbe veranstalten und Gruppensex am Strand haben. Seit einigen Jahren halten die Reporter des *Sterns* und von RTL dieses Happening in Nahaufnahme fest, und die Ressortleiter fürs Bunte und Grobe haben dank des drallen Teeniefleisches endlich einmal wieder guten Sex, mit sich selbst, auf der Redaktionstoilette. Wir Abiturienten in Bad Homburg im Vordertaunus sahen nicht halb so appetitlich aus wie unsere amerikanischen Altersgenossen, vor allen Dingen trugen wir keine Bikinis, es war zwar Juni, aber bewölkt, und gelegentlich fiel ein Schauer. Auf die Feierstunde folgte zunächst eine 24-stündige Sauferei, nachmittags in den Parks und an den Seeufern der Umgebung, abends in den umliegenden Discos, die *Gambrinus* oder *Fillwood* oder *Central Park* hießen. Sixpack auf, gute Laune. Unmittelbar danach packten die meisten von uns erst einmal ihre Koffer.

Der Exodus aus dem Elternhaus, der im Sommer nach den letzten Zeugnissen einsetzte, hatte drei Stoßrichtungen beziehungsweise Phasen, die alle über kurz oder lang ins Erwachsenendasein führen sollten. Die erste zielte ins Ausland und stellte die europäische und beschwerliche Variante des amerikanischen Springbreaks dar: Wir gingen auf Interrailtour. Statt eines Koffers packte man einen 60-Liter-Rucksack von *Fjällraven*, *Explorer* oder *Camel* und begab sich auf eine vierwöchige Expedition durch die Hauptbahnhöfe Mitteleuropas. Als ich mit meinem besten Freund Daniel loszog – wir waren als Teenies ineinander verliebt gewesen und pflegten inzwischen ein rein platonisches Verhältnis –, hatte ich gerade *On the Road* von Jack Kerouac gelesen und träumte von der Freiheit auf fahrenden Zügen. Stattdessen begann bereits am Frankfurter Hauptbahnhof ein einziges Gedrängel, und wir verbrachten schon den ersten Abschnitt der Tour, über Paris nach London, mit Stunden Verspätung im Gang auf die Rucksäcke gekauert.

Es war nicht der Komfort, den ich vermisste, sondern das Abenteuer. Hätten wir zwischen Schweinehälften oder Postsäcken in einem Güterwaggon gesessen, wäre das vermutlich noch unbequemer gewesen, aber ich hätte es toll gefunden, echtes Leben, *working-class*-Romantik, schau, wohin das Schicksal dich bringt. Zwischen lauter anderen Twens, die sich mit verschiedenen Musiken aus ihren Ghettoblastern bekriegten, kam das Ganze allerdings eher einer Klassenfahrt gleich – und genau dieses Klassenwesen hatte ich mit dem Abitur ja eigentlich hinter mir lassen wollen.

In London fanden wir gerade noch Unterschlupf in einem Hostel mit geschlechtergetrennten Schlafsälen à sechs Betten und Kaltwasserduschen, was den Klassenfahrtseindruck noch verstärkte. Am Picadilly Circus und am Leicester Square trafen sich abends Horden vergnügungswilliger Gleichaltriger, Schwedinnen knutschten mit Schweizern, Belgierinnen mit Italienern, Deutsche spielten Gitarre, Niederländer wickelten Joints, und der Eintritt in die Clubs von Soho, in denen sich im Hochsommer natürlich kein einziger Popstar herumtrieb, war so hoch, dass in drei Nächten Nightlife ein Viertel des Interrailbudgets aufgebraucht gewesen wäre. Unter dem Bett im Schlafsaal fand Daniel einen Stapel gültiger Kreditkarten eines pakistanischen Geschäftsmannes, mit denen wir vermutlich umgehend ein 5-Sterne-Zimmer bezahlt hätten, hätte einer von uns auch nur entfernte Ähnlichkeit mit einem Mittvierziger aus dem fernen Osten gehabt. Schließlich gaben wir die Karten einfach beim Hostel-Wirt ab und sahen zu, dass wir wegkamen.

In Madrid war es noch schlimmer. 24 Stunden trabten wir bei sengender Sonne durch die Stadt, fanden aber in keiner Jugendherberge, keiner Pension, keiner Bahnhofsmission auch nur einen Treppenabsatz zum Übernachten. Im Bahnhof gammelten Hunderte anderer Rucksack tragender Postadoleszenter herum, denen es genauso erging. Polizisten verboten das Hinsetzen auf Bänke und Boden, sie schwangen ihre Knüppel und zogen die Halsbänder ihrer Hunde enger. Interrailreisende waren nirgendwo willkommen, denn sie waren ungeduscht und abgebrannt und den Tourismusbehörden ein Dorn im Auge, gerade in der Hauptsaison. Daniel und ich kapitulierten freiwillig und verlegten uns darauf, Bekannte im Urlaub zu besuchen. Mit steifem Hals, seit 48 Stunden ohne Schlaf, stolperten wir einen Tag später in den Hügeln von Javea an der spanischen Costa Brava durchs Gestrüpp, um ein abgelegenes Haus zu finden, in dem drei Freunde ihren Urlaub verbrachten. Wir waren kurz vor dem Verdursten und überlegten beide, uns die Freundschaft aufzukündigen, weil wir uns um den letzten Schluck aus einer verbeulten *Vittel*-Flasche stritten, da bogen zufällig die Jungs hinter einem Pinienhain mit einem Auto um die Ecke, Staub flog durch die Luft, und Daniel und ich fielen auf die Rückbank. Schon am ersten Abend trank ich so viel – diesmal kein stilles Wasser –, dass ich mit einem der Jungs herumknutschte, was dazu führte, dass er später zu Hause mein fester Freund wurde.

Zusammenfassend lässt sich sagen, dass man nach einer Interrailtour immer froh war, wieder zu Hause zu sein. Diese hippiemäßige Art des Reisens hat sich in der Generation Ally nicht durchgesetzt, auch wenn es das Interrailticket seit 1998 auch für Nicht-Jugendliche gibt, in der Ticketvariante IR 26+. Der mangelnde Komfort war nur ein Grund für unsere Abneigung. Ebenso unattraktiv war aber auch das Kollektivistische, die unvermeidbare Gruppenzugehörigkeit. Als Rucksackträger im August war man eindeutig als Interrailer zu identifizieren. Das machte keinen Spaß, das war so ganz und gar nicht individuell. Außerdem bot Europa irgendwann keine Sensationen mehr, schließlich hatten die meisten von uns schon mit den Eltern das Mittelmeer abgeklappert. Suspekt erschien die Interrailtour auch, weil sie nicht zielgerichtet war, man konnte sich leicht verfransen, wenn man einen Anschlusszug verpasste oder sich nicht entscheiden konnte, wo man aussteigen sollte. Hier schon? 1986 kostete das einfache Interrailticket 444 Mark, 1989 stieg der Tarif auf 510, drei Jahre später auf 580 Mark. Dafür war ja schon fast ein Flug drin, dafür konnte man bequem nach Tunesien hoppen, beinahe nach Bali oder Florida, am besten nach Australien. Höher, schneller, weiter – alles, nur nicht Interrail. Heute verbinden wir das Reisen gern mit Nützlichem: Wir unternehmen einen Weekend-Trip nach Paris, zum Shoppen; jetten eben schnell nach Verona, zur Oper in die Arena, wegen der Kultur; hüpfen flugs über den Kanal, zum Notting Hill Carnival nach London oder übern Teich zum Christopher Street Day nach New York, um den Anschluss nicht zu verpassen; mieten uns in ein Ayurveda-Ressort in Thailand ein, der Schönheit und der Balance wegen.

Die Gruppe, die sich für die zweite Übergangsvariante vom Schüler- ins Jungerwachsenendasein entschied, verzichtete entweder freiwillig auf Dolce Vita oder kostete zwangsweise vom Ernst des Lebens: als Wehr- oder Zivildienstleistender, als Kibuzz-Putzerin, als Au-pair-Mädchen oder als billige Hilfskraft im freiwilligen sozialen Jahr. Die Jungs hatten in dieser Hinsicht keine Wahl, es sei denn, sie wurden ausgemustert, aber das kam bei den Jahrgängen 1965 bis 1975 noch weit seltener vor als nach dem Zusammenbruch des Ostblocks bei unseren jüngeren Geschwistern. Die Jungs mussten sich also entscheiden, ob sie sich lieber in Schlammlöchern herumkommandieren lassen oder siechen Greisen die wunden Hintern abwischen wollten, und das auch noch einige Monate länger als die »Kollegen« bei der Bundeswehr.

Die Begründung für den Dienst an der Waffe war oft pragmatischer Natur: Den Wehrdienst hatte man schneller hinter sich. Die Verweigerer führten meist Gewissensgründe für ihre Entscheidung an, was ihnen allerdings schwer fiel, denn mit einem Krieg, bei dem es tatsächlich zu Schusswechseln oder Leichengestöhn in Schützengräben kam, rechnete damals niemand mehr, schließlich gab es die alten Männer mit dem Roten Knopf, es gab Computerprogramme, die die Drecksarbeit erledigen würden, das hatte Matthew Broderick in dem Film *War Games* gezeigt. Der Golfkonflikt und das Prinzip der multinationalen Eingreiftruppen waren allerdings ein Problem. Aber wurden da nicht nur Zeitsoldaten hingeschickt? Manch Zivi hatte Glück und ergatterte eine Stelle als Getränkeverkäufer im städtischen Jugendclub und machte sich eine schöne Zeit.

Ich persönlich vermute, viele hatten einfach Angst vor dem Wehrdienst, vor dem martialischen Gebaren in der Truppe, den Waffen und rauen Sitten. Mir selbst wäre es jedenfalls so ergangen. Die Vorstellung, sich morgens um sechs von einem Feldwebel anbrüllen zu lassen, dessen Rachenzäpfchen einem kurz vor der Nasenspitze baumelt, auf dass der Mund- und Speiseröhrengeruch des Webels einem Übelkeit bereitet und seine Speicheltröpfchen einem das Gesicht sprenkeln – würdelos. Stiefel polieren, im Gleichschritt gehen, die Klappe halten. Heldenhaft war es jedenfalls nicht, zur Bundeswehr zu gehen, wo diese lächerlich mannhaften Rituale veranstaltet wurden und wo man für Button-down-Hemden oder kleine Silberringe in männlichen Ohrläppchen keinen Sinn hatte. Zumindest in ästhetischer Hinsicht war der Pazifismus fest in unseren Gehirnen verankert.

Mindestens eine oder einer aus den Abiturjahrgängen jener Zeit entschied sich für einen nicht minder brutalen mehrmonatigen Arbeitsdienst in einem israelischen Kibbuz, einer Art südländischer Kolchose, wo man ebenfalls sehr früh aufstehen musste, um in 14-Stunden-Schichten Orangen zu pflücken. Aber es waren selten die Trendsetter, eher die Loser.

Es gab tatsächlich auch Mädchen, die sich freiwillig zum Aupair-Dienst gemeldet hatten. Es waren die stillen Wasser, die Mauerblümchen, die grauen Mäuse, diejenigen, deren Namen man schon bald nach dem Abitur vergaß. Für ein Taschengeld ein Jahr lang anderer Leute Dreck wegmachen? Wer sind wir denn? Nein, das Berufsziel Dienstmädchen stand bei den wenigsten auf Platz eins der Wunschliste. Dann schon lieber als monströse *Minnie Maus* in *Disney World* herumlaufen und Werbezettel verteilen. Das war auch Auslandserfahrung und hatte wenigstens einen Touch Hollywood.

Die dritte Stoßrichtung zielte unmittelbar in unsere berufliche Zukunft und brachte nicht selten einen Umzug mit sich. Als wir zur Ausbildung antraten, sei sie akademischer oder betrieblicher Natur gewesen, grassierte gerade das Quereinsteigertum. Unzählige neue Tätigkeitsfelder erschlossen sich dieser Tage. So konnte man beispielsweise als Germanist oder Psychologe zum Consultant werden, das hörten wir von älteren Geschwistern oder lasen es in kostenlosen Karriere-Infoblättern wie dem *Unicum*. Man konnte einfach so in eine Unternehmensberatung einsteigen und 100.000 Mark per anno verdienen, auch wenn man als frisch ins Leben entlassener Abiturient keine Vorstellung davon hatte, wie viel oder wenig Geld das war, es klang jedenfalls nach einer Menge. Des Weiteren entstanden neue Berufsfelder, deren Ausbildung oder Aufgabengebiet noch gar nicht geregelt war, geschweige denn Tariffragen, und dies traf in besonderem Maße für die Medienbranche zu. So gab es zum Beispiel plötzlich den Job des Screen Designers, aus dem die öffentlich-rechtlichen Sender Ende der 90er einen geregelten Lehrberuf machten, den Mediengestalter in Bild und Ton. Wir waren bald mitten drin in den Geburtswehen der durchdigitalisierten Superservice-Gesellschaft, als Azubis, Trainees, Hiwis, Assis. Zuallererst aber als Praktis.

Der Praktikantenstatus pappte uns für Jahre auf der Stirn, und glücklicherweise hatte der Begriff damals noch nichts Schlüpfriges, wir dachten nicht ans Weiße Haus und Blasinstrumente. Wir heuerten monatsweise im White-Collar-Sektor an, kopierten, sortierten, projektierten, korrigierten und ließen uns anschließend Zeugnisse ausstellen, die wir später irgendwo anders würden vorzeigen können. Praktika ermöglichten uns erste Einblicke in die Arbeitswelt. Einige kamen aus dem Praktikantentum gar nicht mehr heraus, hangeln sich seitdem von Job zu Job und besuchen nie ein Jahrgangstreffen, denn sie haben Angst, im Vergleich zu ihren Ex-Mitschülern als Versager dazustehen. Die Hamburger Band Die Sterne widmete dieser Gattung 1994 einen eigenen Song, er heißt *Universal Tellerwäscher* und erzählt von einem jungen Mann, der sich jahrelang als Aushilfskraft in Ton- und Film-Studios herumtreibt, in der Hoffnung auf die Chance seines Lebens. Es gab auch welche, die blieben direkt in einem Unternehmen hängen, weil man ihnen eine verkürzte Ausbildung zur Kontakterin oder Sales Managerin anbot.

Diejenigen, die sich an der Uni eingeschrieben hatten und das Studium auch zu Ende bringen wollten, versuchten, in den Semesterferien so viel Praxiserfahrung wie möglich zu sammeln, denn das Abschlusszeugnis allein würde auf keinen grünen Zweig führen, das war uns allen klar. Es war die Zeit, Anfang der 90er, in der erstmals kürzere Schul- und Studienzeiten diskutiert wurden, ehemalige Magisterstudiengänge wurden nun auch in der angeblich schnelleren und praxisorientierteren Diplomversion angeboten. Uni-Rankings kamen in Mode, Vergleiche mit dem Ausland wurden betrieben. Fazit: Wir studierten zu langsam, und wir waren außerdem zu viele, wir waren Teil der unerwünschten Akademikerschwemme.

Gern würden wir die Unizeit im Nachhinein verklären und unseren Enkeln später einmal sagen können: »Kind, das war die schönste Zeit in meinem ganzen Leben«, und es stimmt ja auch, dass wir im Vergleich zu heute mehr Freizeit und Freiheit hatten. Aber als »unbeschwert« können wir diese Phase, wenn wir ehrlich sind, nicht unbedingt bezeichnen. Der Anstieg der Arbeitslosigkeit nach der Wende, die überfüllten Bildungsfabriken, die Regelstudienzeiten und der Ruf der freien Wirtschaft: Es herrschte nicht nur der subjektive Wunsch, sondern auch der objektive Druck, das Ganze pragmatisch durchzuziehen. Zumindest, wenn man es zu etwas bringen wollte.

Die meisten Studenten kämpften mit einer satten Dreifachbelastung: Während des Semesters machte man erstens Scheine und ging, zweitens, nebenher durchschnittlich 20 Stunden in der Woche arbeiten, zum Beispiel als Zigaretten-Promoterin oder Kneipenbedienung, denn das Bafög wurde in den 90ern knapp gehalten und nur die wenigsten erhielten es. Im Regelfall genossen wir eine mehr oder minder großzügige Apanage von zu Hause, einige bekamen sogar gleich eine Eigentumswohnung geschenkt, bei den meisten waren es hingegen nur ein paar hundert Mark monatlich, und sie mussten sich ganz schön krumm legen. Die halbwegs gut bezahlten Jobs, die wir gelegentlich auch schwarz erledigten, hatten aber selten mit unserem tatsächlichen Berufswunsch zu tun, sie dienten lediglich dem Broterwerb, so dass wir, drittens, auch in den Semesterferien arbeiten mussten, diesmal Vollzeit und in den fachlich passenden Branchen, um schon einmal in unserem potenziellen späteren Berufsleben herumzuschnuppern.

Ein Praktikantensalär bestand meist aus einer Pauschale zwischen 500 und 1000 Mark. Das mieseste Gehalt, das ich je bekam, wurde von einem großen Zeitschriftenverlag spendiert, für den ich wöchentlich etwa 50 Stunden tätig war, fast immer ohne Mittagspause und ohne Wochenende, über drei Monate. Und das für ein Monatslohn von 250 Mark, was einem Bruttostundenlohn von rund 1,25 Mark entspricht.

Neben lächerlicher oder gar fehlender Entlohnung bringt der Praktikantenstatus noch weit prägendere Erfahrungen mit sich: Unterforderung, Überforderung und Überflüssigkeit. Unterforderung lag vor, wenn man uns zum Beispiel wochenlang Aktenstapel abstauben, Kameraobjektive putzen oder Massensendungen eintüten ließ und wir von jeder Besprechung ausgeschlossen wurden. Es war einerseits entwürdigend, andererseits auch entlarvend, denn je debiler die Aufgabe und je weniger fachlichen Überblick wir bekamen, desto stärker richteten wir unser Interesse auf das Zwischenmenschliche. Und da war im Arbeitsleben Erschreckendes zu entdecken. Da wurde zum Beispiel über Kollegen gelästert, die gerade nicht im Raum waren, und kehrten sie an ihren Schreibtisch zurück, flötete man ihnen falsche Freundlichkeiten entgegen. Da wurden wichtige Informationen verschwiegen, zum Beispiel die Verlegung der kommenden Wochenkonferenz von zehn auf neun Uhr, so dass der Konkurrent oder die Konkurrentin, die bei der Ankündigung gerade auf der Toilette war, zu spät kommen und sich blamieren musste. Da wurde frühzeitig und heimlich Urlaub für die Kalenderwochen 24 bis 25 eingereicht, wo man doch genau wusste, dass die Arbeitsbiene am Nebentisch in exakt demselben Zeitraum verreisen wollte, weil ihre Großcousine in Stockholm heiraten würde. »Ist das mein Problem?«, fragten die bösartigen Urlaubsterroristen dann und wiegten sich in der Gewissheit, dass jeder für sich selbst verantwortlich ist, früher Vogel frisst den Wurm. Da wurden die Puscheltierchen, die manch einer sich an den Computerbildschirm klebte, um für heimelige Atmosphäre zu sorgen, in Abwesenheit ihres Besitzers abgerissen und weggeschmissen. »Das muss die Putzfrau gewesen sein«, hieß es später, und als Prakti hielt man besser die Klappe und petzte nicht. Wenn Frau Schneider dem Praktikanten oder der Praktikantin gerade gestern noch erklärt hatte, dass die Spesenabrechnungen im Hängeregister unter dem Buchstaben »S« abgelegt würden, »S« für Spesen, schüttelte Frau Pauli einen Tag später den Kopf, und sagte, die Spesenabrechnungen gehörten in die Mappe »R«, »R« für Reisen, und fügte hinzu, dass die Schneider sowieso keine Ahnung habe, dass es eine einzige Katastrophe sei mit dieser Frau, und der Prakti wusste am Ende nicht mehr, wem er trauen sollte, und lief Gefahr, alles falsch zu machen. Dabei schien der Tätigkeitsbereich der gesamten Abteilung sowieso nur eine Art Beschäftigungstherapie zu sein, und als unterforderter Prakti wunderte man sich oft, dass mit derlei Stumpfsinn überhaupt Geld zu verdienen ist.

Überforderung lag vor, wenn wir beispielsweise eine Kostenkalkulation für ein Firmenfest austüfteln oder einen Ministerpräsidenten zum Länderfinanzausgleich befragen oder die Koordination eines ganzen Messestandes übernehmen sollten, weil der- oder diejenige, der uns eigentlich anleiten sollte, plötzlich und angeblich erkrankte. 16 Stunden täglich knechten, ohne zu wissen, was man tut: Wir gingen morgens mit Magenschmerzen hin und legten uns abends bang schlafen und begriffen das als *learning by doing*. Wenn wir einen schwierigen Job trotz Ahnungslosigkeit und Angstschweiß hinbekamen, dann war das offiziell das Verdienst unseres Praktikantenbetreuers oder Mentors. Er oder sie sammelte Pluspunkte und revanchierte sich hinterrücks mit einer wohlwollenden Formulierung im Zeugnis: »Frau Kullmann hat alle ihr übertragenen Aufgaben stets zu unserer vollsten Zufriedenheit erfüllt.« Wenn es schief ging, war die Sache noch einfacher: Der Mentor war aus dem Schneider, wir waren schuld. »Frau Kullmann hat sich stets bemüht.«

Viel schlimmer als Unter- oder Überforderung war jedoch Überflüssigkeit. Sie trat ein, wenn wir keinen Ansprechpartner hatten, wenn niemand wusste, warum wir eigentlich da waren, wir selbst am wenigsten. Bei solchen Gelegenheiten konnte man ausprobieren, wie sich Unsichtbarkeit anfühlt, man konnte sich im Nichtvorhandensein üben, und ich persönlich fand das auf Dauer furchtbar anstrengend. Zum Beispiel das Praktikum in einer großen Fotoagentur: Jeder Einzelne gab mir, willentlich oder unbewusst, das Gefühl, dass meine Anwesenheit vor allem nervte und dass keine Zeit für die Beantwortung von Anfängerfragen übrig war. Ich konnte diesen Leuten nicht einmal böse sein, denn ich sah ja, dass sie unter Zeitdruck waren, ich hatte vollstes Verständnis, ich war im Grunde auf ihrer Seite. Um nicht andauernd als lebende Belästigung aufzufallen, versuchte ich krampfhaft, beschäftigt zu wirken, indem ich Zeitungen las, mit gerunzelter Stirn, und ab und an im Großraumbüro einen Artikel kopierte, als hätte ich Weiteres damit im Sinn. Gelegentlich signalisierte ich Interesse, indem ich fragte, ob ich jemandem zehn Minuten bei der Arbeit zuschauen dürfe, und meist ließ ich denjenigen nach fünf Minuten schon wieder in Ruhe. In der Mittagspause fühlte sich immer ein Grüppchen verpflichtet, mich mitzunehmen, zum Stehmetzger oder zur Pizzeria um die Ecke. All meine Versuche, aufgeweckt oder witzig oder clever zu wirken, schlugen fehl, denn sie machten Insiderwitze über Kollegen, über die ich nicht mitlachen konnte, und meine eigenen Scherze liefen stets ins Leere. Sehnsüchtig blickte ich auf die Uhr, Punkt 18 Uhr war ich raus aus dem Laden. Das Zeugnis, das sie mir später ausstellten, gehört übrigens zu den besten in meiner Sammlung.

War es wirklich so, dass uns die Jobs, die wir als Praktikanten erledigten, an sich faszinierten? Oder die Themen unserer Hausarbeiten oder Referate? Kam es darauf an, dass wir tatsächlich etwas lernten? In Wahrheit ging es vermutlich viel eher um das Spiel als solches, das Gezocke mit dem eigenen Lebenslauf. Gute Noten, 1a Scheine, ein Praktikum bei IBM, RTL, Saatchi&Saatchi – das war extrem schick, das machte etwas her, der Firmenglanz ging auf uns nieder, für drei Monate gehörten wir dazu und fühlten uns wie Charlie Sheen in *Wall Street* oder wenigstens wie *Mary Tyler Moore*. Die Yuppies hatten ihre Spuren hinterlassen, Titel-Terror und Vistenkartengewichse spielten eine große Rolle und verliehen der Arbeitswelt einen gewissen Sex-Appeal, der viel stärker auf uns wirkte als alle Weltverbesserei. Die Mehrheit der Generation Ally war nicht an kritischer Lehre oder befreitem Herumspinnen oder ziellosem Ausprobieren interessiert, sondern wollte möglichst schnell das Diplom- oder Examenszeugnis in der Tasche haben, das Ticket für die Zukunft, die Eintrittskarte ins Paradies der professionellen Welt, Perspektive: weit oben. Wir sind das, was man in den 90ern »akademisches Proletariat« nannte: Auf niedrigem intellektuellen Niveau durch die Hörsäle und Seminarräume geschleust, auf dass wir später nicht allzu besserwisserische Fragen stellten und für die freie Wirtschaft möglichst reibungslos verwertbar waren.

Im Idealfall brachten wir das Studium mit einer abzockerischen Haltung hinter uns und besuchten lieber ein Seminar zum Thema »Rockmusik im amerikanischen Comic zwischen 1970 und 1980«, anstatt uns mit dem Kommunitarismusstreit zu befassen. Wir taten alles Nötige für die Scheine, und nur im Ausnahmefall mal etwas nebenher, schon gar nicht engagierten wir uns in irgendwelchen Tutorien, keinen »autonomen« jedenfalls, und erst recht nicht freiwillig. Wir sind überzeugt davon, dass diejenigen, die damals im AStA saßen, noch immer da sitzen, die Bärte länger, die Hüften runder, die Cordhosen fadenscheiniger. Wenn wir uns im Hauptstudium eventuell bereit erklärten, eine Gruppe Erstsemester zu betreuen, dann vermutlich nur, weil wir uns den übergeordneten Professor als Prüfer ausgeguckt hatten. Ja, einige von uns machten ihren Doktor, weil das eventuell das Einstiegsgehalt hob, vor allem Naturwissenschaftler (von denen es damals zu viele gab), seltener aber die BWLer und die Geisteswissenschaftler. Die meisten von uns zogen das Studium einfach so schnell und »stressfrei« wie möglich durch und waren – genau wie bei der Interrailtour – froh, wenn sie es hinter sich hatten.

Ungefähr in dieser Zeit erlebte die Generation Ally den ersten und intensivsten Kontakt mit den Überbleibseln der organisierten Frauenbewegung, nämlich an der Uni oder bei Betriebsratsveranstaltungen für die Azubis in den Unternehmen. Hier hatte er also die vergangenen Jahre überdauert, der Feminismus: in den muffigen Fachschafts-Bibliotheken, in den Gewerkschaftshäusern mit den filzigen Teppichböden. Dabei hatten die meisten von uns doch angenommen, es gebe gar keinen richtigen Grund mehr für emanzipatorische Bemühungen. Bis wir auf den Appendix -IN stießen: Wir zählten plötzlich nicht mehr zur begrifflich geschlechtsneutralen Masse der Studenten, wir waren jetzt StudentINnen. Ich hatte mich für den Fachbereich Gesellschaftswissenschaften entschieden, weil ich annahm, dass ich nach einem Studium der Politologie und Soziologie zumindest rudimentäre Ahnung hätte von Recht, Wirtschaft, Psychologie und Politik, von allem ein bisschen, von nichts so richtig. Das schien mir die geeignete Voraussetzung zur Journalistenlaufbahn zu sein. Da ich nach wie vor im Rhein-Main-Gebiet wohnte, jetzt allerdings nicht mehr in Friedrichsdorf bei meinen Eltern, sondern am Rande Frankfurts in einer 28 Quadratmeter großen Dachkammer mit Kochecke und Dusche im Keller, hatte ich mich an der Johann-Wolfgang-Goethe-Universität eingeschrieben, einer so genannten linken Uni, und eine Massen-Uni noch dazu.

Die erste Schlacht im Geschlechterkampf, die ich live und in Farbe mitbekam, drehte sich um das Pronomen »man« und fand in einem Einführungsseminar zu Max Weber statt. Es muss das zweite oder dritte Semester gewesen sein, endlich einmal eine Lehrveranstaltung, in der man einen Sitzplatz fand und in der man den Professor auch in der letzten Reihe verstehen konnte. Nicht bei der ersten, aber bei der dritten oder vierten Veranstaltung meldete sich eine KommilitonIN zu Wort und fragte den Professor, ob er bitte so freundlich sein könnte, statt »man« auch immer »frau« zu sagen, also nicht nur »man kann das und das tun«, sondern auch »frau kann das und das tun«. Raunen im Plenum. Der Professor schmunzelte gönnerhaft und fragte die KommilitonIN, ob sie sich diskriminiert fühle. Sie erklärte ihm, dass sie sich in seiner Sprache nicht repräsentiert sehe. Daraufhin entsponn sich ein etwa 20-minütiger Streit, in den sich mehr und mehr Studenten und StudentINnen einschalteten. Die meisten, männlich wie weiblich, versuchten, die frauenbewegte KommilitonIN zum Schweigen zu bringen, und die Argumente liefen darauf hinaus, dass diese »man/frau«- und »IN«-Diskussion tierisch viel Zeit koste und außerdem nerve und überflüssig sei. Und dass man sich doch bitte wieder den wirklich wichtigen Dingen widmen solle, wo man doch endlich einen Platz in einem halbwegs praktikablen Seminar gefunden habe. Das führte dazu, dass die frauenbewegte KommilitionIN ihre Sachen packte, wutschnaubend rausrauschte, die Tür zuknallte und fortan nicht mehr auftauchte.

Das war auch gut so – fand ich persönlich. Als eine der jungen Erfolgstanten, die eifrig Scheine für ihre Blitzkarriere sammeln wollten, verstand ich diese so genannte Gender-Debatte nicht, viel schlimmer, ich war von ihr genervt bis peinlich berührt, und die meisten Mitstudentinnen sahen das genauso. Das hatte zunächst einmal praktische Gründe: Jeder Satz wurde doppelt so lang, weil man beziehungsweise frau immer beide Geschlechter nennen musste, um sich feministisch-korrekt auszudrücken. Das widerstrebte schon ganz prinzipiell unserem Pragmatismus, unserem Erledigungs- und Fortkommenswillen, es verkomplizierte die Dinge, wo wir doch allenthalben von Rationalisierung lasen und der Professor, der immer »man« und niemals »frau« sagte, über Kosten-Nutzen-Rechnungen referierte, was uns viel mehr einleuchtete: Kosten und Nutzen, das war überschaubar. Input. Output. Und gut is'. Außerdem war der Professor jenseits der 50 und bestimmt nicht mehr erziehbar.

Viel schlimmer als die Verkomplizierung der Sprache wog jedoch, dass die Buchstabendebatte über das -IN am Ende eines Wortes und das »frau« statt »man« uns Frauen quasi als Randgruppe markierte, als schützenswerte Spezies, die spezieller Erwähnung bedarf. Es ließ unser Geschlecht so hilfsbedürftig erscheinen wie eine bedrohte Tierart. Die Feministinnen waren der Ansicht, dass wir immerhin gut 51% der Bevölkerung ausmachen und dann bitte schön auch in der Sprache entsprechend berücksichtigt werden, um das Patriarchat an seinen semantischen Wurzeln zu packen, sozusagen.

Doch diese Logik konnten die meisten von uns weder damals teilen, noch können wir es heute, und das, obwohl tatsächlich gut die Hälfte der Studierenden Frauen waren. Selbstverständlich kann man/frau überlegen, warum es »die Erde« heißt, aber »der Himmel«. Wir haben solche Fragen aber letztlich als Luxusprobleme erachtet, die weder mit unserem persönlichen Leben noch mit dem Leben der wahrhaft unterdrückten Frauen in der so genannten Dritten Welt zu tun haben, noch mit dem Leben der Aldi-Kassiererin mit drei unverschämten Kindern und einem saufenden Arschloch von Mann.

Wo war denn das Problem? Wir konnten studieren oder eine Ausbildung machen, wir waren doch extrem privilegiert. Und auch wenn wir so weit gar nicht nachdachten, so waren wir zumindest aus dem Bauch heraus extrem selbstbewusst. Insgeheim dichteten wir den derart frauenbewegten Frauen eine ganze Kette persönlich-privater Probleme an den Hals. Kurz gefasst: Unsere männlichen Kommilitonen äußerten in feistester Chauvi-Manier, diese Frauen gehörten nur mal wieder anständig ge…, und wir stimmten innerlich zu.

Unsere spontane Ablehung der Frauen-Organisiertheit hatte mehrere Gründe. Zunächst einmal war politische Aktion und Organisation Sache unserer Elterngeneration, wie schon erläutert, und sie kam im Alltag oft auf Kindergartenniveau daher, fanden wir. Das -IN würde im besten Fall so viel bewegen wie die Proteste gegen die Startbahn West am Frankfurter Flughafen. Nämlich nichts. Außerdem verspürten wir eine starke Abneigung gegen jede Art der Kollektivierung. Die Politisierung unseres Geschlechts hätte zur Folge gehabt, dass wir uns mit anderen solidarisieren könnten oder müssten, und der Gedanke, mit anderen »gleich« zu sein, war eine Horrorvorstellung. Wir wollten unser Leben selbst in die Hand nehmen und lehnten FürsprecherINnen ab. Es gab fortschrittliche Frauen und rückständige Frauen, und wir zählten uns selbstverständlich zu ersteren und verwehrten uns gegen die Behauptung, dass wir Probleme hätten. Das beleidigte uns und widersprach unserem Selbstbild.

Hinzu kam: Wir hassten die Männer nicht. Wir liebten sie, oder sie waren uns egal. Dummerweise erweckten aber die frauenbewegten Frauen genau diesen Eindruck, Männerhass, denn sie waren Ende der 80er häufig mit der Lesben-Szene verknüpft. Schwule und Lesben erlebten gerade ihr gesamtgesellschaftliches Coming Out und machten ihr Liebesleben zu einem Politikum. Sie präsentierten ihre sexuelle Orientierung auch als Kampf wider die bestehenden Verhältnisse und das gesellschaftliche Klima. Das mag ihnen zustehen und Sinn machen, immerhin dürfen sie seit August 2001 Gay-Ehen schließen. Aber für uns Heterofrauen war diese Argumentation nicht immer hilfreich. Während lesbische Feministinnen wie die Französin Monique Wittig die Heterosexualität als Versklavung der Frau brandmarkten, waren wir mit Anfang 20 entweder SingleIN und genossen gelegentlichen Sex mit Unbekannten, oder aber wir hatten dafür keine Zeit, weil wir lernten und jobbten. Oder aber wir hatten einen Freund, der dasselbe geschlechterdebattenlose Leben führte wie wir. Männer waren also nicht unsere praktischen Lebenspartner im erwachsenen Sinne, sondern eher in emotionaler Hinsicht unsere Spielgefährten. Wir machten Scheine, er machte Scheine (nur brauchte er etwas länger), wir beide wurden für unsere Nebenbeijobs mit durchschnittlich 18 Mark pro Stunde entlohnt. Wir planten ein Auslandssemester in Barcelona, er in Lyon. Dabei fiel uns keinerlei systematische Ungleichheit oder gar Ungerechtigkeit auf.

Außer vielleicht bei den Gruppenarbeiten an der Uni. Gruppenarbeiten oder Gruppenreferate spielten im Grundstudium eine große Rolle, vermutlich schlicht deshalb, weil die Seminare überfüllt waren und die Profs keine Zeit für Einzelleistungen und deren Bewertung hatten. Bei den Gruppenarbeiten jedenfalls sahen wir Frauen uns möglicherweise doch benachteiligt, denn wenn es eine gemischte Gruppe war, erledigten meist wir die Arbeit, und der Beitrag der Jungs beschränkte sich auf die Vervielfältigung des Erarbeiteten im Copyshop. Es ist die Erfahrung einer ganzen Studentinnengeneration: Die Jungs waren häufig langsamer und schlechter als wir, und wir haben ihnen nachhilfemäßig oft unter die Arme gegriffen. Nach Angaben des Bundeswirtschaftsministeriums waren Ende der 90er Jahre 55 Prozent der Abiturienten weiblich sowie 52 Prozent der

Studienanfänger. »Die von Frauen erreichten Noten sind im Durchschnitt besser als die von Männern«, berichtete Familienministerin Christine Bergmann (SPD) im Jahr 2000 bei der Präsentation einer Studie zur Chancengleichheit.

Im konkreten Fall haben wir uns über die Nachlässigkeiten der männlichen Mitstudenten sicherlich oft geärgert – aber insgeheim vertrauten wir zu 100 Prozent auf das Schicksal und rechneten fest damit, dass die Faulenzer irgendwann auf die Nase fallen, dass sie eines Tages alleine dastehen und angesichts unserer Überlegenheit jedem Personalchef klar sein musste, was zu tun war. Die meisten von uns waren definitiv ehrgeiziger als die Mehrzahl der Jungs. Trotzdem wollten wir weiterhin mit Männern leben. Lesben-Konzepte würden uns dabei nicht helfen. Ergo hörten wir nicht zu.

Der dritte und wichtigste Grund für unsere Ablehnung feministischen Gedankenguts war die Tatsache, dass frauenbewegte Frauen oft ein miserables Styling hatten. Mit Klischees ist das so eine Sache: Sie halten sich deshalb so lange, weil sie sich im Alltag bestätigen. Frauenbewegte Frauen hatten überproportional oft selbst gefärbte, orangefarbene Hennahaare, häufig zum Meckischnitt rasiert, besonders beliebt war ein einzelner, dünner geflochtener Zopf, der von bunten Gummibändern zusammengehalten wurde. Was immer das sein sollte: Alte Zöpfe? Gehören abgeschnitten, fanden wir. Die Farbe Lila. Gay-Regenbogen und Aids-Fähnchen. Latzhosen und Sackkleider. Ohrringe und Amulette mit großer Bedeutung, Lilith oder Lesbenfront. Kurz: Die Feministinnen, die auf dem Campus Flugblätter verteilten, verweigerten sich konsequent dem Zeitgeist, der in der einen oder anderen Form unser aller Leitgedanke war. Häufig war das Feministin-(und Lesbe)-Sein auch noch mit ökologischem Superbewusstsein und vegetarischer beziehungsweise veganer Haltung gekoppelt, und das alles erschien uns zutiefst freudlos.

Nicht anders war es mit den Feministinnen im Gewerkschaftsghetto, die in den Firmen Gleichstellungsbroschüren verteilten und Infotage veranstalteten und Frauen-Referate einrichteten, an die die weibliche Belegschaft sich hilfesuchend wenden konnte, im Falle sexueller Belästigung, Diskriminierung oder akuten Interesses an Verbandsarbeit. Diejenigen, die wir persönlich kennen lernten oder in den Prospekten der DAG, IG Medien oder IGBCE abgebildet sahen, waren mindestens zehn Jahre älter als wir, oft übergewichtig, trugen den obligatorischen Kurzhaarschnitt und entweder einen großen Ohrring oder viel zu viele kleine, waren also ebenfalls mies gestylt und daher kein attraktives Vorbild. Ausgerechnet diese Frauen wurden sexuell belästigt? Das konnten wir nicht recht glauben. »Frauen springen ab vom Feminismus wie Flöhe vom sterbenden Hund«, diagnostizierte der *Spiegel* Mitte der 90er Jahre. Richtig. Wir wollten mit dieser unappetitlichen Angelegenheit, wenn möglich, nichts zu tun haben.

Die so genannten weiblichen Attribute, das Sich-Aufbretzeln, Make-up und Mode gehörten einfach nicht in die frauenbewegte Welt, wie sie sich uns darstellte. So lautete das Motto des Hamburger Frauentags 1993 »Du bist so hässlich, dass ich's kaum ertragen kann«, was zwar als Konstantin-Wecker-Zitat gemeint und auf die Kohlsche Politik bezogen war, aber unmissverständlich missverständlich wirken musste. Zeitgleich ereiferten sich europäische Feministinnen grenzüberschreitend über das berühmte *H&M*-Plakat, auf dem sich die dralle Anna Nicole Smith in Dessous räkelte. Die norwegische Ombudsfrau für Gleichberechtigung, Inge Stabel, sorgte sogar dafür, dass die Plakate zügig von sämtlichen Werbewänden und Litfaßsäulen ihres Landes entfernt wurden. Sie berief sich auf die norwegische Straßenverkehrsordnung, was nur deshalb funktionierte, weil andere erboste Frauenrechtlerinnen an den entsprechenden Plakatwänden Amok gelaufen waren und mit Farbbeuteln und Sprühdosen um sich gekleckert hatten. Kein Mensch, nicht einmal ein Mann, regte sich über den nicht minder entblößten Markus Schenkenberg auf, der zur selben Zeit für die männliche *H&M*-Unterwäschelinie posierte und dessen Traumbody so manchen Durchschnittsrudi schwer ins Grübeln bringen konnte. Wie viele Gays und Naschkatzen konnten sich wohl bei Herrn Schenkenbergs Anblick gegen schmutzige Gedanken nicht wehren?

Und warum bot der erste lesbische Callgirl-Ring, der zwei Jahre vor dem *H&M*-Plakat-Aufruhr seine Geschäfte in Berlin aufgenommen hatte, für eine Feministin keinen Grund, sich aufzuregen? Warum war es okay, wenn Frauen sich dort, im *Club Rosa*, eine Frau für Sex mieteten, aber unmöglich, wenn Männer dies in einem anderen Etablissement taten? »Ich zähle mich als feministische, lesbische Hure zur Avantgarde«, sagte die Mitbegründerin des Callgirl-Rings, Laura Meritt, 1993 in einem *Stern*-Interview. Was war unter diesen Umständen eigentlich an *H&M*-Unterwäsche mit Blümchenspitze auszusetzen?

Das feministische Aufbegehren gegen das Weibliche am weiblichen Körper erschien uns gestrig. Es ist das Prinzip der »geteilten Frau«, um dann doch einmal eine feministische Vokabel zu bemühen: die Teilung von Geist einerseits und Schönheit andererseits, entweder emanzipiert oder hübsch. Das war uns schlicht zu wenig, darauf wollten wir uns nicht beschränken lassen. Wir wollten alles auf einmal, intelligent und erfolgreich und taff sein, und trotzdem gut aussehen, schön sein, vielleicht sogar rattenscharf. Insofern war unsere Ablehnung der lila Latzhose zu Uni-Zeiten auch eine politische Entscheidung: Wir wollten nicht darauf verzichten, körperlich Frau zu sein, nur um nach oben durchzukommen. Wir wollten die rauen Parolen der Vergangenheit durch charmant-bestimmte Souveränität ersetzen, uns »elegant« durchlavieren. Wir wollten nicht gezwungen sein, mit dem Arsch zu wackeln und mit den Wimpern zu klimpern, um einen Job zu kriegen – aber wir wollten auch nicht gezwungen sein, unser Dekolleté zu »verstecken«, wenn wir es schön fanden, oder auf *Manolo-Blahnik*-Pumps zu verzichten, wenn sie angesagt waren. Wir wollten beides sein, eine Frau in jeder Hinsicht, sexuell wie professionell. Während die frauenbewegten Frauen offenbar freiwillig auf die eine Hälfte verzichteten. Wenn schon emanzipiert, dann lieber im Business-Kostüm mit dem *Karman Ghia* ins Büro fahren und dabei ordentlich verdienen, anstatt als Kampfstudentessa im 27. Semester Dinkelkörner knabbernd zur Uni zu radeln, oder zum Sozialamt.

Neben allerlei Frauengruppen gab es selbstverständlich auch Männergruppen beziehungsweise »autonome Männertutorien«, wie es an der Frankfurter Uni hieß. Sie müssen ungefähr zu der Zeit entstanden sein, als frauenbewegte Frauen im Uni-Viertel reihenweise Frauenbuchläden und Frauencafés und Frauen-Meditationszentren aufmachten, an deren Türen Schilder hingen, die das Männersymbol zeigten und auf denen »Wir müssen leider draußen bleiben« stand. Im »Turm« der Goethe-Uni warb ein Wandanschlag im Wintersemester 93/94 für ein »Autonomes Tutorium zum männlichen Orgasmus. Auch Frauen willkommen«, und ich war mir anfangs gar nicht sicher, ob das nicht vielleicht ein Scherz sein sollte. Bis ich zufällig den Organisator über einen Kommilitonen kennen lernte. Er war Anfang 20, genau wie ich, und erklärte mir, es gehe um das tiefpatriarchalische Wesen der Penetration und des Samenergusses, um die Invasion in den weiblichen Körper, vor der Männer wie er Angst hätten und ein schlechtes Gewissen. Ich dachte: Warum macht sich dieser junge Mann das Leben so schwer? Ich überlegte, wie es wäre, wenn die Penetration beim Geschlechtsverkehr unter Strafe stünde, beziehungsweise wenn mein Freund sie plötzlich verweigern würde, und hielt das für nicht erstrebenswert.

Ihre sexuelle Potenz war schließlich das Einzige, mit dem junge Männer uns junge Frauen beeindrucken konnten, damals. Wir führten viel früher ein viel selbstständigeres Leben, wie auch eine Studie des Deutschen Jugendinstituts bestätigt: Demnach waren 60 Prozent der 20- bis 24-Jährigen, die Anfang der 90er noch bei den Eltern wohnten, Männer. In der Altersgruppe der 25- bis 29-jährigen Nesthocker stellten die Jungs 69 Prozent, bei den 30-Jährigen, die sich noch von Muttern betüdeln ließen, handelte es sich gar zu 76 Prozent um männliche Zeitgenossen, Mamasöhnchen, Riesenbabys, Milchgesichter.

Frauenpolitik schien uns in ihrer Gesamtheit ein Pups zu sein, da doch viel Größeres auf uns wartete, die Weltwirtschaft, die totale Selbstverwirklichung. Frauenpolitik sah so aus: Helmut Kohl beruft 1994 Claudia Nolte als dreifaches Quotenwunder – Frau, jung, Ossi

– in sein Kabinett, und wir lachen uns schlapp über den Nolteschen Häkeldecken-Look. Bald darauf weiht Frau Nolte an der Raststätte Siegburg an der A3 den ersten Raststätten-Frauenparkplatz ein und verkündet, dass insgesamt 422 solcher Parkplätze folgen sollen, eine ungeheure Arbeitserleichterung für die Spanner- und Exhibitionistenzunft. Ulrich Wickert nutzte diese Nachricht in den *Tagesthemen* vermutlich als humorigen Rausschmeißer vor dem Wetter, wenn nicht gerade Sabine Christiansen Dienst hatte, die die Pointe aber sicherlich weniger gut getroffen hätte.

Noch nie habe ich mein Auto auf einem Frauenparkplatz abgestellt, und noch nie bin ich im Wagen einer Frau mitgefahren, die das getan hätte. Eher benutzt die Generation Ally einen Behindertenparkplatz.

3. LIFE UND STYLE UND DER RÜCKZUG INS RETRO-LAND

»An manchen Tagen habe ich Lust, mich von der Gesellschaft loszusagen und als Penner weiterzuleben. Aber dann hätte ich keine Gelegenheit, meine Kostüme zu tragen.«

(Ally McBeal, 1. Staffel, Folge 5)

In der Vorweihnachtszeit meiner Kindertage spielte der MB-Junge eine mindestens ebenso wichtige Rolle wie der Adventskalender, aus dem ich morgens vor der Schule Schokoriegel oder Haarspangen oder Radiergummis mit Erdbeeraroma pulte. Der MB-Junge hatte fast so rote Pausbacken wie der Junge auf der *Kinderschokolade*-Packung und warb im Fernsehen für die neuesten Spiele aus dem Hause MB. Er hielt einen großen Filzklöppel in den Händen, und wenn er damit auf einen Gong schlug, kam ein Schnitt, und man sah eine glückliche Familie mit cleveren Kindern beim Vergnügen des *Vier-gewinnt*-Spiels oder eines anderen MB-Produkts. Selbstverständlich wollten wir alle sofort genau das Spiel geschenkt bekommen, für das der Junge aktuell den Klöppel schlug. Ich besaß drei MB-Spiele: das *Flotten-Manöver*, eine Variante des Schiffeversenkens, das *Geisterschloss,* ein Gruselparcours mit Kugelblitz und Papphexen, und das *Spiel des Lebens,* eine Art *Monopoly* mit Human Touch, bei dem man mit einem Plastikauto auf dem Spielfeld herumfuhr und unter anderem heiraten, Kinder kriegen, erben und sich auch wieder scheiden lassen konnte.

Den MB-Jungen bekam man leider nur selten zu Gesicht – schließlich wurde er, genau wie die *Playmobil*- und *Barbie*-Spots, ausschließlich zwischen Anfang November und Ende Dezember ausgestrahlt, wenn wir Sechs- bis 15-Jährigen unsere Wunschzettel schrieben –, daher war er kostbar und beliebt. Wir Kinder nutzten die Spots in ihrem ursprünglichen Sinn, nämlich als Verbraucherinformation: Wir informierten uns, was die Spieleindustrie an Neuigkeiten zu bieten hatte, und beauftragten umgehend unsere Eltern (an den Weihnachtsmann glaubte seit der Einschulung niemand mehr) mit dem Erwerb eben dieser Neuigkeiten.

Werbung war zu dieser Zeit eine regelmäßig wiederkehrende Pause im Vorabendprogramm der öffentlich-rechtlichen Sender, sie wurde werktags zwischen 17 und 20 Uhr in Blöcken ausgestrahlt, sonntags gar nicht. Im ZDF, dem Sender, den wir heute kaum noch einschalten, turnten die Mainzelmännchen herum, in den Regionalprogrammen der ARD waren es Zeichentrickfiguren wie der schwarzweiße, eiförmige Onkel Otto beim Hessischen Rundfunk. Vor diesem überschaubaren Hintergrund vermittelte uns der MB-Junge einen direkten Draht zur Warenwelt. Wir fühlten uns sachlich angesprochen. So einfach war das.

Wir sind die letzte Generation, die ihre Kindheit ohne das Privat-TV aus dem Kabelnetz verbrachte. Das klingt so, als würde es etwas bedeuten. Tut es aber nicht. Kaum waren Ende der 80er RTL, SAT1 und Tele 5 auf Sendung gegangen, hingen wir am Haken beziehungsweise vor der Glotze, die wir von einer Tante oder Oma abgegriffen hatten und in unser Teenie-Zimmer stellten. So viele Bilder, man wusste gar nicht, wo man zuerst hinschauen sollte. »Alles so schön bunt hier« hatte Nina Hagen zehn Jahre zuvor gesungen, und *Ich glotz' TV*, als Kritik gegen das gefährlichste aller Massenmedien. Wieder so eine hohle Polit-Parole, dachten wir. Es war doch tatsächlich schön bunt im Kabelnetz, es gab zunächst keinen Grund für Ironie.

Bunter als bunt waren vor allem die Werbespots, die fortan auf uns einprasselten. Zusammen mit den Zeitungsanzeigen und Plakaten sind es inzwischen angeblich rund 4000 Werbebotschaften am Tag. Mit dem Ausbau der Slogan-Plattform im Privat-TV werteten die Werber sich selbst zu Künstlern auf. So sind seit Mitte der 80er die alljährlich in Cannes ausgezeichneten besten Werbefilme der Welt als *Cannes Rolle* in den Kinos zu sehen, eine Endlosschleife preisgekrönter Waschmittel-, Tütensuppen- oder Kleinwagenclips. Die *Cannes Rolle* wurde und wird noch heute überwiegend in kleinen Programmkinos wie dem Hamburger »Abaton« gezeigt, in denen sonst Werner-Herzog-Retrospektiven oder auch Lesben-Filme aus Bueños Aires zu sehen sind. Als ich um die 20 war, wurde das Werbewerk zeitweilig zu einer festen Größe in meinem Liebesleben. Denn jeder zweite junge Mann, der es ernst meinte, lud mich damals ins Kino ein, und zwar zu ebendiesem »Film«. Danach essen gehen, indisch oder amerikanisch. Fritz Egner führt den Gedanken der *Cannes Rolle* heute im Fernsehen weiter, im Privaten natürlich, bei SAT1 nämlich, und zwar mit der Show *WWW – die witzigsten Werbespots der Welt*. Spätestens hiermit wäre bewiesen, dass wir Werbung bereitwillig als unterhaltsames Element unserer Alltagskultur annahmen.

Die Regeln waren zunächst klar: Wir sind die Konsumenten, und die Produzenten wollen an unser Geld ran. Und da wir in der Überflussgesellschaft leben und all unsere Bedürfnisse längst befriedigt sind, selbst die, die wir anfangs gar nicht kannten, müssen sie sich etwas einfallen lassen. Wir gehören der begehrten Zielgruppe der 14- bis 49-Jährigen an, Anfang der 90er gehörten wir sogar der noch viel begehrteren Zielgruppe der 19- bis 29-Jährigen an, also: Let us be entertained. Wir begannen, zwischen »guter« und »schlechter« Werbung zu unterscheiden.

Schlecht fanden wir zum Beispiel den Werbespot für den Sekt der Marke *Deinhardt*: Eine angeschickerte Blondine in einem Ballkleid hämmert in der Halle eines Barockschlosses wie blöde auf ein Schlagzeug ein und ruft laut lachend nach dem Perlwein: »Wo ist der Deinhardt?« Ballkleider, Barockschlösser, Sekt – das war äußerst uncool. Die Szenerie erinnerte an Tanzstundenabschlussbälle oder Abiturfeiern. Noch dazu war das Haar der Frau zu einer Löwenmähne mit Dauerwellenoptik toupiert, etwa in der Art, wie die Teilnehmerinnen ostdeutscher Misswahlen frisiert waren. All dies bestärkte den Eindruck, dass es sich bloß um einen billigen Supermarktsekt handelte. Soweit ich erinnere, brachte niemals jemand eine Flasche *Deinhardt* zu einer Party mit, stattdessen *Mumm*, von 1990 an *Rotkäppchen*, ab Mitte der 90er dann *Freixenet*. Trotzdem wurde die *Deinhardt*-Lady noch bis Ende des Jahrzehnts ausgestrahlt.

Gut fanden wir die Werbung des Jeansherstellers *Levi's*: Die Spots für das Hosenmodell Nummer 501 waren geschnitten wie Videoclips und mit Popsongs unterlegt, die so perfekt produziert waren, dass sie es sogar in die Charts schafften. Zum Beispiel der Song *Spaceman* von Babylon Zoo oder das Lied *Inside* von Stiltskin, zwei Bands, von denen vorher wie nachher kein bedeutender Beitrag zur Musikgeschichte überliefert ist. Ästhetisch verbanden die *Levi's*-Spots die Zukunft – das Weltraumambiente im *Spaceman*-Clip – mit der Vergangenheit – die Schwarzweißaufnahmen von Amish-People im *Inside*-Spot –, und die Hose erhielt dadurch die Aura eines wieder entdeckten Kulturguts. Sie stand für Authentizität, denn sie diente ursprünglich als Arbeitshose für Goldschürfer im Wilden Westen, ja, sie verbreitete eine gewisse proletarische Nostalgie; die 501 kam jedoch nicht schmuddelig daher wie etwa die Moonwashed- oder die Fetzenjeans, nein, sie war in ihrer angesagtesten Form, nämlich *dark blue* und *slim fit*, eine ziemlich akkurate Hose, sie hatte Stil; die 501 stand außerdem für das Go-West-Prinzip – jeder wollte damals nach New York; des Weiteren war sie als Unisex-Kleidungsstück für Männer und Frauen gleichermaßen geeignet; und schließlich und endlich war die 501 so unauffällig, dass man sie ganz dezent erwerben und tragen konnte, ohne damit gleich den Markenjunkie heraushängen zu lassen.

Die Hose entwickelte sich sehr schnell zum Mainstream-Accessoire. Da sie wegen ihrer langen Produktgeschichte sozusagen aus dem Stand den Klassiker-Status erworben hatte, war sie gleichzeitg aber auch für die Avantgarde noch lange Zeit tragbar, etwa für Art Directoren oder Hair Stylisten, die später auf *Pepe*- oder *Joop!*-Jeans umsattelten. Die 501 war zur Konsenshose geworden, und ihre globale Reanimierung Ende der 80er, Anfang der 90er ist das letzte große Marketingwunder des vergangenen Jahrtausends, mit dem nicht einmal die Markteinführung des Nonsens-Getränks *Red Bull* mithalten kann.

Anders als beim MB-Spot, durch den wir immerhin erfuhren, dass *Vier gewinnt* für zwei Spieler im Alter von 6 bis 99 Jahren geeignet ist, enthielten die *Levi's*-Spots genau wie die meisten anderen beliebten Werbekampagnen der 90er so gut wie keine Produktinformationen. Dafür spielten sie mit Ideen, Werten, Andeutungen, Humor und Gefühlen, wie etwa die *United-Colours-of-Benetton*-Kampagne oder der MTV-Slogan *Mach den Fernseher an, dann hast du besseres Licht*, oder ab 1997 die gruselig zukunftsträchtige Vokabel *Millennium*, die selbst das drögeste Produkt veredeln sollte. Man sprach vor allem in den frühen 90ern gern von »Kultprodukten« und meinte die semiotische Metaebene von Markenware, bloß dass wir damals mit dem Marketingjargon noch nicht so vertraut waren.

Freilich spielte auch schon der *Marlboro*-Mann in den 70ern mit ideellen Werten – Freiheit und Abenteuer für den Mann –, prinzipiell war der Griff in die Emotions-Trickkiste in der Werbung also nichts Neues. Aber in den 80ern schien das Ganze doch an Fahrt zu gewinnen, auch an Heimtücke. Nicht nur, dass die Marketingabteilungen der großen Konzerne bis 1993 kräftig ausgebaut wurden und die Werbeagenturen seit Mitte der 80er jährliche Auftragssteigerungen verzeichneten, jetzt wurden auch verstärkt die Psychologie und die Soziologie zur Konsumentendurchleuchtung herangezogen, arbeitslosen Geisteswissenschaftlern erschlossen sich hier ganz neue Möglichkeiten. Zu den Marktforschern kamen die Trendforscher, die nicht nur wissen wollten, welche Schokoladensorte wir bevorzugten, sondern was Schokolade insgesamt für uns bedeutet: Heimat vielleicht, Sehnsucht nach Weltfrieden? Sie sind uns mit allen nur erdenklichen Methoden zu Leibe und zu Geiste gerückt, mit telefonischen Kundenbefragungen und Gruppendiskussionen, sie versuchten mit aller Macht, in unser Inneres vorzudringen, unseren *Mindset* zu ergründen, wie es im Werberjargon heißt. Oder, wie es 1991 der damalige Chairman des Agenturverbunds *Eurocom* im Fachblatt *werben und verkaufen* ausdrückte: »Kreativ sein in der Werbung bedeutet, sich in seiner Welt auszukennen, dem Volk aufs Maul zu schauen, sich die Welt auf ihre Verwertbarkeit für Werbung hin anzuschauen.«

So war es ab Mitte der 80er fast unmöglich, über die Frankfurter Shoppingmeile Zeil zu laufen, ohne von einem Baseballkappe tragenden Marktforscher angehalten und um ein kurzes Testgespräch gebeten zu werden. »Hätten Sie 15 Minuten Zeit? Wir würden Sie gern zu einem neuen Produkt befragen, und zur Belohnung gibt es ein kleines Präsent.« Stadtbummelnde Teenie-Mädchen konnten einen rechten Ehrgeiz entwickeln, zu solchen Produkt- und Werbetests zugelassen zu werden, denn das bedeutete, dass man trotz seines jugendlichen Alters als eigenständiger Konsument gesehen wurde, immerhin erwachsen genug, Geld auszugeben, zwar nicht unbedingt für Küchengeräte oder Kleinwagen, dafür aber für Duschgel oder Kaugummis. Mindestens fünf Mal habe ich mich an solchen Marktforschungsgesprächen beteiligt und musste vor einer verspiegelten Glaswand, hinter der vermutlich Kameras liefen oder Produktmanager saßen, Auskunft geben über die Verpackung eines Schmerzmittels, den Geschmack eine Luxus-Schokolade, die später nie in den Handel kam, und über den Entwurf einer Printkampagne für eine Eiscreme, ich meine im Nachhinein, es war *Magnum*. Zur Belohnung gab es ein Schreibset oder eine Familienpackung Hustenbonbons. Eigentlich hatte ich mir immer vorgenommen, bei den Marktforschungsgesprächen schamlos zu lügen, einfach aus Jux den Zielgruppenschnitt zu versauen, aber tatsächlich habe ich immer wahrheitsgemäß geantwortet. Es war letztlich doch faszinierend, darüber nachzudenken, ob die Farbe Blau kühl oder warm wirkt, welche spontanen Assoziationen das Wort »paradise« weckt und ob man die bunte Warenwelt auf diese Art und Weise, quasi basisdemokratisch, mitgestalten kann.

Die Trend-, Markt- und Meinungsforschung konnte merkwürdige Blüten treiben. Anfang der 90er strahlte das ZDF einen Bericht aus, der von einem Trend-Scout erzählte, einer Studentin, die im Auftrag der deutschen Werbeagentur Scholz&Friends in New York unterwegs war. Für ein Entgelt von ein paar hundert Mark im Monat sollte sie wöchentlich ein »Trend-Fax« mit den heißesten »Trend-News« nach Hamburg schicken. Die Kamera begleitete die junge Frau bei ihren Exkursionen quer durch Manhattan – allein, es gab in dieser Woche einfach nichts Neues zu berichten, und sie geriet mehr und mehr in Verzweiflung. Dann allerdings erinnerte sie sich zufällig an ein Detail, das ihr in einem Szeneclub aufgefallen war: Zwei männliche Besucher trugen weiße, lange Skiunterhosen. Also bauschte sie den Gag dieser schrägen Vögel, die vermutlich einfach nur zu viel Crack geraucht hatten, mächtig auf, damit sie etwas zu berichten hatte. Schnitt an den Konferenztisch in der Hamburger Scholz&Friends-Zentrale: Man sah zwei Werbefuzzis und zwei Managementfuzzis der Zigarettenmarke *West*. Die Werbefuzzis stellten den *West*-Fuzzis einen neuen Trend aus New York vor: Man trage jetzt weiße Skiunterhosen. Und die *West*-Fuzzis bekamen leuchtende Augen.

Besonders gern wirft das Marketing seinen gierigen Blick von jeher auf uns, die Frauen. Wir gelten als die fortgeschrittenen Konsumenten, im Vergleich zu Männern. Die selbst ernannte Mutter der Trendforschung, Faith Popcorn, meint: »Frauen kaufen oder beeinflussen den Einkauf von 80 Prozent aller Konsumartikel.« Folgerichtig gibt sie in ihrem jüngsten Buch *Evaluation. Die neue Macht des Weiblichen* den Werbern acht Strategien für »frauenorientiertes Marketing« an die Hand.

Frauen sind tatsächlich die eifrigeren Shopper, das war schon bei unseren Müttern so, die nicht nur für den Haushalt, die Kinder und sich selbst einkauften, sondern auch unsere Väter einkleideten, so wie sie ihnen stets die Koffer packten, weil unsere Väter zeitlebens zu dämlich dafür waren oder noch sind. Geschiedene Frauen um die 50 hauen besonders viel Geld für unnützes Zeug raus, sie geben ihre Alimente am liebsten an mediterranen Urlaubsorten in Kunsthandwerksboutiquen aus, wo es Terracottatöpfe und orientalische Kissenbezüge gibt, denn sie haben meist *Elle Decoration* abonniert, und in diesem Magazin spielen Töpfe und Kissen und Vasen und Stores eine große Rolle, vermutlich als Ersatzbefriedigung für ausbleibende menschliche Zuwendung. Ich kenne eine Frau um die 50, die nach der Scheidung von ihrem Mann einen ganzen Raum im halb verwaisten Einfamilienhaus zum Dekozimmer umfunktioniert hat. Dort hortet sie den Ramsch, den sie an schwachen Tagen erworben hat, Windspiele und Serviettenringe, und wenn jemand aus der Verwandtschaft oder dem Bekanntenkreis Geburtstag hat, bekommt er oder sie ein Häppchen aus dem Kitschlager geschenkt, denn sonst wüsste die Frau bald gar nicht mehr, wohin mit dem ganzen Krempel.

Vielleicht sind wir Frauen besonders anfällig für Konsumversprechen, für die Sehnsucht nach Ästhetik und Perfektion, weil der Alterungsprozess uns härter trifft als die Männer. Vielleicht liegt es daran, dass es eine viel schwer wiegendere Entscheidung ist, welche Art Frau man sein will, als welche Art Mann man sein will. Modeschöpferin Jil Sander formulierte es einmal so: »Wer Ladyisches will, searcht nicht bei Jil Sander. Man muss Sinn haben für das Effortless, das Magic meines Stils.« Vielleicht laufen Frauen eher Gefahr, missverstanden zu werden, treten leicht zu »ladyisch« oder zu »effortless« auf, ohne dass sie es beabsichtigen. Vielleicht besteht ein größerer Unterschied zwischen einem Faltenrock von *Jil Sander* und einem Blümchenkleid von *Chloé* als zwischen einer Anzughose von *Prada* und einer Herrenjeans von *Armani*, einfach weil der Faltenrock strenger und weniger zugänglich wirkt als das *Chloé*-Kleidchen, weil das eine erwachsen und das andere mädchenhaft rüberkommt, weil man unfreiwillig forsch oder niedlich darin wirken kann, während *Prada*-Hosen und *Armani*-Jeans letztlich nicht den »Typ« eines Mannes verändern, sondern bloß den Business- vom Casual-Bereich trennen. Vielleicht besteht ein größerer Unterschied zwischen zierlichen *Sergio-Rossi*-Pumps und kantigen *Görtz-17*-Stiefeln für Frauen als zwischen Budapesterschuhen und *Camper*-Sneakers für Männer – weil zwischen Souveränität und Tussitum manchmal nur ein schmaler Grat liegt, weil man auf steilen Pumps ganz anders läuft als in geerdeten Stiefeln, während Budapester und *Camper* für die Füße keine große Umstellung bedeuten. Vielleicht kaufen wir Frauen um die 30 mehr oder anders ein als gleichaltrige Männer, weil unsere Lifestyle-Entscheidungen eines Tages ganz wesentlich mit dem Ernst des Lebens zu tun haben werden, nämlich mit der Frage der Mutterschaft, nicht zuletzt mit dem schleichenden Verlust der körperlichen Attraktivität und mit der Frage, wie viel Sexyness dabei noch übrig bleibt. Vielleicht gehören wir mit über 40 einfach nicht mehr dazu und keiner guckt mehr nach uns, deswegen müssen wir vorher noch schnell ein Feuerwerk an Mode und Design abfackeln, solange wir noch etwas hermachen, zumindest an der Oberfläche.

Woran auch immer es liegt: Ich behaupte, 90 Prozent aller von Pärchen bewohnten Wohnzimmer wurden tatsächlich von *ihr* eingerichtet, nicht von *ihm*. Frauen kaufen Orchideen und stellen sie in schlichte Reagenzgläser und dekorieren damit Fensterbänke wie im Jünger-wohnen-Magazin *Modern Living*, weil sie noch zu jung sind für *Elle Decoration*. Männer tun das nicht. Frauen geben 320 Euro für eine *Dries-van-Noten*-Strickjacke aus und freuen sich, dass sie 180 Euro gespart haben. (»Stell dir vor, die war *runter*gesetzt«, sagte meine Freundin Miranda, und die grobmaschige Strickjacke sah so aus, als hätte jemand dafür im Werkunterricht eine 4+ bekommen.) Frauen erkennen, ob es sich bei der Bluse ihres weiblichen Gegenübers um ein Modell aus der aktuellen oder aus der vorletzten Kollektion von *H&M* oder *Dolce & Gabbana* handelt, je nach Kaufkraft. Frauen können sich mit erstaunlicher Präzision daran erinnern, was sie zu welchem Anlass trugen, welches Outfit zu welcher Party, ein Hinweis darauf, dass Frauen Kleidung oft wie Kostüme benutzen.

Frauen gehen bummeln und Schaufenster gucken und bringen Tüten voller Anziehsachen mit nach Hause, weil sie gerade inspiriert waren. Und ziehen die Anziehsachen später kaum oder niemals an. Ich selbst komme im Jahr auf etwa drei gravierende Fehlkäufe, ich denke, das ist noch im Rahmen. Meine Freundin Grit hingegen veranstaltet einmal im Jahr einen Klamottenbazar, auf dem sie Dutzende nie getragener Teile günstig abtritt. Ich habe bei dieser Gelegenheit einmal einen sehr schönen Strickpulli erstanden, aber leider liegen seit einigen Jahren gut 400 Kilometer zwischen Grit und mir, und wenn ich sie denn mal besuche, was selten genug vorkommt, bin ich gehemmt. Ich traue mich nicht, nach ihren abgelegten, erfahrungsgemäß sehr hübschen Klamotten zu fragen. Sie lagert sie im Keller, habe ich bei einem der letzten Besuche herausgefunden. Etwa zehn blaue Müllsäcke liegen da, hat sie erzählt, nachdem wir über Gläserrücken und die Freimaurer gesprochen hatten. Männer haben keinen oder wenig Sinn für sowas, selbst wenn sie *GQ*, erst recht nicht, wenn sie *FHM* lesen. Männer tragen am liebsten T-Shirts, die sie 1995 beim Pearl-Jam-Openair in Barcelona gekauft haben, weil sie sich damit jünger fühlen. Oder sie tragen, wenn sie aus einem konservativeren Umfeld stammen, am liebsten Anzüge, weil sie damit nichts falsch machen können. Wenn Männer alleine leben, haben sie meist nicht einmal etwas Anständiges zu Essen im Kühlschrank.

Bei Friseuren ist das etwas anderes, aber die sind ja bekanntermaßen mehrheitlich schwul, genau wie übrigens die Verkäufer in Designshops, in denen aufblasbare Sessel, japanische Sushi-Schalen oder Saturday-Night-Fever-glitzernde T-Shirts verkauft werden. Zum Beispiel die *DOM*-Läden, von denen es in Frankfurt, Köln und Berlin welche gibt und in denen immer irgendein Bass wummert und eine Sängerin »Feeeeel the looooove« oder »Got the Riiiiiiiiidim« aus den Boxen schmettert, und in deren Stellengesuchen es immer heißt »Verkäufer gesucht«. Nie heißt es »Verkäufer/IN« oder »Verkäufer/Verkäuferin gesucht«. Die *shop assistants* in diesen Männerläden, die überwiegend von Frauen aufgesucht werden, sind allem Anschein nach selten älter als 25, näseln heftig und heißen Sascha, Stalko oder Maurice. Das weiß ich, weil ich manchmal Postkarten mit bunten 3-D-Motiven im *DOM* kaufe, denn ich versende gerne Postkarten und hoffe immer darauf, selber auch mal welche geschickt zu bekommen, was sich aber selten erfüllt, stattdessen kriege ich E-Mails.

Wann immer ich im *DOM* am Kassentresen stehe, verabredet sich gerade ein Verkäufer mit einem anderen Verkäufer, der schon Feierabend oder Pause hat, für den Abend. »Dann treffen wir den Niklas beim Nadar in der Bar, und dann gehen wir mit dem Pietro noch ins *Lulu's*, okay?« Bussibussi. »Seee you …« ruft dann derjenige von den beiden, der geht, und schultert seine Nylontasche, die mit dem dicken Tragegurt mit Handyfach quer über der Brust. Ich finde es toll, solche Ausschnitte aus anderer Leute Leben mitzubekommen, und manchmal gehe ich nur wegen der Verkäufer in den Laden und weil es dort immer nach Patschuli und Kinderpopo riecht. Noch viel toller ist aber, wie liebevoll und aufwändig die Verkäufer noch den kleinsten Schnickschnack mit Silberfolien und Baststängeln und lila Puschelzeugs verpacken, auch wenn man gar nicht danach gefragt hat. Diese Verkäufer zollen den Objekten Liebe und Respekt, sie schätzen Formen und Farben und Oberflächen. Sie sind schwul, hatte ich das schon erwähnt?

Schwul sein ist heutzutage nur ein Lifestyle von vielen. Und genau das ist das Problem. Es gibt zu viel davon. Der Markt der Lebensstile ist unübersichtlich geworden. Dabei sind wir doch die Pioniere auf diesem Terrain. Der Beginn der Lifestyle-Ära und unsere Volljährigkeit fallen historisch zusammen. Kurz vor meinem Eintritt in die Oberstufe erschien 1985 die inzwischen eingestellte Zeitgeist-Illustrierte *Tempo*, ein Jahr später folgte das Szene-Stadtmagazin *Prinz*, in der Abiturphase kam *MAX* hinzu, 1994 dann *Fit for Fun*, zwei Jahre später die Fotostrecken- und Sex-Tipps-lastige Frauenzeitschrift *Amica*. Analog zur Trendmaschinerie des produzierenden und werbenden Gewerbes erfanden die Lifestyle-Medien Freizeitbeschäftigungen und Sinnstiftungen und führten immer neue Hyperhyper-Vokabeln ein. Lounging, Clubbing, Speed Dating, Inline Skating, Feng-Shui-ing, Retro-ing, Bobo-ing, Extreme Idioting. Die Lifestyle-Magazine und ihre Verlage leben davon, dass sie dem Marketing ein geeignetes Werbeumfeld bieten, wie es im Fachjargon heißt. Das heißt, sie wollen die Leser in eine konsumlustige Stimmung versetzen, damit viele Firmen Anzeigen schalten und der Verlag Kasse macht. Verkaufen ist der alleinige Sinn und Zweck des Lifestyle-Journalismus, und das war lange Zeit überhaupt niemandem peinlich. So konnte der *MAX*-Leser bis Ende der 90er Jahre allmonatlich die schönste Printkampagne aus dem Heft wählen, seine Lieblingsanzeige, und dabei beispielsweise eine Uhr gewinnen, vielmehr einen »Chronographen«, wie es in *MAX* damals hieß.

Es ging nun zunehmend darum, das zu haben, was keiner hat. Wir erschlossen Pilgerstätten im Ausland. Ließen wir uns Ende der 80er *Levi's* 501 aus den USA mitbringen, so kauften wir Anfang der 90er in den Londoner *Muji*-Shops japanisches Schlicht-Design ein, um das uns zu Hause alle beneiden sollten, oder wir brachten aus dem *MAC*-Kosmetikshop einen Zehnerpack Lippenstift oder Lidschatten mit, original denselben, den Kate Moss auflegte. Wir strengten uns anfangs ganz schön an, Schritt zu halten. Die Lifestyle-Magazine wandten sich meist in einer abgemilderten Form des Imperativs an den Leser: »Fit in sieben Tagen«, forderten sie auf der Titelseite, oder »Reich in drei Wochen« oder »Sex ohne Grenzen«.

Hier lernten wir auch, dass es nicht allein auf den Besitz bestimmter (Marken-)Produkte ankommt, sondern auf deren Kombination, den Style eben, ein Gesamtgefüge, dessen Struktur feingliedriger war als die des Popper-, Mod- und Gruftitums auf dem Schulhof. Billige Plagiate aus Fernost erlaubten es auch den schlecht Betuchten, sich mit *Moschino*- oder *Fila*-Accessoires zu schmücken. Logos und Labels dienten mehr denn je nicht nur als bloße Statussymbole, sondern, je nach Kombination, als sinnhafte Stilelemente, welche einiges über ihren Besitzer aussagen konnten. Praktisch führte das dazu, dass in unseren Twen-Tagen eine Lavalampe in einem WG-Zimmer der Grund dafür sein konnte, dass wir uns in den Bewohner dieses Zimmers verliebten, vor allem, wenn er dazu noch Hosen von *Carhartt* und ein T-Shirt ohne (!) Markenlogo trug. Wohingegen der Mann mit dem Deckenfluter und der *S.Oliver*-Hose, den wir zuvor im Auge hatten, uns plötzlich als spießiger Pseudo-Yuppie erschien. Eine Lavalampe und eine *Carhartt*-Hose und ein logoloses T-Shirt vermittelten ganz andere Werte als ein Deckenfluter und eine *S.Oliver*-Hose. Aber weil wir – auch heute noch – überwiegend in Zeichen und Slogans denken, weniger als in klaren Worten, können wir schwer beschreiben, was genau es ist. Wir finden Sachen, Ideen und Menschen irgendwie toll oder irgendwie erbärmlich. Werbung und Wirklichkeit verschmolzen damals zusehends, und dabei beschlugen unsere Kontaktlinsen und Designerbrillen, und wir begannen, den Durchblick zu verlieren, ohne es zunächst zu ahnen.

»Suchen Sie sich eine Farbe aus. Ihre Lieblingsfarbe. Rosa zum Beispiel«, heißt es im Ikea-Katalog 2002. »Und jetzt verteilen Sie die Farbe: Verpassen Sie dem Sofa einen rosa Bezug. Rosa Kissen.

Verteilen Sie ein paar rosa Vasen mit Blumen (rosa natürlich) und legen Sie eine CD mit französischem Pop aus den 60ern auf. Schon haben Sie ein komplett neues Wohnzimmer.« Sie ahnen, worauf es in diesem Szenario ankommt. Nicht auf die Farbe Rosa, sondern auf die CD mit französischen Popsongs. Aus den 60ern.

Einer meiner ersten bezahlten Jobs bestand in der freien Mitarbeit als Szene-Reporterin in der Frankfurter *Prinz*-Redaktion. Auch dort wurden Lifestyle-Trends gemacht beziehungsweise frei erfunden. Oder gab es sie wirklich? Man konnte nie sicher sein, was zuerst da war, der Trend oder die Idee des Trends. Einmal erging es mir wie der Scholz&Friends-Frau aus dem Fernsehbericht: Der Redaktionsschluss rückte näher, und ich hatte einfach kein Thema für die Szene-Gastro-Seiten. Dann fiel mir ein, dass kurz zuvor zwei australische Restaurants in der Stadt eröffnet hatten, dort gab es Didgeridoos zu hören, Daiquiries zu trinken und Dornhai zu essen. In meiner Themennot schrieb ich ein bisschen um den heißen Brei herum und erklärte kurzerhand die Exoten-Gastro-Welle für ausgebrochen. Dann passierte etwas Unheimliches: Plötzlich war in allen einschlägigen Gazetten vom Exoten-Trend die Rede, und tatsächlich machte bald an jeder Straßenecke ein *Billabong* oder ein *Aussie-Burger* auf, und wer bis Ende des Jahres noch kein Straußensteak probiert hatte, war hoffnungslos hinterher. Die Prophezeiung hatte sich erfüllt, und ich kam mir vor wie eine moderne Kassandra. Wochenlang pendelte ich zwischen Größenwahn und schlechtem Gewissen, denn ich bildete mir ein, ich hätte das alles angerichtet, was natürlich nicht stimmte. Vermutlich war bloß der journalistische Glücksfall eingetreten, dass ich den sprichwörtlichen richtigen Riecher hatte. Vielleicht war es aber tatsächlich so, dass irgendein Marketingmensch ausgerechnet meinen Artikel gelesen hatte und daraus eine Riesenwelle machte und Investoren nötigte, Exotik-Ketten zu gründen. »Nichts ist unmöglich«, sangen die Paviane im *Toyota*-Spot. Die Lifestyle-Redakteure von damals, einige von ihnen arbeiten heute für die *Süddeutsche Zeitung* oder die *Zeit*, konnten die Welt mit jeder Ausgabe neu erfinden – und meist funktionierte es. Sie schrieben voneinander ab, und sie meinten es nicht böse. Es war einfach ein Riesenspaß.

Als Leser und Konsumenten waren wir sofort Feuer und Flamme. Wir richteten uns gleich häuslich ein im Lifestyle-Universum, denn es erschien uns so bunt und prall wie unser eigenes Jungerwachsenenleben damals, oder zumindest so, wie es sein sollte. Es war ein prächtiger Zirkus der Unverbindlichkeiten: Was heute galt, konnte morgen schon vergessen sein, und noch für den leistesten Ansatz eines Wunsches gab es bereits ein Erfüllungsangebot. Bevor wir uns mit Anfang 20 überhaupt die Frage stellten, wer wir waren oder sein wollten, waren schon die Instant-Identitäten verfügbar, und wir bedienten uns: Single sein, *Adiletten* tragen, Kängurusteak essen und zu House-Musik tanzen. Das bedeutete: lebenslustig und mobil sein, mit einem Faible für Sport und Lässigkeit, im Global Village zu Hause, mit einem Herz für folkloristisch anmutige Minderheiten wie die Aborigines, und außerdem mit elektronischen Beats am Puls der Zeit. Man musste sich nicht umständlich erklären, man musste sich bloß mit adäquaten Zeichen und Symbolen schmücken, damit das Gegenüber einen erkannte. Das Angebot war mindestens so bequem und beruhigend wie das Geld, das einige von uns noch bis zum 30. Geburtstag von ihren Eltern zugesteckt bekamen, oder die Tatsache, dass es die Achtergruppen gab, die die Nacktschnecke retten. Man sorgte sich nicht um uns, man sorgte für uns. Das Marketing hat uns quasi da weiterbemuttert, wo Muttern aufgehört hatte.

Apropos »Muttern«: Der Begriff »Mama« ist abgeleitet vom lateinischen »mamma«, und bedeutet ursprünglich »Busen«, wussten Sie das? Bis in die späten 90er hielten sich die Silikonsirenen, Boxenluder und Tittenwunder noch zurück, vermutlich lagen sie noch unter dem Messer. Einige von ihnen waren allerdings einige Jahre zuvor bereits bei Hugo Egon Balders Stripshow *Tutti Frutti* auf RTL herumgetrippelt und hatten probehalber schon einmal mit dem Tittenschwenken angefangen, als Kirsche, Mandarine oder Erdbeere. Aber gleichzeitig war auf demselben Sender in einer anderen Balder-Show Hella von Sinnen aktiv, als lebendiger Umkehrschluss zum

Tussitum. Mit frechen Sprüchen und irren Kostümen führte Frau von Sinnen als Humorlesbe durch die Tortenschlacht-Show *Alles nichts, oder*, eine Art Kindergeburtstag für Erwachsene. Dann stellte sie der Öffentlichkeit auch noch ihre Lebensgefährtin vor, und dabei handelte es sich nicht um irgendwen, sondern um Cornelia Scheel, die Tochter des früheren Bundespräsidenten. Auch wenn wir selbst mit dem Lesbentum nicht viel am Hut hatten: Im Zweifelsfall zollten wir der witzigen Hella Respekt und straften den *Tutti-Frutti*-Obstkorb mit mitleidigem Lächeln, denn Dummheit war damals noch ein Wert, und zwar kein geschätzter. Wenn Harald Schmidt und wenig später Ingo Appelt tief in die frauenfeindliche Kalauerkiste griffen, schlugen wir uns auf die Schenkel, kräftiger noch als die Männer. Wir hatten kein Problem damit, selbst über die abgeschmacktesten Klischees von Weiblichkeit zu lachen, es tangierte uns nicht, denn gleichzeitig war allenthalben von »starken« Frauen die Rede, und es stand außer Zweifel, dass wir uns zu ihnen zählten.

Da gab es zum Beispiel *Thelma & Louise*, die 1991 im Kino rebellinnenhaft über amerikanische Highways sausten, nachdem sie ihre Hausfrauen- beziehungsweise Kellnerinnenexistenz abgestreift und einen potenziellen Vergewaltiger gekillt hatten. »Endlich zwei taffe Heldinnenfiguren«, sagte man damals, mit Betonung auf dem »-in«, und fand den Film automatisch toll. Die Tatsache, dass Susan Sarandon und Geena Davis in den Hauptrollen herumballerten und Bier tranken wie sonst nur Bruce Willis oder Kurt Russell, wurde bereits als Qualitätsmerkmal gehandelt, und kaum jemand beachtete Brad Pitt, der in einer Nebenrolle auftrat, einige Jahre bevor er zum Herzensbrecher avancierte. Ein »Frauenfilm«, allerdings von einem Mann gedreht, Ridley Scott, ein Frauenfilm, der nicht einmal ein echtes Happy End hatte, das schien revolutionär. Zur Erinnerung: Am Ende rasen Thelma und Louise mit ihrer verbeulten Karre auf eine Klippe zu, verfolgt von einer Hundertschaft scharf bewaffneter Bullen, Männlichkeit ad extremum. Thelma und Louise entscheiden sich lachend für den Freitod, rumms, aus die Maus. Hundertprozentig überzeugend ist das eigentlich nicht. Aber halbwegs neu war es, immerhin.

Die deutsche Geena Davis dieser Tage hieß Katja Riemann und in dem Film *Abgeschminkt* von 1993 war sie bei der Suche nach dem Richtigen zu sehen. Sie war nicht leicht zufrieden zu stellen, und es stand außer Frage, dass ein Macho wie der von Gedeon Burkhardt gespielte Rene bei ihr keine Chance haben würde. Taffe »Mädels« allerorten. In London machte sich bald der Heroin-Chic breit und die Trendmagazine *The Face* und *i-D* präsentierten krankhaft abgemagerte beziehungsweise wasserleichenhaft aufgequollene Menschen, Männer und Frauen, die aussahen, als litten sie nicht nur an Aids und am kalten Entzug, sondern auch an Syphilis und Skorbut, die aber trotzdem aus derselben Dose Billigbier tranken (so wie Katja Riemann und Jasmin Tabatabai 1997 als musizierende Knastvögel in dem Film *Bandits*). Androgyne Wesen beherrschten die Szene, sie zerstochen sich nicht nur die Adern mit derselben unsterilisierten Nadel, sie ritzten sich damit auch noch Punk-Botschaften in die Oberarme, Männer wie Frauen. Kurzzeitig machte 1995 im Kino das *Tank Girl* von sich reden, eine brutale Sci-Fi-Heldin, die keine geringere Aufgabe hatte, als die Welt zu retten, und eine Zukunft der Amazonen skizzierte. »In 2033 justice rides a tank and wears lipgloss«, hieß es auf den Filmplakaten. Zur Aufrüstung der Weiblichkeit gab es den *Wonder Bra*, den man sich umschnallte wie einen Hartschalenpanzer. Hier bin ich, look at me.

Vor allem aber gab es Heike Makatsch. Sie ging Ende 1993 bei Viva auf den Sender, und sie hatte ähnliche Qualitäten, wie wir sie heute an unserer Lieblingsfernsehfigur Ally schätzen: Sie war attraktiv, aber für uns Frauen ungefährlich. Heike fanden wir anfangs schwer sympathisch, wenn wir ehrlich sind. Ihre Stimme klang immer so, als hätte sie die Nächte durchgemacht, was vermutlich auch stimmte. In einem *Prinz*-Interview, schätzungsweise erste Hälfte 1994, erzählte sie, dass sie jeden Tag auf dem Weg ins TV-Dorf Hürth an einer Tankstelle hält und ein Puddingplunder frühstückt. Mich hat das tief beeindruckt. Ein Puddingplunder an der Tankstelle, und danach ein paar Videos ansagen und ein paar Popstars interviewen – das »hatte was«, wie man in dieser Zeit so gerne sagte. Heike war stets so fröhlich, so unkompliziert, so natürlich, so unbekümmert, so *Duffy-Duck*-mäßig, so gesund und trotzdem verwegen.

Ganz anders als zum Beispiel die hölzernen Darstellerinnen aus den Daily Soaps, deren Ära 1992 mit *Gute Zeiten, schlechte Zeiten* und *Marienhof* begonnen hatte. In den Soaps wurde Wildheit und Jugendlichkeit nur simuliert, die Studio-WGs sahen aus wie verfilmte Werbeprospekte aus dem *Möbelland Hochtaunus*, Abteilung »Jung und modern«, die Kleidung der jungen Leute war stets frisch gebügelt, die Farben so grell wie noch nie gewaschen, die Haut so rein wie noch nie über die Stränge geschlagen, die Sprüche so altklug wie moralinsauer. Die Daily Soaps waren im Grunde nur deshalb interessant, weil dort blutige Laien am Werk waren und man selbst beim Zuschauen darüber nachdenken konnte, ob man nicht auch die Chance verdient hätte. Die Daily Soaps hatten den Dilettantismus zum Prinzip erhoben, noch bevor RTL 2 Frau Feldbusch für *Peep* unter Vertrag nahm, Lichtjahre vor *Big Brother* und den *Popstars*. Theoretisch und praktisch konnte man mit irgendeinem Blödsinn Fernsehstar werden. Einfach so. Das verlieh der Faszination Fernsehen eine ganz neue Dimension. Es kam vor, dass man sich für ein Casting anmeldete, einfach so. Ich persönlich schickte 1992 ein Videoband zu MTV, denn ich war überzeugt, dass ich mit meinem Englisch-Leistungskurs-Englisch ohne weiteres mit Kristiane Backer mithalten konnte. Eine Freundin versuchte es mit einem Vorsprechen für eine flotte Jugend-Sendung fürs dritte Programm, die der Hessische Rundfunk dann doch nie produzierte. Eine andere gestand neulich erst, bei der Moderatorenauswahl für das interaktive Netz-Fernsehen *NBC Giga* in die engere Wahl gekommen zu sein, und das, obwohl sie damals schon 26 war. Es gab eine Zeit, da wären wir alle gern Heike Makatsch gewesen.

Irgendwann erfand irgendein Lifestyle-Redakteur dann leider den Begriff Girlism, Girlietum, eine Anleihe aus dem *Tank-Girl*-Film, verquirlt mit allerlei modischen Accessoires und Etiketten, und Heike wurde zum Obergirlie ernannt, derweil Lucilectric *Weil ich ein Mä-hä-hä-häd-chen bin* sang. Oberflächlich betrachtet handelte es sich um einen Trend von vielen, den wir spätestens dann ablegten, als selbst die Fleischereifachverkäuferin geflochtene Kleinmädchenzöpfe trug. Und doch war an dem Kerngedanken des verspielten, spaßorientierten, rotzfrechen Girlie-Labels etwas Wahres dran. Pippi Langstrumpf hatte sich die Welt gebaut, wie es ihr gefällt, genau wie Heike Makatsch in ihrem bunten Viva-Universum, und genau dasselbe hatte die gesamte Generation Ally in ihren besseren Tagen auch vor. Genau wie Heike hatten wir die Blüte unserer Jugend schon überschritten, mit um die 20, und genau wie Heike wollten wir trotzdem weiterhin coole Sachen machen und bitte nicht richtig erwachsen werden. Heike war hübsch, ohne schön zu sein, ein Sternchen, aber keine Schnepfe. Sie war der Typ »gute Freundin«. Sie wirkte weder mütterlich noch luderhaft, eher asexuell. Frei, das ist das Wort.

»Krampfig« ist ein weniger hübsches Wort. Hässlicher als »frei« jedenfalls. Als »krampfig« bezeichnete man vor rund einem Jahrzehnt eine Angelegenheit, dic ihren Spaß beziehungsweise Reiz verloren hatte. So wie das Girlie-Syndrom. So wie Heike Makatsch, die vorerst vom Bildschirm verschwand, weil niemand sie mehr sehen wollte, obwohl sie gar nichts dafür kann, dass sie so ist, wie sie ist. Voll krampfig sind jedenfalls die in die Jahre gekommenen Girlies, die sich noch immer pinkfarbene Haarspängchen an den Scheitel stecken, das frühere Erkennungszeichen der Bewegung, die doch nur eine Lifestyle-Fantasie war. Total krampfig auch die Bilder im privaten Fotoalbum: Man selbst mit Stoffsonnenblume im Haar, oder gar in geringelten Strumpfhosen. Nicht auszuhalten. Erfahrungsgemäß müssen mindestens zehn Jahre vergehen, bis man alte Fotos wieder gerne anschaut, bis die Vergangenheit weit genug weg ist, so dass sie Geschichte und nicht mehr wahr ist und man milde zurückblicken kann.

Wenn ein Lifestyle-Trend stirbt, dann kann das richtig wehtun. Etwas geht verloren. Etwas, an das man vielleicht nicht gerade geglaubt hat, das nun doch nicht, aber an dem man sich zumindest festhalten konnte. Eine definierte Angelegenheit. Einzig die Geschwindigkeit, in der sich der Trendwandel vollzieht, hält uns davon ab, völlig verrückt zu werden, denn wir sind zu schnell schon mit dem Neuen beschäftigt.

Wie heikel das mit den Trends ist, ist an der Caipirinha-Konjunktur-Kurve abzulesen: Nach dem Exoten-Bier-Boom war Mitte der 90er plötzlich das Mixgetränk aus brasilianischem *Pitù*-Schnaps, zerquetschten Limonen, Zucker und zerstampftem Eis en vogue, Kenner sagen auch Caipi dazu. Die Caipi wurde zunächst in Szenebars ausgeschenkt, sie schmeckte nach Südamerika und nach Latino- beziehungsweise nach karibischer Musik, noch bevor Ricky Martin den Durchbruch schaffte. Die Caipirinha war eine Zeit lang das, was der Pernod in den 70ern und der Grappa in den 80ern war: das Getränk der Stunde, der flüssige Ausweis für Weltläufigkeit. Als dies sich herumsprach, wurde das Mixgetränk auch in zweitklassigen Bars ausgeschenkt und bald in drittklassigen Dorfdiscos. Heute trinken grauhaarige Controller Caipirinha im After Work Club und tanzen zum *Anton aus Tirol* auf dem Tisch. In Berlin gibt es mehrere Bars, die die Caipirinha-Preise inzwischen drastisch heraufgesetzt haben, bis auf 18 Euro pro Glas, mit der Begründung, es seien sowieso nur tumbe Touris, die dieses Zeug noch immer bestellten, und wer so dämlich sei, gehöre bestraft. Die Caipirinha hat an gesellschaftlicher Tiefenschärfe verloren, das macht sie so unappetitlich. Genau dasselbe wird mit dem Absinth passieren, dem jüngsten Trendgesöff, ausgegraben aus den Anfängen des 20. Jahrhunderts, der Mörderschnaps, unter dessen Einfluss Vincent van Gogh sich angeblich ein Ohr abschnitt und der neuerdings in abgeschwächter Form wieder verkauft wird. Noch während dieses Buch geschrieben wird, süffelt die Techno-, Dichter- und Design-Avantgarde in Berlin-Mitte das Zeug, noch während es dann in Druck geht, wird der Absinth plötzlich auch auf dem Ku'damm verkauft werden, und wenn das Buch endlich im Buchladen liegt, wird sich der Schützenclub in meinem Heimatort damit betrinken, und der Spuk ist vorbei.

Es ist das Abrutschen in den Mainstream, das uns den Spaß verdirbt, und es geschieht immer wieder aufs Neue: Als wir uns in Kuhfellbettwäsche betteten, und bald alle anderen auch. Als wir private

Schlager- und Schlaghosenpartys veranstalten, und bald alle anderen auch. Als wir uns ins *Burberry*-Karo wandeten, und bald alle anderen auch. Immer wieder müssen wir feststellen, dass wir überhaupt nichts Eigenes haben, nicht einmal ein Jodel-Diplom, sondern dass wir nur eine der zig Millionen Fliegen sind, die sich angeblich nicht irren. »Immerwährend betrügt die Kulturindustrie ihre Konsumenten um das, was sie immerwährend verspricht«, schrieb Theodor W. Adorno vor rund 50 Jahren über die *Kulturindustrie*, und er hatte Recht.

Wenn wir ein bisschen was Besseres sein wollen, ein bisschen *more trendy*, ein bisschen urbaner, ein bisschen hipper, ein bisschen individueller, ein bisschen authentischer (unser Lieblingswort), dann müssen wir uns immer aufs Neue anstrengen und neu erfinden, müssen englische und schwedische Magazine lesen und E-Zines im Internet. Dann müssen wir immer wieder Zeichen setzen, beim Mobiliar wie bei der Kleidung. Der britische Meinungsforscher Alan Tomlinson beschrieb diese Haltung 1990, zu Beginn des Lifestyle-Wahnsinns, vorausschauend als Element einer »Lifestyle-Pyramide«: »Je besser du dich in einem Stil auskennst, desto weniger Menschen können deinen Lifestyle entziffern, und damit steigst du in der Lifestyle-Pyramide einige Plätze nach oben.« Stilkenntnis und -verwendung ist ein Signet für postmoderne Bildung. Wer die Codes nicht kennt, ist unten durch. Es herrscht das Türsteherprinzip, Lifestyle-Versager müssen leider draußen bleiben.

Wir sind Experten für Oberflächen, seit wir denken können. Aber es ist trotzdem nicht so, dass wir oberflächlich wären. Das wäre die schlimmste aller Beleidigungen, zumindest für diejenigen unter uns, die Köpfchen haben. Nein, ganz im Gegenteil, wir sehnen uns danach, Meinungen zu haben, unabhängig zu sein. Allein, uns fehlen oft die Worte. Zwar sind wir heute zehn Jahre älter als damals, als wir dem Mann mit der *Carhartt*-Hose den Vorzug vor dem Mann in der *S.Oliver*-Hose gaben, aber noch immer denken wir in denselben Kategorien, noch immer können wir nicht erklären, was genau es ist. Warum zum Beispiel ist es völlig daneben, eine DJ-Bobo-CD mit seiner 2001er Version von *What a feeling*, dem Titellied aus dem

80er-Tanzfilm *Flashdance,* zu besitzen, den wir damals alle zehn Mal im Kino gesehen haben, wohingegen es gemeinhin als sympathisch gewertet wird, wenn man die gesammelten *Derrick*-Folgen auf Video archiviert hat und noch dazu weiß, dass Stephan Derrick kein einziges Mal »Harry, hol schon mal den Wagen« gesagt hat? Niemand kann das erklären, aber diejenigen, die in der ersten Lifestyle-Liga spielen, spüren es, die in der zweiten Liga bekommen es wenigstens mit Verspätung mit, und wer es nie über die Regionalliga hinausschafft, wird von uns nicht zur Wohnungseinweihungsparty eingeladen. So jemand fährt wahrscheinlich noch immer mit dem Cityroller ins Büro.

»Wenn nichts Neues mehr kommen kann außer einer Kombination des bereits Gewesenen, sind die Gedanken frei«, notierte das trashige Frauenmagazin *Tussi de Luxe* im Frühjahr 2001 und brachte eine Modestrecke, die im *Prada-Meinhof*-Stil gehalten war: grobkörnige Schwarzweißfotos voller RAF-Symbolik, ein männliches und ein weibliches Model im 70er Look, in Überfall- oder Attentatspose. Eine nachgestellte Terroristen-Fotolovestory, sozusagen. Wir können heute bauchfreie Tops mit RAF-Logo tragen, ohne dass wir verhaftet werden. Das ist unsere Freiheit: Wir können uns der verwertbaren Restbestände vergangener Epochen bedienen, ein Quäntchen Bohème, ein Schuss Ökologie, eine Prise Punk, ein Touch Salonkultur, und alles immer wieder neu kombinieren. Alles ist schon da gewesen, alles kann gesampelt werden. Wir halten das für unsere Rettung.

Man nennt uns inzwischen auch die eklektizistischen Verbraucher, diejenigen, die zu alt sind, um auf alle Werbelügen noch in vollem Umfang hereinzufallen, diejenigen, die vor dem Marketing flüchten, diejenigen, die sich bevorzugt in Retro-Wellen zurückziehen, gestern 60er, heute 80er. *Wenn* wir Markenlogos verwenden, wenn wir sie sogar öffentlich herzeigen, dann tun wir das inzwischen nicht mehr ohne Hintergedanken. Wir haben dann entweder mühsam eine Jetzt-erst-recht-Haltung entwickelt, oder wir demonstrieren, dass wir über solchen Fragen stehen, dass es purer Zufall ist, dass wir einen *Helmut-Lang*-Schal tragen, und dass es letztlich viel zu unwichtig ist, darüber auch nur nachzudenken. Die am weitesten verbreitete Haltung zu Markenlogos und Lifestyle-Accessoires ist jedoch die Ironie: Wir tragen Cowboystiefel aus Schlangenleder wie Dolly Parton oder T-Shirts mit *Hello-Kitty*-Figuren wie japanische Schulmädchen oder unhandliche Handtaschen in Baguette-Form wie Grace Kelly in den 60ern oder hören im Auto Rocco-Granata-Kassetten wie unsere Mütter und zitieren damit augenzwinkernd eine andere Zeit, eine andere Welt, nur nicht das Hier und Jetzt. Wir lesen das marketingkritische Buch *No Logo* der Kanadierin Naomi Klein, die ziemlich genau unser Alter hat, nämlich Anfang 30, und die genüsslich die Verkaufsstrategien von *Nike* und anderen Global Players seziert. Wir quälen uns freiwillig durch ihre hunderte Seiten lange Abhandlung und lassen das Werk dann zufällig, aber gut sichtbar auf dem *Habitat*-Beistelltisch liegen. Wir können nicht aus unserer Haut. Wir sind kleine Lifestyle-Spießer geworden. Dabei wollen wir nur wir selber sein.

Von einer Art »verfrühter Midlife Crisis«, die die Generation der Um-die-30-Jährigen heimsucht, spricht mittlerweile die Psychologie. Ursprünglich bezeichnete der in den späten 50ern geprägte Begriff eine Persönlichkeitskrise im Alter zwischen 40 und 50, von der überwiegend Männer betroffen sind. Gemeint war der Drang, nach 25 Jahren Erwerbsleben und Ehe plötzlich alles noch einmal neu zu machen. Die Auf- und Ausbruchsfantasien mündeten bei den Männern aus unserer Vätergeneration oft in Affären mit deutlich jüngeren Frauen, manchmal aber auch nur in ein neues Hobby (Extreme Heimwerking) oder eine neue Sucht (Alkohol, Briefmarken). Plötzlich setzt ein Schrecken ein, es ist die Angst vor dem Tod, die sich in ganz praktischen Fragen manifestiert, wie etwa: »Habe ich auch alles richtig gemacht? Habe ich alle Möglichkeiten voll ausgeschöpft? Bin ich der, der ich immer sein wollte?«

Ähnliche Fragen treiben die Generation Ally heute schon 20 Jahre früher um. Für uns, denen die Vielfalt der Möglichkeiten ständig unter die Nase gerieben wird, ist die Frage, ob wir alles »richtig« machen, viel früher präsent, und sie wird speziell für uns Frauen viel früher brisant. Wir sind statistisch gesehen mehr gereist und öfter umgezogen, haben öfter den Arbeitsplatz gewechselt als unsere Eltern und sind damit an Welterfahrung schon mit 30 wesentlich reicher als unsere Eltern in ihren Fünfzigern. Wir Töchter sind meist weiter als unsere eigenen Väter. Wir jonglieren mit den Versatzstücken aller möglichen Kulturen, wir wollen mehr herausholen, mehr Event, mehr Glamour, wir wollen nichts verpassen. Und da wir Frauen uns dabei ziemlich beeilen müssen, weil wir bis etwa 40 die Kinderfrage grundsätzlich geklärt haben und befürchten müssen, dass ein Kind unser persönliches Life-and-Style-Karussell ausbremsen könnte, gehen wir kritisch mit uns ins Gericht, kritischer vermutlich als die Männer unseres Alters, kritischer vielleicht, als unsere Väter jemals mit sich selbst umgingen. Unsere »Midlife Crisis« setzt mit 30 ein, nicht weil wir Angst vor dem physischen Tod haben, aber Angst davor, dass unser Leben und alles, was uns bislang wichtig war, mit einer einzigen falschen Entscheidung, zum Beispiel mit der Geburt eines Kindes, enden könnte, vorbei, weg sein könnte. *It's the end of the world as we know it*, sangen R.E.M., als wir vor einem runden Jahrzehnt in die Erwachsenenwelt marschiert sind. Genau davor haben wir Angst: Dass wir alt werden. Dass wir uns lächerlich machen. Dass wir ohne all die Lifestyle-Industrie gar nicht wüssten, wo wir hingehören. Wir sind schon lange aus der Kirche ausgetreten. Wir gehören zur Neuen Mitte, ohne dass wir wüssten, was das eigentlich sein soll, und wenn wir uns schlecht fühlen, gehen wir einkaufen oder lassen uns farbige Strähnchen ins Haar montieren.

Wir sehen im Fernsehen die Bilder von den Weltwirtschaftsbossbegegnungen in Seattle, Davos und Genua. Wir sehen die von Wut und Schmerz verzerrten Gesichter der Globalisierungsgegner in Großaufnahme, sie sind oft zehn Jahre jünger als wir, es sind unsere jüngeren Geschwister, die da protestieren. Sie scheinen gemeinsam eine Meinung zu haben, auch wenn sie sie nicht artikulieren können, eigentlich ist niemandem klar, was sie fordern, aber immerhin werfen sie sich gegen Wasserwerfer und fallen in den Dreck und spucken Polizisten an und fangen dafür Schläge oder Schlimmeres. Sie sind weit genug weg von der 68er- und der 78er-Generation, sie können unbefangen und voller Ungestüm auf den Putz hauen, die alten Riten neu für sich entdecken und damit Weltöffentlichkeit für sich reklamieren, während wir in unserer schicken Verklemmung verharren. Die Globalisierungsgegner sehen aus wie unsere Gemeinschaftskundelehrer nach einer Jungbrunnen-Kur, sie zeigen uns eine lange Nase und rufen »Konsumkids, Konsumkids!«

Auch speziell bei den jüngeren Frauen tut sich einiges, sichtbar geworden bei Viva, in Gestalt von Charlotte Roche, der kessen Moderatorin mit britischen Vorfahren und entsprechend charmantem Akzent. Charlotte ist gerade einmal 24 Jahre alt und mit den Pop- und Rockgrößen auf Du und Du, sie ist die Heike Makatsch von heute. Allerdings ist sie wesentlich radikaler als Heike es je war. Charlotte trägt ultraschräges Make-up und bescheuert-buntige Klamotten, sie kreiert kaffeemaschinen-krisen-gewaltige Wortschöpfungen, und: Sie ist bekennende Feministin. Charlotte Roche tritt allen Ernstes auf Podiumsdiskussionen auf, die die Kölner *Emma*-Redaktion organisiert, sie bezeichnet Alice Schwarzer in Interviews immer wieder als »beste Frau des 20. Jahrhunderts«, und sie lässt in ihrer Sendung keinen Zweifel daran, dass auf dumme Machosprüche texanischer Trash-Gitarreros eigentlich die Todesstrafe folgen müsste und dass sie frauenfeindliche HipHop-Videos zum Kotzen findet. Irgendwie muss man ihr das abnehmen. Es sieht so aus, als meinte sie wirklich, was sie sagt. Das irritiert einen, wenn man aus der Generation Ally stammt und Frau Roches Outfit eigentlich unmöglich findet und doch zugeben muss, dass sie erfrischend aufgeweckt und clever wirkt. Gar nicht so verkehrt.

Könnte es sein, dass wir etwas verpasst haben? Könnte es sein, dass wir zu faul waren, die im Ansatz klugen Gedanken unserer Vorgängergeneration weiterzuentwickeln, eigene Formen und Wege zu finden? Könnte es sein, dass bei unseren Eltern früher doch weit mehr »abging« als bei uns? Und dass auch bei unseren kleinen Geschwistern und früheren Nachhilfeschülern und später bei unseren eigenen Kindern wieder mehr »abgeht« als in unserer Generation? Könnte es sein, dass unsere Geburt genau zwischen zwei Revolten liegt, im tiefen Tal der Belanglosigkeit? Könnte es sein, dass wir in den Geschichtsbüchern beziehungsweise in den History-Datenbanken im Internet gar nicht vorkommen, außer als anonyme Opfer des Attentats auf das World Trade Center in New York, weil wir am 11. September 2001, als zwei von Terroristen entführte Flugzeuge in die Türme rasten, gerade zu einem multinationalen Businessmeeting dort waren, um die Aktienkurse wieder nach oben zu treiben? Könnte es sein, dass man uns ausspart, mangels Nachrichtenwert? Könnte es sein, dass Frau Roche bei Viva milliardenmal cooler ist als wir, nicht, weil sie ein paar Jahre jünger ist, sondern weil sie die Klappe aufmacht, wenn ihr etwas nicht passt, und es ihr ziemlich egal zu sein scheint, dass Dieter Bohlen oder Liam Gallagher sie aus diesem Grund nie aufs Laken zerren werden oder dass Millionen HipHop-hörender Milchbubis sie hassen oder dass kein Sponsor Interesse an ihr zeigt, weil sie keine attraktive Frau im werblichen Sinne ist?

»Feminismus müsste wieder sexy sein«, hörte ich neulich eine Frau um die 30 in einem Straßencafé sagen, sie saß zwei Tische weiter und unterhielt sich mit einer anderen Frau, ich konnte kein Wort verstehen, ich hörte auch gar nicht bewusst zu, bis dieser eine Satz herüberwehte. Keine Ahnung, in welchem Zusammenhang er gefallen war, die Frauen lachten danach. Er ist jedenfalls hängen geblieben, der Satz.

»Feminismus müsste wieder sexy sein.« Das gäbe einen prima Slogan ab.

4. KILLER-KARRIERISTINNEN IN DER TEILZEIT-FALLE

»Ich bin ein kleines Mädchen, das im Club der Alten Herren spielt.«
(Ally McBeal, 2. Staffel, Folge 4)

Der erste Mensch, der mich fragte, ob ich Kinder haben wolle, war nicht mein Freund, nicht meine beste Freundin und auch nicht meine Mutter. Sondern der Chef eines privaten Radiosenders. Ich war 26, kurz vor Studienende und hatte mich bei mehreren Verlagen und Sendern um eine Volontariatsstelle beworben. Hoch motiviert, örtlich ungebunden, ausgestattet mit 1a-Zeugnissen und praktischer Erfahrung reiste ich zu meinem ersten Vorstellungsgespräch in eine deutsche Großstadt, und auf der Fahrt im IC versuchte ich mir auszumalen, wie dieses Gespräch wohl verlaufen würde. Der Radiochef würde nach meinen Stärken und Schwächen fragen, und am Ende würde er wissen wollen: »Wo sehen Sie sich in fünf Jahren?« Das hatten Freunde mir erzählt, die bereits einige Vorstellungsgespräche hinter sich hatten, wenn auch in anderen Branchen. »Er wird bestimmt die Psycho-Schiene fahren, ya know.« Selbstverständlich war ich bestens vorbereitet. »In fünf Jahren möchte ich das Ressort ›Aktuelles‹ leiten oder als Korrespondentin im Ausland arbeiten«, würde ich sagen und damit meinen Leistungs- und Aufstiegswillen dokumentieren.

Der Radiosender war in einem modernen Holz-Glas-Gebäude am Rande der Stadt untergebracht, und während ich in der Lobby auf einem royalblauen *Rolf-Benz*-Sofa saß, in Zeitschriften blätterte und darauf wartete, hineingerufen zu werden, griff ich vor lauter Nervosität zig Mal in eine große, ebenfalls blaue Glasschale, die mit *Daim*-Bonbons gefüllt war. Schließlich führte mich die Empfangsdame, Typ Christina Plate und bestimmt fünf Jahre jünger als ich, ins Chefzimmer, und auf dem Weg dorthin versuchte ich, mit der Zunge einen Karamelklops zu beseitigen, der mir rechts, hinten, oben an den Backenzähnen klebte. Als ich dann den Radiochef, Mitte 40, auf seinem Chefsessel in seinem Chefzimmer sah, schien jede Aufregung überflüssig. Der Mann und der Raum wirkten so fröhlich und freundlich, ringsum hingen Plakate mit den Fun-Logos des Fun-Senders, auf denen »Bei Anruf Knete« stand oder »Wir haben unsere Hörer lieb«, dazwischen Wachsstiftbilder mit lachenden Sonnen, deren Urheber vermutlich zwischen vier und acht Jahre alt war. Auf dem Schreibtisch standen mehrere Bilderrahmen, die die Frau des Chefs und seine malenden Kinder zeigten. Ich war scharf auf mein erstes festes Gehalt und die Chance, mich von dem Volontariatsposten alsbald nach oben zu arbeiten, er war scharf auf meine billige Arbeitskraft, so sah es aus. Auf die voraussehbare Frage, wo ich mich in fünf Jahren sehe, hätte ich spontan gern geantwortet »auf ihrem Sessel«, blieb dann aber doch bei der vorbereiteten Version, und nach gut 20 Minuten schien eigentlich alles klar. Ich ging davon aus, dass ich den Job in der Tasche hatte, und wischte meine immer noch klebrigen *Daim*-Hände unauffällig an meinen Hosenbeinen ab, um mich gleich verabschieden zu können, da machte der Chef einen Riesenfehler. »Ein Punkt würde mich dann doch noch interessieren«, sagte er und lächelte falsch. »Sie haben nicht zufällig vor, schwanger zu werden? Nicht, dass Sie das jetzt falsch verstehen. Aber ich kann natürlich niemanden einstellen, der sich prompt auf unsere Kosten in die Mutterschaft verdrückt.« Für einen kurzen Moment war ich sprachlos. Heute scheint es furchtbar naiv, aber damals hätte ich nicht im Ernst damit gerechnet, dass solche Fragen tatsächlich (noch) gestellt würden. Der erste Begriff, der mir durch den Kopf schoss, lautete: Unverschämtheit!

Auf die Mutterschaftsfrage hatte ich mir keine pfiffige Antwort überlegt, denn ich hatte bis dahin noch nie ernsthaft darüber nachgedacht. Ich wollte beruflich voll durchstarten, wie es damals hieß. Ich freute mich auf glamouröse Jobs in aufregenden Städten, wollte die Nächte durchtanzen und tagsüber Karriere machen. Kinder kamen in diesem Panorama nicht vor, dieses Phänomen verbannte ich weit hinter meinen 30. Geburtstag. Und fast alle meine Freundinnen machten es genauso. Wir düsten in dieser Zeit von Assessment Center zu Auswahlverfahren, wir sprachen bei Roland Berger und Young

& Rubicam, dem *Stern* und der Commerzbank vor, einige gründeten gleich einen eigenen Hutladen oder eine Geschenkverpackungsagentur oder übernahmen im Franchise-Verfahren einen *BodyShop*, und immer, wenn wir erfuhren, dass eine frühere Bekannte, Kommilitonin oder Schulfreundin ein Kind bekommen hatte, schüttelten wir den Kopf und hatten kurz Mitleid. Sie waren zu früh dran, fanden wir. Mit ihnen war nichts mehr anzufangen, fanden wir. Weder konnte man mit ihnen ausgehen, noch konnte man sich mit ihnen unterhalten, wir dachten über vermögenswirksame Leistungen nach, die jungen Mütter über handgestampften Karottenbrei. Mütter in unserem Alter, zwischen 20 und 28, waren die Ausnahme, die die Regel bestätigten. Und diese Regel besagte, dass junge Frauen mit S-Bahn-Anschluss, Abitur und Ausbildung zunächst einmal in vollem Umfang berufstätig sein wollten. Dafür wechselten wir gerne auch den Wohnort und gingen gegebenenfalls eine Fernbeziehung ein. Wir standen auf das ganze Business-Brimborium und wollten uns notfalls ganz alleine im Karrieredschungel durchbeißen. Es war ein Lebensgefühl, das dem Klima der ersten *Ally-McBeal*-Folgen entsprach. Die Einsamkeit der postmodernen Frau vor der Familiengründung – wir haben sie anfangs genossen.

»Nein, ich will keine Kinder. Mein Job ist mein Baby.« Irgendetwas in dieser Art werde ich wohl geantwortet haben. Es war nicht zu fassen: Sitzt da dieser Radio-Macker, dessen Funfun-Firma ich meine Brillanz verschreiben soll, und entblödet sich nicht, mir diese Frage zu stellen. Er sollte d.a.n.k.b.a.r. sein, dass er mich kennen lernen darf. Seine Mutterschaftsfrage war entwürdigend, denn sie ließ all meine 1er-Zeugnisse und Begeisterung plötzlich zweitrangig werden, stattdessen sprachen wir über ein mir angeborenes biologisches Problem, nämlich das Risiko einer Schwangerschaft, die nicht nur mir, sondern auch der Firma zum Wettbewerbsnachteil gereichen könnte.

Als der Chef mir beim Abschied fast die Hand zerquetschte und mich hinaus in die Lobby führte, saß da schon der nächste Bewerber auf dem Sofa und würgte an einem *Daim*-Knoten. Ein junger Mann, etwa mein Alter, mit Schlips und Sakko. Er würde sich sicher nicht fragen lassen müssen, ob er demnächst in Vaterschaftsurlaub verschwinden wollte, dachte ich und war der festen Überzeugung, dass er den Job kriegen würde. Eine Woche später rief der Radiochef mich an. »Willkommen an Bord.« Er sei von meiner »Taffheit« beeindruckt. Ich bat um zwei Tage Bedenkzeit. Dann sagte ich ab. In der Zwischenzeit hatte ich ein anderes Vorstellungsgespräch absolviert. Zwar wurde ich auch dort nach Mutterschaftsplänen befragt, aber erstens war der Schock nun nicht mehr so groß, und zweitens gefielen mir die Redaktion und die Stadt besser.

Seit 1994 ist die Mutterwunschfrage beim Vorstellungsgespräch unzulässig und darf auch mit einer Lüge beantwortet werden, dies regelt das zweite Gleichberechtigungsgesetz, schnappte ich einige Monate später auf, als ich dann endlich als Volontärin in einem Großraumbüro saß. Na also. Der statistischen Geschlechterverteilung auf den Chefposten zufolge hatte die Generation Ally es bei den ersten Vorstellungsgesprächen zu 90 Prozent mit Männern um die 50 zu tun. Wenn die alten Säcke uns erst einmal eingestellt hatten, so dachten wir, dann würden wir uns flugs nach oben arbeiten, und sie könnten uns sowieso nichts mehr. Und wenn wir eines Tages tatsächlich ein Kind wollten, dann würden wir eben schnell in Erziehungsurlaub verschwinden, der inzwischen in Elternzeit umbenannt ist, und den Chef nach unserer Rückkehr locker überholen. Alles Taktik, wir hatten die Fäden selbst in der Hand. Umhauen ließen wir uns von der Schwangerschaftsfrage jedenfalls nicht.

Zudem gab es einen klimatischen Ausgleich zur Schwangerschaftsfrage, die hinter vorgehaltener Hand gestellt wurde. Man könnte diesen Ausgleich als gesamtgesellschaftlich propagierten Frauenförderungswillen beschreiben.

Da war zum einen die Debatte über die Frauenquote. Sie hatte zwar schon in den 70ern eingesetzt, nachdem die damalige Europäische Gemeinschaft 1976 Richtlinien zur Chancengleichheit von Männern und Frauen erlassen hatte, aber erst 1989 schuf Nordrhein-Westfalen als erstes Bundesland ein entsprechendes Frauenförderungsgesetz. Die Tatsache, dass wir zumindest in der Verwaltung bei gleicher Qualifikation einem männlichen Bewerber vorgezogen werden mussten, wenn Frauen in der entsprechenden Abteilung unterrepräsentiert waren, wirkte beruhigend, hatte uns gegen Ende unserer Schulzeit sogar beflügelt, denn sie trug zu dem Eindruck bei, dass alle Welt auf unserer Seite sei, dass wir getrost alle unsere Ziele würden verwirklichen können. Außerdem kürten Verbände, Ministerien und Länder alljährlich unter großem Presserummel das »frauenfreundlichste« Unternehmen, bis das öffentliche Interesse gegen Ende der 90er nachließ und die Tageszeitungen die entsprechende Meldung in die Randspalten des Wirtschaftsteils verbannten. All dies führte dazu, dass es seit Mitte der 80er zum guten Firmen-Stil gehört, den Frauenanteil in der Belegschaft stets im Auge zu behalten und zumindest einige Schlüsselpositionen mit Frauen zu besetzen. So genannte Frauenfreundlichkeit ist heute ein unabdingbarer Bestandteil öffentlichkeitswirksamer Unternehmenspolitik. Wir färben positiv auf die Chefs ab. Denn wenn sie junge, motivierte Frauen einstellen, gelten sie als fortschrittlich. Allein unsere Anwesenheit poliert ihr Image als aufgeschlossen und dynamisch auf.

Von dieser indirekten Quote profitierte die Generation Ally enorm. Die gesetzliche Quote lehnten wir damals, mit Mitte 20, allerdings instinktiv ab, zumindest »für uns persönlich«. Dieser Begriff implizierte erneut eine gewisse Randgruppenproblematik, genau wie es das IN-entum an der Uni getan hatte. Solidarisierung und staatliche Unterstützung, nein danke. Als ob wir es nicht alleine schaffen könnten. Die Quote war etwas für Frauen aus unserer Müttergeneration. Solche, die lange aus dem Job draußen waren, zum Beispiel. Allein stehende, gefrustete Gewerkschaftsweiber, nicht halb so tüchtig wie wir. Quotenjobs gab es dort, wo Sozialpädagogen walten, vermuteten wir, in Jugend- und Sozial- und Frauenämtern. Wir würden eine andere Karriere einschlagen und wir würden sie schneller hinkriegen als die dicken Frauen mit den miesen Frisuren. Sie lehne es ab, »gefördert zu werden, nur weil ich eine Frau bin«, sagte im Frühjahr 2001 eine angehende Wirtschaftsingenieurin in einem *Spiegel*-Bericht über ein Seminar für potenzielle Führungskräfte, zu dem die Unternehmensberatung *McKinsey* eingeladen hatte. »Es gibt nur einen einzigen Grund, mich auszuwählen«, so die junge Frau, »weil ich etwas kann.«

Die Generation Ally griff lieber direkt ins Reservoir der vorhandenen Möglichkeiten, anstatt sich mit langwieriger Gremienarbeit aufzuhalten. Im Alltag begleiteten uns schizophrene Erfahrungen. So bekamen wir unter Umständen in ein und demselben Einstellungs- oder Gehaltsgespräch zu hören, dass wir *bloß nicht* schwanger werden sollten (was dem Chef als personelles Missmanagement ausgelegt werden könnte), dass wir aber *gerade* als junge Frau *ganz besonders* willkommen seien. Die älteren Herr-Schaften ließen uns gern herumwirbeln, denn sie hatten ja nichts zu befürchten. Zwischen ihnen und uns lag qua Geburts- und Renteneintrittsalter ein Abstand, der es uns vermutlich nicht erlauben würde, ihren ganz persönlichen Stuhl anzusägen. Bis wir eines Tages in ihrer Höhe ankämen, wären sie längst an ihren Altersruhesitz an der Costa Brava emigriert. Wir hielten ihre Sprüche damals für nicht weiter erwähnenswert, sondern schlicht für ein Generationenproblem zwischen uns und den Mittfünfzigern.

Was die Jahrgänge 1965 bis 1975 geschlechtsübergreifend kennzeichnet, ist die kollektive Erfahrung des Ausgebremstwerdens zu Beginn der Berufstätigkeit. Knapp 30-Jährige trafen im Regelfall auf über 50-jährige Vorgesetzte, und das bereitete auch unseren männlichen Altergenossen Schwierigkeiten. Wir kamen mit vollem Tempo angerauscht, den Kopf voller theoretischer Ideen plus Praxiserfahrung – und mussten feststellen, dass statt »Motivation« und »Innovation« überwiegend das Mittelmaß regierte. Nicht selten waren die Chefposten mit Menschen besetzt, denen wir mit unserer Superausbildung um Längen voraus waren, die in ihren Berufsanfängerjahren nicht halb so weit über den sprichwörtlichen Tellerrand geschaut hatten wie wir. Die Vorgesetzten klassischer Façon – männliche Mittfünfziger in der Old Economy – sind oft schlechter ausgebildet als wir, viele haben nicht mal studiert, fordern es aber von uns ein, am besten summa cum laude. Im Journalismus sieht das dann so aus, dass Ausbildungsredakteure den Anfängern erst einmal Veteranengeschichten von früher erzählen: Wie sie einfach ihren Mut zusammennahmen und nach der Schule um einen Job bei der Lokalzeitung bettelten, dass sie sich damals alles selbst erkämpften, sich vom Kaninchenzüchterverein bis zu ihrem heutigen Posten alleine durchboxten. Dass sie von einer ihrer Indienreisen einfach eine Fotoreportage mitbrachten und diese dann verkauften, und schon war der Einstieg geschafft. »Früher, da gab es so eine tolle Ausbildung nicht, wie ihr sie heute habt. Man lernte durchs Leben.« Nun, es sind dieselben, die in den 90ern schmerzfreie Stromlinienförmigkeit von uns forderten: Studienabschluss im Alter von 23, nach sechs Semestern, davon zwei Jahre Auslandsaufenthalt, am besten in den USA und einem exotischen Land wie Malaysia oder Kasachstan, des Weiteren 33 Praktika und selbstverständlich nur die allerbesten Referenzen. Viel Zeit, nebenher an der eigenen Legende zu stricken, blieb nicht. Wir wussten nicht recht, was wir den triefenden Anekdoten der alten Männer entgegensetzen sollten, also hielten wir die Klappe und wünschten, sie täten es auch.

Ebenfalls geschlechtsübergreifend ist die Erfahrung des Katers nach der Probezeit: die Bewusstwerdung der Tatsache, dass man jetzt erst einmal dasitzt, in seinem ersten Job. Vorbei die flatterhaft-fröhliche Routine des Jobwechsels als Hospi, Hiwi, Assi, Prakti oder Trainee, jetzt hieß es kleben bleiben. Von nun an würde es deutlich langsamer aufwärts gehen, das nächste Level (altmodisch: Beförderung) würde vermutlich ein bis zwei Jahre auf sich warten lassen. Für manche mag das beruhigend gewesen sein, und ihnen sei zu wünschen, dass sie ihren Job bis heute behalten haben und damals nicht nur einen Zweijahresvertrag aushandelten oder gar bei einem dubiosen Start-up anheuerten. Aber für diejenigen unter uns, denen das ganze Business-Gequirle gar nicht bunt genug sein konnte, war die Vorstellung, sich nun dauerhaft an ein und demselben Ort und mit ein und denselben Kollegen aufhalten und beweisen zu müssen, ein herber Schock. Das tägliche »Mahlzeit! Maaaahlzeit! Mallzeit!« auf dem Weg in die Kantine; überhaupt: die Kantine; die Hydrokulturpflanzen auf den Fensterbänken; die Sitzgruppen vor den Fahrstühlen, auf denen nie jemand saß; die Gallensteine der älteren Kollegin; der Chlor-Geruch auf dem Belegschaftsklo. Damit muss man erst einmal fertig werden als hoffnungsvolles Jungtalent. Auch deshalb beobachteten wir mit großem Interesse, was sich denn auf Seiten der so genannten New Economy so alles tat.

Die Gründungswelle junger Internetfirmen setzte Ende der 90er ein, zu einem Zeitpunkt, als die meisten von uns bereits in einem Unternehmen alter Schule saßen und die späteren Börsen-Highflyer noch kleine Klitschen waren. 1997 wurde der Neue Markt eröffnet, und jungen Firmen erschloss sich per Notierung ein schier unerschöpfliches Reservoir an Investorengeldern. Ein Jahr zuvor hatte die privatisierte Telekom die T-Aktie als »Volksaktie« zum Preis von 14,57 Euro auf den Markt geworfen, und schon bald lösten wir unsere Sparbücher auf, die unsere Eltern zu unserer Geburt oder zur Kommunion angelegt hatten, und schafften uns ein Online-Depot an. Es war die Zeit, in der zunehmend von Videoüberwachung in Büros die Rede war und von der Rückverfolgung der Internetlinks, die die Angestellten angeklickt hatten. Unter betriebswirtschaftlichen Gesichtspunkten machten solche Kontrollversuche durchaus Sinn, denn es gab immer den einen oder die andere, der oder die gerade seine privaten Aktiencharts überprüfte und anschließend noch ein paar Runden *Moorhuhn* spielte, so dass die Arbeitszeit wie im Fluge verging, ohne dass man viel getan hätte. Die Verwaltung des eigenen, wenn auch bescheidenen Vermögens mit Hilfe des Internets und täglich wechselnder Kurse hatte einen unterhaltsamen *Monopoly*-Effekt, man musste sich um sein Depot kümmern wie Jahre zuvor ums *Tamagotchi*. Diejenigen, die beispielsweise auf den Lizenzenhändler EM.TV gesetzt hatten, wurden binnen weniger Wochen zu Millionären. Auf dem Papier, wie es so schön heißt.

Wir ahnten ja noch nicht, dass viele der 24-jährigen Start-up-Vorstandsvorsitzenden an der Uni die Seminare zum Thema Kostenkalkulation geschwänzt hatten, dass sie Insidergeschäfte betrieben und sich die Firmen-*Ferraris* nicht leisten konnten und dass sie schon bald den Insolvenzverwalter würden bestellen müssen. Die Existenzgründer der New Economy, die »Macher« und »Macherinnen«

der Generation Ally, waren derart geübt im Umgang mit Slogans und Kampagnen, dass sie Kapitalgeber und Shareholder ohne weiteres von ihren Geschäftsideen hatten überzeugen können, sie hatten ihnen sozusagen das Ohr abgekaut, genau wie wir früher unseren Eltern, wenn wir eine Taschengelderhöhung erjammerten. Das Geschäftsfeld Internet war so neu, dass die realen Gewinnchancen des so genannten E-Business schwer einzuschätzen waren. Im Zweifelsfall wurden sie überbewertet, immer schön optimistisch bleiben. So wurden Milliarden rausgehauen, die de facto niemand verwalten konnte. Doch in der kurzen Euphoriephase von der Einführung des Neuen Marktes bis zum Börsencrash im Herbst 2000 war Missmanagement kein Thema, stattdessen schien die Wirtschaft und mit ihr die Arbeitswelt revolutioniert.

Die neue Unternehmenskultur rührte aus dem Amerikanischen, genauer gesagt aus dem Silicon Valley, die Vorläufer konnte man schon einige Jahre zuvor in der Werbeszene beobachten. Das erste Büro, in dem ich jemals eine Schale mit frischem Obst und einen Wasserspender gesehen habe, war die Frankfurter Filiale von Ogilvy & Mather, 1991, wenn ich mich recht entsinne. Den Start-up-pern genügte ein bisschen Frischobst freilich nicht, man engagierte firmeneigene Slow-Food-Köche und Thai-Masseure, andere stellten Vibe-Manager ein, durchtrainierte, langhaarige Empfangsdamen, die nichts im Kopf, aber immer ein Lächeln auf den Lippen hatten. Mit Menschenfreundlichkeit hatte das alles weniger zu tun als mit Angeberei und Sklaventreiberei, denn die Mitarbeiter wurden jenseits jeglicher Tarifgrenzen ausgebeutet und man musste ihren Mangel an Privatleben mit allerlei Service ausgleichen, sonst hätten sie schon von Anfang an einen Betriebsrat gefordert, nicht erst als es viel zu spät war, als die Stock Options, die Gewinnanteile, mit denen sie anstelle eines ordentlichen Gehalts bezahlt wurden, sich als wertlos erwiesen.

Die Internetbranche beschleunigte gesamtwirtschaftlich die Durchsetzung des Denglisch, wie die unglückliche Verbindung deutscher und englischer Vokabeln gemeinhin genannt wird. Gibt es einen historischen Moment, in dem Konferenzen plötzlich zu Meetings und Anweisungen zu Briefings wurden? Lässt sich nachvollziehen, wer wo als erster Wörter wie Brainstorming, Head of Human Resources Department, Advice Tools, Back-up-Information, Client, Sales Channel, Asset, Commitment und Claim eingeführt hat? Es war eine Geheimsprache, die sich quasi wöchentlich veränderte und die dem Lifestyle-Jargon in Sachen Sexyness in nichts nachstand. Gleichzeitig wusste man oft nicht, was genau eigentlich gemeint war, das machte die Sache umso spannender. Bei McDonald's wurde alle vier Wochen der Angestellte des Monats gekürt, der *employee of the month*, und das, was nun als Titel auf unseren Visitenkarten stand, las sich so ähnlich. Immerhin.

Mit all ihren Auswüchsen schien die New Economy der Triumph der ehemaligen Null-Bock-Kids über die Vorgängergeneration zu sein. Wir, die Politiklosen, zeigten den Alten, wie man es macht und ließen die Kurse nach oben schnellen. Wir beherrschten die neuen Medien besser als sie, selbst die Dinosaurier unter den Unternehmen wie etwa Siemens oder Bayer waren auf unser Know-how angewiesen, zum Beispiel wenn sie sich eine Homepage einrichteten, die sie mit Content und anderem füllen mussten. Jugend wurde auch in diesem Sinne als Wettbewerbsvorteil noch wichtiger, und Menschen, die beruflich in der einen oder anderen Form mit dem Internet zu tun hatten – also fast jeder von uns –, zählten zu einer »neuen Elite«, so lasen sich jedenfalls die Berichte der Wirtschaftsmagazine.

Weil der gesamte Sektor gerade erst erblühte und sich in ihm noch keine Patriarchen hatten festsetzen können, hatten begabte Frauen es hier etwas leichter, sich einen ihren Fähigkeiten entsprechenden Job zu organisieren. In ihrem Buch *Dotcom Divas* stellt die Amerikanerin Elisabeth Carlassare fest, dass der Anteil der weiblichen Führungskräfte in der Internetbranche in den USA zwischen 1997 und 2000 von drei auf 48 Prozent gestiegen sei. Allerdings ist mit dem Internet bekanntermaßen nicht sehr viel Geld zu verdienen, und außerdem liegt der Frauenanteil an Führungspositionen auch in der amerikanischen Gesamtwirtschaft bei stattlichen 46 Prozent. Zum Vergleich ein Blick auf bundesrepublikanische Verhältnisse:

Nach Angaben des Bundeswirtschaftsministeriums ist hierzulande gerade ein Drittel des mittleren Managements mit Frauen besetzt, im gehobenen Management sind es ganze sechs Prozent. Und in den hundert größten börsennotierten Unternehmen Deutschlands saß bis Ende 2000 nicht eine einzige von uns im Vorstand.

Solange man sich als Einsteigerin noch auf den unteren Jobrängen herumdrückt, hat man jedoch kein Auge für die Verhältnisse, man ist zu stark mit sich selbst beschäftigt. Arbeit war im Boom-Klima der 90er nicht harte Pflicht, sondern Ausdruck der Persönlichkeit, nicht wenige begriffen ihre Arbeitsbiografie als Gesamtkunstwerk. Was uns bis dahin von den Yuppies der 80er unterschied? Nicht viel. Einige von uns gingen tatsächlich 80 Stunden wöchentlich knechten, strichen tatsächlich sechsstellige Jahresgehälter ein und präsentierten tatsächlich schon vor ihrem 30. Geburtstag *Mein Haus, mein Boot, mein Auto*. Aber offiziell ging es nicht ums Geld, sondern um Selbstverwirklichung. Der 38-jährige CEO der Investmentbanking-Division der Dresdner Bank sagte in einem *Capital*-Interview im April 2001: »Ich bin sehr emotional und lebe nach der Devise: Work hard an have Fun.« Zum Stellenwert des Berufs für uns »Jüngere« merkte er an: »Der Aspekt des Dienens gibt uns – ehrlich gestanden – nicht so viel. Wir wollen gestalten! Unsere Wirtschaft wandelt sich zur Dienstleistungswirtschaft: Hier tun Menschen was für Menschen. Und wer da kreativ sein will, muss einfach Spaß haben.«

Kreativ sein und Spaß haben, das ist für Frauen noch wichtiger als für Männer. Sie entwickeln weniger Distanz zum Job als Männer, sie wollen sich stärker einbringen, was man unter anderem daran merkt, dass selbst in den kreativsten und spaßigsten Firmen stets die Frauen das Geld für die Blumensträuße und die Sektflaschen einsammeln, wenn eine gemeinschaftliche Feier ansteht. Es sind stets die Frauen, die die Abschieds- oder Geburtstagskarten für Kollegen besorgen, sie forschen stundenlang nach einem passenden Spruch, »Farewell, altes Haus!« oder »Du bist jetzt im Metallalter angekommen«, und sie zwingen einen zu unterschreiben, auch wenn man den scheidenden oder jubilierenden Mitarbeiter für ein veritables Schwein hält. »Einer muss es ja tun«, sagen die Kolleginnen dann und wann. Für 75 Prozent aller berufstätigen Frauen ist es wichtiger, sich am Arbeitsplatz »wohl zu fühlen«, als dort viel Geld zu verdienen, ergab eine Studie des Inra-Instituts, Mölln. Einer anderen Untersuchung zufolge kritisiert ein Drittel aller berufstätigen Frauen, dass das Klima am Arbeitsplatz von der Stimmung des Chefs abhänge, der sich oft »launisch und unbeherrscht« aufführe. Frauen nehmen die Arbeitswelt persönlicher als Männer, deshalb gehen sie tendenziell mit mehr Liebe zur Sache, manchmal mit sehr viel Liebe zum Detail, und sehr oft mit sehr viel Nächstenliebe, obwohl die Welt doch überwiegend schlecht ist.

Frauen versuchen häufig, an sich selbst zu arbeiten, sich selbst zu optimieren, was man daran merkt, dass es Zeitschriften wie *Business Vogue* oder *Allegra Women&work* gibt, eine spezielle Gattung arbeitsweltrelevanter Magazine, die in dieser Art für Männer nicht existieren. Das *Manager Magazin,* die *Wirtschaftswoche* oder *Focus Money* berichten über Konzerne, Bilanzen, Aktienkurse, grob gesagt über nüchterne Fakten, ausnahmsweise vielleicht auch einmal über Golf oder Cognac-Brennereien. Der sportliche Wettbewerbsgedanke spielt für Männer eine große Rolle im Berufsleben, sie halten sich bevorzugt an Tabellen und Zahlenkolonnen. In der *Business Vogue* hingegen geht es überwiegend um *emotions*, zum Beispiel darum, dass Tweed der Geschäftsfrau im Herbst gut steht oder dass *Fendi* eine neue Handtaschenkollektion in Laptopgröße herausgebracht hat oder dass eine Fingerkuppenmassage an den Schläfen den Stress vertreibt, in Windeseile, oder dass ein wenig Grünzeug selbst das nüchternste Büro gemütlicher macht. In solchen Magazinen kann man Psychotests machen, die »Welcher Karrieretyp sind Sie?« heißen. Man muss bloß 22 Fragen beantworten, wozu man allerdings nur 66 unpassende Antwortmöglichkeiten hat, und am Ende landet man in einer der folgenden Kategorien: »Naives Lämmchen« (0 – 22 Punkte), »Ellenbogen-Artistin« (22 – 44 Punkte) oder »Killer-Karrieristin« (45 – 66 Punkte). Offenbar glauben Frauen gern an solche

Sachen, sie stehen auf sinnlose Gedankenspiele. Es zwingt sie ja keiner, die Zeitschriften zu kaufen, und schon gar nicht, diese Tests mitzumachen. Bleibt nur zu hoffen, dass wir nicht auf diesem unterirdischen Reflexionsniveau hängen bleiben, so wie man uns früher drohte, dass die Augen stehen bleiben, wenn man schielt, denn dann wird das mit dem Erfolg garantiert nichts, das sagt schon die Vernunft. »Aber ich bin doch eine Killer-Karrieristin!« Das ist kein Argument, für gar nichts.

Alexa Hennig von Lange, ihres Zeichens allein erziehende Mutter und Schriftstellerin, eine aus den Generation-Ally-Jahrgängen, sagte im Frühjahr 2001 in einer WDR-Talkrunde zum Thema »Typisch Mann, typisch Frau«, sie wünsche sich, dass die Männer dieser Generation mehr Engagement zeigten, mehr Initiative für irgendetwas. »So viele lassen sich so dermaßen hängen«, klagte sie sinngemäß. Weniger prosaisch drückte es etwa zur selben Zeit die Unternehmerin des Jahres 2001 aus, Innegrit Volkhardt. Die nach Urteil der *Bunten* »energische, erfolgreiche, gertenschlanke und langbeinige« Managerin herrschte schon mit 35 über das Fünf-Sterne-Imperium *Bayerischer Hof* in München und das Promi-Restaurant *Tenne* in Kitzbühel. Sie hat keine Kinder, und sie will auch keine, dafür ist sie verantwortlich für rund 800 Angestellte und nach eigener Auskunft »davon überzeugt, dass das Können bei Mann und Frau gleich ist«. Allerdings, so merkt sie weiter an, »glaube ich, dass die Frau noch den Pluspunkt hat, dass sie ehrgeizig ist«. Weder Frau Hennig von Langes noch Frau Volkhardts Äußerung ist statistisch zu belegen, ihre These von den ehrgeizig-fleißigen Frauen und den männlichen Schluffis daher leicht angreifbar. Aber manchmal gibt es eben Wahrheiten, zu denen noch niemand eine Umfrage gestartet hat, und trotzdem sind sie wahr: Frauen glauben häufiger an das, was sie tun, oder sie versuchen es zumindest. Frauen nehmen ihre beruflichen Aufgaben ernster, als die meisten Männer es tun. Frauen neigen stärker dazu, ihre Arbeit als wertvollen Beitrag zur Gesamtgesellschaft, zur Kultur oder zu Volkswirtschaft zu sehen. Frauen gehen insgesamt mit mehr Verantwortungsgefühl an die Sache, was nicht gleichbedeutend mit mehr Verantwortung ist, während Männer tendenziell eher darauf schauen, dass sie heil und gut bezahlt aus allem herauskommen, genau wie bei den Gruppenarbeiten an der Uni.

Die weibliche Gefühlsduselei hat einen Namen: Emotionale Intelligenz. Dieses in den 90ern aufgekommene Schlagwort bedeutet so viel wie zwischenmenschliche Begabung, Team- und Kommunikationstalent, es bezeichnet die so genannten Soft Skills, die weichen Tugenden, die in der Dienstleistungswirtschaft angeblich immer wichtiger werden. Die entsprechenden Denkprozesse spielen sich überwiegend in der rechten Hirnhälfte ab, hat man herausgefunden, in der Hälfte, die für musische Fragen zuständig ist und die bei Frauen etwas aktiver sein soll als bei Männern. Stark vereinfacht könnte man sagen, die Wissenschaft spricht uns eine charakterliche Gesamtüberlegenheit zu. Das reden wir uns zumindest ein – und machen uns immer wieder gern zur guten Seele des Betriebs.

Manche von uns können Job und Privatleben sogar so schlecht trennen, dass sie dem Coaching anheim gefallen sind und fremde Menschen nach Feierabend an ihrer Seele und in ihrem Unbewussten herumdoktern lassen, zum Wohle der Firma. Der Begriff »Coach« ist ursprünglich die amerikanische Bezeichnung für einen Trainer im Leistungssport. Die Coachs der Jetztzeit kümmern sich allerdings nicht um Langstreckenläufer oder Wasserballetttänzerinnen, sondern um Angestellte. Man engagiert sie oder besucht ihre Seminare, um wieder fit für den Job zu werden, wenn etwa das Burn-out-Syndrom zugeschlagen hat. Bei den Coachs handelt es sich meist um verkrachte Unternehmensberater oder Psychologen, die aus irgendeinem Grund ihren alten Job verloren haben und im Lichte des Denglisch-Triumphs auf den Zug des Titel-Erfindens und -Ausnutzens aufsprangen. Manche nennen sich auch Motivationstrainer/innen. Worauf es ankommt: Sie verkaufen eine Art Instant-Therapie an diejenigen, die es nötig haben, an diejenigen, denen es so schlecht geht, dass sie gar nicht mehr merken, dass man sie von vorne bis hinten veräppelt. Anfangs stellten die Coachs ihre Weisheiten ausschließlich dem Topmanagement zur Verfügung, um nicht zu sagen der Avantgarde. Dann geschah dasselbe, was im Lifestyle-Sektor der Caipirinha widerfuhr: Coaching-Stars wie Jürgen Höller machten die Angelegenheit populärer, als ihr gut tat. Herr Höller stand in seinen Zwanzigern »ständig vor dem Konkurs, bekam größte Probleme mit seiner Gesundheit, seine Beziehung zerbrach und er stellte fest, dass er plötzlich keine Freunde mehr hatte«, so ist zumindest auf seiner Homepage zu lesen. Weil er echt am Boden war, dachte er sich den Schlachtruf »Sprenge deine Grenzen« aus, schulte erst sich selbst im stillen Kämmerlein und seit 1991 in der Öffentlichkeit jährlich 250.000 Menschen, darunter »alle 150 deutschen Olympia-Trainer«. Bald gab es Coaching an jeder Ecke, so dass inzwischen selbst Postboten sich den Service leisten können.

Fast könnte man glauben, nur simpel gestrickte Wesen wie Männer fallen auf einen solchen Quatsch herein, aber genau das Gegenteil ist der Fall: Frauen lechzen förmlich nach Betreuung, sie finden sich dazu bevorzugt in männerfreien Zonen ein, zum Beispiel bei »Woman's, der Business-Akademie mit Funktion&Pfiff« in München, Untertitel: »Karriereberatung und Vermögensplanung für die Frau GmbH«. Auszüge aus dem Programmangebot lesen sich wie folgt: »Business Knigge. Hier erfahren Sie z.B.: Was ist o.k. – was tut weh? Kleidervorschriften up-to-date. Kommt Lächeln immer gut?« Sehr hübsch auch die Ankündigung für einen eintägigen Selbstbewusstseins-Workshop: »7 Perlen für ein starkes Selbstwertgefühl«, zum Solidaritätspreis von 149 Euro zu buchen. Aus Recherchegründen durfte ich einmal einer solchen Veranstaltung beiwohnen, Thema war das »Zicken-Prinzip«, Ziel war es, »in sieben Schritten zur Superzicke« zu avancieren. Das klang zunächst recht viel versprechend, fand ich. Allerdings erschöpften sich die Zickigkeiten darin, dass die Teilnehmerinnen sich einen roten Ball zuwerfen und sagen sollten, worüber sie sich zuletzt geärgert hatten. »Dass mein Chef mir immer seine ganze Arbeit aufhalst«, sagte eine, die offenbar noch einen langen Weg bis zur Zickenweide vor sich hatte. Später mussten wir zehn bis zwölf Frauen uns gegenseitig Komplimente machen, damit sich unsere Selbstwahrnehmung verbessert, und man sagte mir mehrmals, dass ich eine aufrechte Körperhaltung habe, was ich im Gesamtergebnis ziemlich enttäuschend fand. Nach drei Stunden war der Blinde-Kuh-Zauber vorbei und wir sollten der Seminarleiterin sagen, was wir von der Veranstaltung hielten. Sie tat mir im Voraus leid, denn sie hatte offensichtlich gnadenlos versagt, nix als Mumpitz war das, und das würde sie jetzt zu hören bekommen. Ich hatte mich getäuscht. Die Gruppe war begeistert. »Ich gehe jetzt mit einem ganz anderen Gefühl nach Hause«, sagte eine Mittdreißigerin und ließ die Hand der Referentin gar nicht mehr los. Solch unfassbarer Selbstbetrug geht mir auf die Eierstöcke, ehrlich.

Man kann von den Frauenzentren-Coacherinnen dennoch etwas lernen, nämlich eine gesunde Portion Geschäftssinn und das geschickte Ausweiden von Marktnischen, aber dafür muss man keines ihrer Seminare besuchen, man muss nur ein bisschen nachdenken: Die Gründerinnen solcher Zentren, die überproportional häufig seit den 80ern verheiratet sind, wie ihren Doppelnamen zu entnehmen ist, führen vor, wie mit einer einfachen Geschäftsidee (»Verkaufen wir doch einfach ein paar Binsenweisheiten!«) eine klar umrissene Zielgruppe (Frauen, die unter ihren hohen emotionalen Intelligenzquotienten leiden) auszuquetschen ist. Nebenbei zeigen sie, wie staatliche Fördergelder abzugreifen sind (zum Beispiel aus begünstigten Frauen-Start-up-Fonds für Existenzgründerinnen) und wie man das Ganze auch noch herzerweichend vermarktet (»Zum Wohle der Frau«).

Warum machen Frauen gerade im Job ihre Angelegenheiten am liebsten unter sich aus? Warum loggen viele sich lieber auf die Seiten der *webgrrls* ein, einem Online-Netzwerk ausschließlich für Frauen, statt gleich in die virtuelle *Manager Lounge*? Noch nie habe ich ein berufsbezogenes Internetangebot entdeckt, das sich allein an Männer wendet, aber unzählige, die speziell für Frauen gedacht sind, die sozusagen als geschützter Raum für Weiblichkeit fungieren. Schutz vor was? Vor der rauen Wirklichkeit des Berufslebens? Davor, dass es in der freien Wirtschaft augenscheinlich um Gewinnmaximierung geht und nicht um Freundschaft? Führen Frauen Unternehmen, um die Welt ein bisschen schöner zu machen? Müssen sie nicht auch Geld verdienen, Aufträge an Land ziehen, Konkurrenten und Konkurrentinnen übertrumpfen? Glaubt irgendeine Frau im Ernst, dass Bücher wie *Frauen sind die besseren Anleger* oder *Wirtschaften ist weiblich, vernetzt denken auch* grundsätzlich andere Empfehlungen zur Geldanlage und zum Aufstieg beinhalten als geschlechtsneutrale Ratgeber? Glaubt irgendeine Frau im Ernst, dass die Autorinnen, die ntv-Börsen-Expertin Carola Ferstl und die E-Business-Kennerin Nelly Meyer-Fankhauser, nicht einfach Geld mit solchen Titeln verdienen wollen, was übrigens ein durch und durch legitimes Ziel ist in der sozialen Marktwirtschaft? Fänden Sie es nicht auch lächerlich, wenn Ihr Lebenspartner oder Jobkollege Pamphlete mit Titeln wie »Männer können's grundsätzlich besser« läse? Oder noch schlimmer: Wenn er daran glaubte?

Früher, bei den Bundesjugendspielen, traten wir getrennt von den Jungs in einer eigenen Wettkampfklasse an. Wegen des weiblichen Muskelapparates, der nachweislich anders gebaut ist als der männliche, mussten wir nur halb so weit werfen und nur halb so schnell laufen, um die gleiche Punktzahl zu bekommen wie ein männlicher Sportschüler. Bewertet wurde also jeder nach seinen körperlichen Möglichkeiten, und das machte Sinn, es objektivierte unsere Leistung beziehungsweise unser Versagen auf ein faires Maß. Heute, da körperliche Arbeitskraft nicht mehr gefragt ist, da der Blaumann ausstirbt, weil Maschinen die knüppelharte Drecksarbeit erledigen, heute, da wir alle Kopfarbeiter im digitalen Raum sind, gibt es keinen körperlichen Wettbewerbsnachteil mehr. Wir müssen nicht die Rennstrecke verkürzen oder die Flugbahn anders berechnen, wir haben ein ebenso leistungsfähiges Gehirn wie die Männer, es arbeitet ein bisschen anders, mag sein, angeblich ja sogar funktionaler für die Gesellschaft. Warum also messen wir uns nicht direkt mit ihnen und verkuscheln uns stattdessen in Frauenzoos?

Haben Sie schon einmal *MAD TV* gesehen, die amerikanische Comedy-Show im Stile von *RTL Samstag Nacht*? Eine regelmäßig wiederkehrende Witzfigur in dieser Reihe ist ein kleiner Junge, gespielt von einem erwachsenen Mann, und dieser kleine Junge führt seiner Mutter ständig dämliche Kunststückchen vor, er hüpft zum Beispiel mit flatternden Armen in die Luft und fordert dann mit nervtötend glockenhellem Stimmchen Anerkennung ein: »Kuck mal, was ich kann! Kuck mal, was ich ka-ha-haaaaan!« Genau so lesen sich die Erfolgsmeldungen aus dem weiblichen Teil der Wirtschaft, deren Überschriften in die Kategorie fallen: »Immer mehr Frauen haben Internetanschluss.«

Wäre die Welt eine andere, wenn jahrtausendelang die Frauen das Sagen gehabt hätten? Wäre sie besser? Seit bald 100 Jahren machen sich EthnologINnen, AnthropologINnen, SoziologINnen, HistorikerINnen, BiologINnen und PsychologINnen darüber Gedanken. Noch ist nichts bewiesen. Die vorauseilenden Bejaherinnen dieser Frage führen oft schwindelig machende Urzeittheorien an, sie sprechen von der natürlichen Angebundenheit der Frau an Mutter Erde, die sich aus der Gebärfähigkeit ergibt, und davon, dass sowohl Kriege als auch die ökologische Krise allein Resultate des spezifisch männlichen Strebens nach Macht, Kontrolle und Beherrschung sind. Klingt überzeugend. Oder doch nicht? Im realen Leben am Anfang des neuen Jahrtausends hilft es jedenfalls nicht viel weiter. Etwas alltagsnäher geriert sich eine zweite Grundsatzfrage: Müssen wir Frauen uns, um im bestehenden System Macht zu erlangen, männlicher Mittel bedienen oder sollen wir versuchen, einen weiblichen Wirtschaftsstil zu entwickeln? Auch zu dieser Frage haben sich eine Menge ExpertINnen bereits Gedanken gemacht. Allein, es ist noch immer nicht klar, wie genau sich ein weiblicher Business-Stil von einem männlichen unterscheiden könnte. Maggie Thatcher, die eiserne Lady der 70er und 80er Jahre, die erste Frau, die in der europäischen Politik tatsächlich etwas zu sagen hatte, trug stets eine Handtasche, Perlenschmuck und einen bläulich schimmernden Frisurenturm, genau wie Hunderttausende britischer Baked-Beans-Großmütter, die mit ihren rotzfrechen Enkeln am Entchenteich spazieren gehen. Und trotzdem stand sie in Konservativismus und Muskelspielerei einem Franz Josef Strauß in nichts nach. Frau Thatcher war ein harter Brocken, sie hat sich durchgesetzt und dabei nicht selten Unheil angerichtet, zum Beispiel im Falklandkrieg 1982. Sie sei männlicher als der mieseste aller Männer, meinten einige Feministinnen sogar. Dabei war Frau Thatcher doch eine Frau, eindeutig. *Gute Mädchen kommen in den Himmel, böse überall hin.* Das wird Frau Thatcher ziemlich egal gewesen sein, sie hat einfach getan, was sie für richtig hielt.

Im Berufsleben geht es um einfache Dinge, zum Beispiel darum, sinnvolle und gut klingende Sätze aufzuschreiben, wenn man als Autorin oder Werbetexterin arbeitet; oder es geht darum, Menschen wieder gesund zu machen, wenn man als Medizinerin arbeitet; oder es geht darum, Kaffeemaschinen zu verkaufen, wenn man als Verkäuferin oder Produktmanagerin arbeitet; oder es geht darum, Menschen zu töten, wenn man als Angestellte des US-Bundesstaates Texas in der Abteilung *death penalty* arbeitet oder als Elitesoldatin bei der israelischen Armee oder als Pflegekraft in einem deutschen Hospiz. Unabhängig von angeborenen oder eingebildeten männlichen oder weiblichen Eigenschaften geht es letztlich nur darum, sich genau den Platz zu ergattern, den man sich wünscht, denn ein solcher Platz steht jedermann und jederfrau per Gesetz und auch per Vernunft zu. Entscheidend ist, ob die Möglichkeiten, die real existierenden Chancen dieselben sind. Die Methoden sind jedem selbst überlassen, wer könnte oder wollte das ändern? Es gibt Menschen, die versuchen es mit Anstand, es gibt andere, die gehen über Leichen, manchmal im wörtlichen Sinne. Es ist beinahe zu banal, es aufzuschreiben, aber der Vollständigkeit halber muss es vielleicht doch erwähnt werden: Es gibt Kollegen und Vorgesetzte, die verhalten sich kalt, brutal, ungerecht, hinterlistig, grob und gemein. Man nennt sie »Chauvis« oder »Giftschlangen«, es sind Männer und Frauen. Es gibt des Weiteren Kollegen und Vorgesetzte, die sind hilfsbereit, aufgeschlossen, aufrichtig, integer, sympathisch und sauber. Man nennt sie »liebe Kollegen« oder gleich beim Vornamen, es sind Frauen und Männer. All die Debatten über weibliche Stutenbissigkeit (ein von Männern erfundener Begriff) und männliche Rücksichtslosigkeit (eine von Frauen propagierte Vokabel) führen unweigerlich in eine gedankliche Müdigkeit, denn es handelt sich beim Verhalten von Zeitgenossen meist um menschliche Einzelfallproblematiken, die schwerlich mit einer einzigen Formel zu erklären sind.

Wenn Frauen Fußball spielen – die deutsche Nationalmannschaft unter Tina Theune-Meyer gewann 2001 zum dritten Mal in Folge die Europameisterschaft –, dann halten sie sich an ein klares Regelwerk, denn darum geht es in diesem Spiel, das Männer 1857 im englischen Sheffield erfanden. Es gibt die Abseitsfalle, den Strafstoß und die Blutgrätsche, die für beide Geschlechter gleichermaßen zu beachten sind, wenn auch – dem von den Bundesjugendspielen bekannten Prinzip der körperlichen Unterschiede folgend – in unterschiedlichen Ligen. Wenn die Frauen auf dem Feld anfingen, ihren Gegnerinnen die blutenden Knie zu verbinden oder sie bei verschossenen Elfmetern zu trösten, dann wäre es kein Fußball mehr. Wenn umgekehrt Männer Visagisten werden und somit das urweibliche Reservat der Schönheit und Pflege betreten, dann müssen sie sich ebenfalls mit den entsprechenden Regeln vertraut machen und sie befolgen, sonst werden sie rausgeschmissen. Sie müssen lernen, dass Rouge nicht zu breitflächig aufgetragen werden darf und dass es Sommer- und Wintertypen gibt, zu deren Teint nur bestimmte Farbtönen passen, dass die Kundschaft gern über den Hochadel lästert und dass ein Peeling die Poren erfreut. Wenn Visagisten anfingen, ihren Klientinnen die Augenbrauen abzureißen, weil das viel praktischer und rationaler wäre, als ewig daran herumzuzupfen, dann hätten sie ihren Beruf verfehlt. Es ist für das Hier und Jetzt von maximal drittklassiger Bedeutung, wie sich ein Berufszweig im Laufe der Menschheitsgeschichte entwickelt hat, wie gleich oder unterschiedlich Männer und Frauen sind, welchen Beitrag wir aus Geschlechtersicht leisten können, darüber müssen wir uns keine Gedanken machen, wenigstens nicht an erster Stelle, denn die Meldungen, die die Wissenschaft zu diesem Thema absondert, widersprechen sich sowieso, genau wie die Theorien zur Quanten- und zur Gravitationsphysik.

Viel wichtiger ist es, darüber nachzudenken, warum immer noch so wenige Frauen Machtpositionen innehaben. Frauen sollen nukleare Sprengköpfe entwickeln und Staudämme konstruieren, wenn sie wollen. Sie sollen Busse entführen und Eisbrecher steuern, wenn sie wollen. Frauen sollen sich mit Hunderten von Untergebenen herumschlagen, deren Namen sie nicht kennen und die sie früher oder später mit Rücksicht auf den Shareholder Value entlassen, wenn sie wollen. Aber sie wollen oft gar nicht.

Während wir bei den frisch eingeschriebenen Erstsemestern an der Uni noch die Mehrheit stellen, machen wir später nur ein Drittel aller Doktoranden aus, bei den Habilitierenden sind es sogar nur 16 Prozent. Was ist passiert in der Zwischenzeit? Werden wir heimlich doch von männlichen Lehrkräften rausgemobbt? Unbewusst bis zur Unerträglichkeit sexuell belästigt? Lassen wir uns von Kommilitonen-Sprüchen wie »Frauen und Technik!« letztlich doch in die Flucht schlagen? Wieso sind wir im Erklimmen der Chefetagen so langsam? Wir müssten eigentlich längst oben angekommen sein. Ist es wirklich so, dass Männerbünde Komplotte gegen uns schmieden? Knapp 80 Prozent der Männer geben an, für sie sei der Beruf das Wichtigste im Leben; für denselben Prozentsatz der Frauen sei es hingegen die Familie, zitierte der *Stern* im Sommer 2001 eine Geschlechterstudie aus den westlichen Industriestaaten. Die liebe Familie. Auch wenn die Generation Ally meist noch gar keine Familie hat, kommt ihr selbige früher oder später in die Quere. Noch immer scheitern Karrieren an der Kinderfrage, und noch immer sind es Frauenkarrieren.

Oder, umgekehrt: Noch immer ist Kinderlosigkeit beinahe eine Bedingung, um als Frau in den Club der Allermächtigsten aufgenommen zu werden, die sprichwörtliche gläserne Decke zu durchbrechen. 85 Prozent aller männlichen Führungskräfte haben Kinder, aber nicht einmal 50 Prozent der Frauen in entsprechenden Positionen, berichtete das Wirtschaftsmagazin *Capital*. »Unbemannte Fregatten«, nannte ein früherer Redaktionskollege solche Frauen. »Top-Manager sind dankbar, dass sie durch ihre Familie noch an die elementaren Zusammenhänge des Lebens angebunden sind«, sagt Managementfachfrau Gertrud Höhler. Top-Manager haben jemanden, der ihnen die Hemden bügelt und privaten Ärger vom Leib hält, könnte man auch sagen. »Spitzenkräfte verzichten mit großer Unbekümmertheit darauf, die letzten von den vorletzten Fragen zu trennen. Sie wollen was bewegen. Die fragen nicht: Wann komme ich zum Eigentlichen? Und schon gar nicht: Wann komme ich zu mir selbst?« Spitzenfachkräfte, wie Frau Höhler sie beschreibt, können sich eine Doppelbelastung nicht leisten. Kinder großzuziehen dürfte ihnen schwer fallen.

Wer kennt sie nicht, die doppelt und dreifach belasteten, teilzeitbeschäftigten Mütter, die einem auf den Geist gehen können, weil sie mehrmals die Woche früher aus dem Büro verschwinden, bloß weil der Nachwuchs die Masern hat oder von der Klavierstunde abgeholt werden muss. Die keinen Millimeter von ihren Urlaubsplänen abrücken oder von der mühsam ausgehandelten Einteilung der Wochenenddienste, weil sie ja schließlich Familie haben. Wir vorerst oder dauerhaft kinderlosen Kolleginnen sollten nicht allzu böse mit ihnen sein. Schließlich sind es die zwischen Teilzeit und Mutterschaft hin- und herhetzenden Kolleginnen, die immer genau dann nicht da sind, wenn wichtige Entscheidungen anstehen. Es sind die Kolleginnen, die man bei der Vergabe der Filialleitung garantiert übersieht. Diejenigen, die nur schwerlich wieder auf einen grünen Zweig kommen, wenn das Kind endlich in der Schule ist.

Auf der Gesetzesseite hat sich viel getan, dank der organisierten Frauenbewegung, dank der dicken Gewerkschaftsweiber, das vergessen wir manchmal. Es gibt einen Haufen Rechte, Teilzeit, Elternzeit. Wir können erst pausieren, dann eine Weile auf halber oder Dreiviertelstelle arbeiten, dann wieder voll einsteigen, und niemand kann es uns verbieten. Aber dass es sich rechnet, kann man nicht gerade behaupten. Wenn eine Frau ausgerechnet aus beruflichen Gründen erst relativ spät ein Kind bekommt, dann hat sie sich sogar gehörig verrechnet. Das Zentrum für Europäische Wirtschaftsforschung in Mannheim hat ermittelt, dass eine Frau, die beruflich voll im Saft steht und erst mit 35 ein Kind bekommt, drei Jahre aussteigt und danach wieder voll arbeitet, statistisch gesehen mit 45 auf einen Stundenlohn von umgerechnet 16,50 Euro kommt, genau so viel, wie eine Frau verdient, die von ihrem 30. Geburtstag an Teilzeit gearbeitet hat. Mehr verdient die Frau, die nie wegen eines Kindes pausiert hat, sie liegt bei knapp 18 Euro in der Stunde. Und am meisten verdient sowieso der Mann, bei dem keine elterlichen Fehlzeiten drohen, nämlich im Schnitt 20 Prozent mehr, also 21,60 Euro. Sie finden, das klingt berechnend? Ist es ja auch. Um Muttergefühle geht es im Mutterschaftskapitel. Sie befinden sich im Jobkapitel, hier geht es ums Geld.

Wir sind die Jahrgänge, die am Scheideweg stehen, wieviel Karriere sie jetzt noch in ihr Leben lassen wollen. Zwischen 30 und 40 sind die Jahre, auf die es ankommt, die Jahre, in denen man entweder aus dem bereits Angefangenen rausholt, was geht, oder sich mit dem Erreichten begnügt und versucht, trotzdem ein glücklicher Mensch zu sein. Jetzt, ungefähr fünf bis acht Jahre nach dem Berufseinstieg, fällt es uns zunehmend schwer, täglich mit einem Strahlelächeln und tausendprozentiger Motivation ins Büro zu gehen. So wie wir innerhalb der Belegschaft den Status der begehrten, form- und führbaren Anfängerin verloren haben, so hat sich unsere Begeisterung verflüchtigt, und wir sind häufig genervt, angestrengt, träumen von einer Auszeit. Der Zusammenbruch der New Economy bildet im Großen das ab, was die Generation Ally mit ihren einst hochfliegenden professionellen Träumen im Kleinen erlebt: der Absturz in die Routine, das schleppende Alltagsgeschäft. Genug des Ich-Managements, genug der erfolgsorientierten Ego-Taktiken, schon sprechen Arbeitspsychologen von der Tendenz zum *Soloing*, dem Sich-Freimachen von betriebsbedingten Hierarchien, dem Sich-Ausklinken aus dem kräftezehrenden 60-Stunden-Gekloppe, der Sehnsucht nach dem Langsamtreten, der sich auch unsere männlichen Kollegen nicht entziehen können. In dieser Hinsicht sind teilzeitbeschäftigte Frauen vielleicht sogar Trendsetterinnen. Vielleicht machen sie es genau richtig, weil sie sich neben dem Job, neben Kalkulationen und Auftragszielen auch mit dem wahren Leben beschäftigen. Vielleicht sind sie in Wirklichkeit viel klüger als all die an ihnen vorbeiziehenden Männer, die täglich mit angewinkelten Ellbogen und krankem Magen ins Büro fahren. Vielleicht braucht man gar keinen Job, um glücklich zu sein. Vielleicht werden wir alle in Zukunft sowieso viel weniger arbeiten, weil Maschinen und Rechner uns noch mehr Arbeit abnehmen als heute. Eine Frau ist keine bessere oder moderne

Frau, weil sie arbeitet und auf Nachwuchs verzichtet, genausowenig ist sie eine perfektere oder echtere Frau, weil sie weniger oder gar nicht arbeitet und sich stattdessen mit der Kinderaufzucht beschäftigt. Beides ist gesellschaftlich und gesetzlich möglich, daran können auch die männlichen Chefs unserer Vorgängergeneration nichts ändern.

Bleibt die Frage, warum wir trotz Optionenvielfalt auf der Strecke bleiben. Warum allein wir Frauen uns Gedanken machen über Auszeit, Teilzeit, Wiedereintritt oder dauerhaftes Goodbye. Kurz: Warum die Kinderfrage und damit der Fortbestand der bundesrepublikanischen Bevölkerung und damit unser aller Rentenglück noch immer allein an uns hängen bleibt. Wo ist eigentlich der »neue Mann« geblieben? Ist er uns bei unseren erotischen Exkursen bereits begegnet? Haben wir ihn etwa nicht erkannt?

5. SPONTANE LUSTLOSIGKEIT IM SINGLE-PARADIES

»Ich war auf der Suche nach Gott, weil ich ganz tief in meinem Innersten hoffte, er sei noch zu haben.«

(Ally McBeal, 3. Staffel, Folge 18)

Frauen können sich beim Sex benehmen wie Männer. Sie können einen Typen kennen lernen, mit ihm in die Kiste hüpfen, eine Nummer abziehen und danach verschwinden, ohne dass man sich jemals wiedersieht, ohne dass Gefühle auch nur die geringste Rolle spielen. In der amerikanischen Fernsehserie *Sex and the City*, die seit September 2001 auf ProSieben läuft, zeigen die Heldinnen, vier berufstätige, gertenschlanke Superhexen aus New York, wie es geht. Allen voran Sarah Jessica Parker in der Rolle der Carrie Bradshaw, einer gut verdienenden Journalistin und selbst ernannten Sex-Anthropologin. Sie bezeichnet junge, knackige Männer als »die neue Designerdroge« für Frauen, sie nimmt sich, was sie will, wann sie will und wo sie will. Ganz anders als Ally. Ganz anders als wir.

Statistisch gesehen haben wir 2,5 Mal pro Woche Sex. Realistisch gesehen haben wir 2,5 Mal Sex pro Monat. Wenn überhaupt. Knutschflecken, Bisswunden, liebesspielbedingte Beckenschmerzen, all dies kommt in unserem Leben äußerst selten vor, wenn wir ehrlich sind. Wären wir noch ehrlicher, dann würden wir es sogar laut sagen: Sex haben immer nur die anderen. Und wären wir ein bisschen verwegen, verwegener als üblich, dann würden wir uns nicht einmal schämen. Eigentlich könnten wir sogar stolz auf uns sein. Denn eine niedrige Sex-Rate könnte man auch als stille Rebellion deuten. Als Rebellion wider den Flirtline-Extreme-Orgasmuskick-Erotikmessen-Terror.

Sex ist eine Ware. Das Schlimme daran: Es herrscht gerade Winterschlussverkauf. Überall reiben sich Körper aneinander. Hausfrauen beichten in Nachmittagstalkshows Orgien auf Kegelbahnen. Soap-Darstellerinnen simulieren Lesbenliebe und lassen sich dabei für TV-Magazine fotografieren. Oberstudienräte sammeln Fetischbilder aus dem Internet. Oberschülerinnen strippen bei Möbelhauseröffnungen. Studenten berichten in Radioshows über Samenergüsse in rohen Hackfleischklöpsen. Teppichverkäuferinnen machen auf Zuschneidetischen die Beine breit. Tennisspieler lassen öffentlich ihren Samen fallen. Und wir? Wir können im Zweifelsfall nicht mithalten. Wir poppen nicht mittwochs auf dem Bürokopierer, geben uns donnerstags auf dem Autobahnparkplatz keinem Gangbang hin und fliegen am Wochenende nicht zum Partymachen mit-ohne-Kondom nach Mallorca. Wir lassen uns nicht in einem Tantra-Kurs von Sozialpädagogen mit asiatischen Namen und Mundgeruch befummeln. Wir besitzen keinen Dildo, der auf Knopfdruck einen männlichen Orgasmus vortäuschen kann und im Versandhandel 79,90 Euro kostet, zuzüglich Nachnahmegebühr.

Die Realität ist, wie so oft, unspektakulär. Diejenigen von uns, die bereits eine Weile einen festen Partner haben, wissen, dass eine langjährige Beziehung meist mit einer sinkenden Kopulationsrate einhergeht. Es ist einfach nicht wahr, dass wir nach einem anstrengenden Arbeitstag mit Schaum vorm Mund durch die Wohnungstür fallen, er uns mit magischem Schokopulver bestreut und über den Küchenblock wirft, um uns rücklings zu nehmen. Es ist nicht einmal wahr, dass wir scharf darauf wären. An fünf von sieben Abenden wäre es uns viel lieber, wenn er Nudeln gekocht und das Altpapier rausgebracht hätte und wenn er sich für den Rest des Abends in seine Plattensammlung vertiefte und uns in Ruhe fernsehen ließe; oder wenn er am besten einfach gar nicht da wäre. Nicht einmal ein *Viagra* für Frauen würde das ändern. Diejenigen, die keinen festen Partner haben, suchen möglicherweise gerade einen – und stolpern dabei ab und an über jemanden, mit dem sie dann unter Umständen Sex haben. Die Betonung liegt auf ab und an und unter Umständen. Es stimmt nicht, dass Frauen um die 30 sich Nacht für Nacht durch immer neue Männerbetten wühlen und dabei vor Lust jauchzen, denn meist verbringen sie die Nacht alleine und jauchzen und bewegen sich dabei nicht viel. Sie sind meist viel zu erschöpft von der Partnersuche und der Einsamkeitskompensation im Großstadtdschungel, als dass sie noch Kapazitäten für echte Ekstase hätten.

Die schlimmste, weil hartnäckigste aller Sexlügen ist diese: Frauen schauen einem Mann zuerst auf den Hintern. Einem Mann auf den Hintern zu schauen soll vermutlich etwas Ähnliches bedeuten wie »einer Frau auf die Titten glotzen«. Es soll bedeuten, dass die moderne Frau sich das Recht herausnimmt, einen Mann nach genau denselben Maßstäben zu taxieren, wie es Männer angeblich umgekehrt bei Frauen tun. An sich ein fairer Gedanke. Dumm nur, dass keine von uns tatsächlich bei einem Mann zuerst auf den Hintern schaut, bevor sie sich entschließt, mit ihm zu reden/trinken/flirten/tanzen/schlafen. Keine tut es. Denn wir suchen im Zweifelsfall keinen Hengst, keinen Stecher oder Liebhaber, sondern wir suchen *ihn*, wir suchen *den Mann*. Und selbst wenn wir einen haben, einen Mann, einen festen Freund, selbst dann suchen wir weiter. Wir suchen an ihm herum. Wir sind niemals sicher, ob *er es* wirklich ist. Dieser Spruch – »eine Frau schaut einem Mann zuerst auf den Hintern« – suggeriert, dass wir tagein, tagaus an Sex denken. Er macht uns weis, dass alle anderen tagein, tagaus an Sex denken. Er macht uns ein schlechtes Gewissen, weil wir so oft an andere Dinge denken – an ein anstehendes Bewerbungsgespräch, an den 30. Hochzeitstag unserer Eltern, an unseren erhöhten Nikotinkonsum in den vergangenen Monaten, an unsere Eifersucht, an das ethnische Pulverfass auf dem Balkan oder die Parmesanreibe im *Manufactum*-Prospekt.

Manchmal stellen wir uns vor, wie wir einen Leserbrief schreiben, 27fach kopieren und an all die Frauenmagazine schicken, die allmonatlich »66 Tipps für den erfolgreicheren Geschlechtsverkehr« verbreiten. Lasst uns endlich in Ruhe damit, würden wir schreiben. Meine Schenkel (und alles dazwischen) gehören mir, würden wir schreiben, mit Ausrufezeichen dahinter. Aber solche Leserbriefe bringen nichts. Denn den Redakteurinnen, die diesen Blödsinn verfassen, ergeht es ja genauso wie uns: Sie schauen einem Mann nicht zuerst auf den Hintern. In ihren Artikeln müssen sie jedoch so tun als ob, vielleicht müssen sie sogar irgendwann daran glauben, denn Sex ist ein wichtiger Bestandteil des *Fit-for-Fun*-Lifestyle. Und da hängt bekanntermaßen eine ganze Industrie dran. Eines haben all diese Leute allerdings übersehen: Wir wollen keine Zielgruppe sein, zumindest nicht in dieser Hinsicht.

»Sex ist uns enteignet worden«, sagte meine Freundin Kathrin neulich, als wir an der U-Bahn-Station standen und Plakate der *Bild*-Zeitung betrachteten, die für eine Reportageserie zum Thema »Sex im Büro« warben. Ich verstand sofort, was sie meint. Unserer Lust ist die Luft ausgegangen. Sex ist etwas für Spießer, heutzutage. Er ist zur Staatsbürgerpflicht geworden. Es ist wie damals in der Vorpubertät: Zur Liga der wild Herumvögelnden haben wir keinen Zutritt, das heißt, wir möchten auch gar keinen Zutritt haben. So wie uns damals Ramonas Schamhaare und ihre Knutscherei am Autoscooter irritierten und anekelten, so ratlos und, mit Verlaub, abgetörnt lässt uns heute das öffentliche Geschnacksele zurück. Sex ist etwas für grobe Menschen, so scheint es. Für Menschen, die glauben, man könne ihn trainieren oder kaufen oder er sei gesund und halte jung. Für Menschen, die dabei nicht an Liebe oder Erkenntnis denken, sondern an Funfunfun und Actionactionaction.

Noch nie war ich in einem Swingerclub, aber ich weiß, wie es darin zugeht, denn ich habe es im Reality TV gesehen. Die Generation Ally schaut, wie mehrfach erwähnt, gerne fern, denn sie hat ein spezielles Faible für alle Arten des Trashs. Je mehr Freaks und Nerds und Loser und Prolls wir im Fernsehen sehen, desto wohler fühlen wir uns selbst. Deswegen mögen wir Stefan Raab so gerne. Er reizt den billigsten aller Vergnügungseffekte, die Schadenfreude, bis zum Äußersten aus. Es ist Schadenfreude über die Beschränktheit anderer Menschen, die uns verzückt, wenn Herr Raab uns in *TV Total* affige Pudeldresseure und sich selbst überschätzende Karaokesänger vorführt. Meines Wissens sind dort noch nie Swinger-Pärchen aufgetreten, die live in der Sendung Gruppensex praktizieren. Dabei bietet diese Szene einiges an Material, glaubt man den rasenden Reportern von Lilo Wanders. In ihren *Wahre-Liebe*-Berichten über Swingerclubs sind in die Jahre gekommene und aus der Form geratene Wesen mit schlechten Zähnen und Schmerbäuchen zu sehen, die Dummheit prangt ihnen in der geilen Fratze. Sie tragen grellbunte, glitzernde Erotikfummel, die von Kinderarbeitern in Fernost aus giftigen Materialien gebastelt wurden, sie trinken Asbach-Cola, um sich anzutörnen, und aus den Boxen läuft *Let's get back to bed boy* oder *Billy Boy* oder *Zehn nackte Friseusen*.

Eine Szene aus einem solchen Fernsehbericht hat mich besonders beeindruckt: Zwei Swingermänner und zwei Swingerfrauen mit Federmasken stehen an einer Theke, Marke Vereinshaus rustikal. Sie haben gerade allerlei Körpersäfte im »Blauen Salon« verspritzt, jetzt erholen sie sich bei einem kühlen Pils. Einer der Männer tatscht einer der Frauen am Busen herum, derweil sie den Arm um seinen wulstigen Nacken gelegt hat und eine Zigarette mit Zigarettenspitze raucht. Der andere Mann knetet den Hintern der zweiten Frau, während diese seinen Penis von außen durch den Tangaslip massiert. Die Männer sprechen über die Schumacher-Brüder und die Formel Eins, derweil die Frauen sich das Maul über die Babs und den Boris zerreißen. Eine solch dumpfe Gesinnung spricht aus all dem, dass es in der Tat schon wieder unanständig ist.

Anstand und Moral sind die wesentlichen Eckpfeiler dessen, was die Generation Ally insgeheim unter echter Liebe versteht. Wenn die lüsterne Carrie aus *Sex and the City* ihre nicht minder sexuell aktiven Freundinnen fragt, wie sie sich fühlen, wenn sie einem Pärchen gegenübersitzen, dann antworten die Frauen: »Wie ein Loser« oder »Wie eine Aussätzige« oder »Wie eine Hure«. Nur weil die fröhlich vögelnden Fernsehfrauen ab und zu solche Sätze sagen, mögen wir ihnen zuschauen, diese Sätze stellen die inhaltliche Anbindung an unser Real-Leben dar, nur durch solche Sätze können wir ihr Gehopse durch allerlei Männerbetten ertragen. Mögen Partnerschaftspsychologen aus der 68er-Generation unsere Haltung als noch so »wertkonservativ« beschreiben: Tief im Innern träumen wir von der perfekten Paarbeziehung. Und wir verfolgen drei Wege, dieses Ziel zu erreichen. Entweder, wir führen eine Partnerschaft und doktern unablässig an ihr herum. Oder aber wir sind Single und suchen und probieren unablässig potenzielle Kandidaten aus. Oder aber wir haben beide Phasen bereits hinter uns gelassen, stehen inzwischen auf dem Standpunkt »Lieber keinen Mann als den falschen« und stellen uns gedanklich darauf ein, unsere künftigen Jahresurlaube in südlichen Gefilden zu verbringen, wo der Euro etwas wert ist und wo man sich Machomänner für Kuschelmuschel mieten kann. Das Verlieben fällt schwerer mit der Zeit. Wir »brauchen« keinen Mann, genauso wenig, wie Männer Frauen »brauchen«. Wir wünschen uns, dass die Liebe einfach über uns kommt, so wie es einst in der Pubertät geschah.

Die Nase war das Organ, das mich in die Liebe einführte, etwa im Alter von 14. Im Klassenzimmer muss es damals wie in einer *Haribo*-Tüte gerochen haben, die zu lange im Handschuhfach eines Kinderschänderautos gelegen hatte. Wir Mädchen trugen in den 80ern gern süßliche Parfums, am liebsten *My Melody* oder *Loulou von Cacharel*, und der Duft war ungefähr so appetitlich wie diese roten Schaumerdbeeren mit den klebrigen Zuckerkrümeln drauf. Die Jungs hatten sich zur Konfirmation *Old Spice* oder *Jazz* schenken lassen und machten davon umso reichhaltiger Gebrauch, je weniger Bartwuchs ihnen vergönnt war. Heute kann man Pheromone, natürliche Lockstoffe, im Internet bestellen. Sie sind sehr sparsam und gezielt einzusetzen, sie riechen nach nichts. Mund- und Schweißgeruch sind die größten Lustkiller, dicht gefolgt von Socken im Bett, berichtete der Cora Verlag im *Julia Sommerliebe Report 2001.* In der Pubertät jedoch konnte uns kein olfaktorischer Supergau schrecken. Die Natur hatte sowieso die Macht, was viele von uns erstmals beim Bluestanzen bemerkten.

Blues zu tanzen bedeutete, den eigenen Körper an den eines Jungen zu lehnen, so nah wie nötig, mit so viel Abstand wie möglich. Seine Arme hingen sperrig über unseren Schultern, seine Ellenbogen drückten uns aufs Schlüsselbein. Unsere Finger suchten derweil auf seiner Rückseite Halt in den Gürtelschlaufen seiner Hose. Meine erste markante Blues-Erfahrung hatte ich mit Ingo, einem Jungen aus der Nachbarklasse, der wenige Jahre nach dem Abitur als Brandstifter ertappt und verurteilt wurde. Wir waren auf derselben Party eingeladen, in irgendeinem Hobbykeller in irgendeinem Reihenhaus, dessen erwachsene Bewohner verreist waren. Vermutlich lief gerade *Do you really want to hurt me* von Culture Club oder *The Power of Love* von Frankie goes to Hollywood oder *Dreams are my reality* aus dem französischen Knutsch- und Fummel-Epos *La Boum*, als ein anderes Blues-Pärchen uns anrempelte und Ingo und ich mit unseren Becken aneinanderstießen. Die Beule in seiner Hose war eindeutig. Ingo hatte ein Problem. Er hatte einen Ständer, einen Steifen. Wir ließen uns los, wurden rot, guckten auf unsere Füße und sagten dann, dass wir aufs Klo müssten oder etwas in der Art.

Im Grunde waren solche Angelegenheiten für die Ingos peinlicher als für uns. Sie konnten ja nichts dafür, dass die ganze Situation sie in Wallung gebracht hatte, sie steckten in der Pubertät, da waren all die Hormone. Wir wussten das, denn wir hatten ja die *Bravo* gelesen, aus der wir all die Davids/Mortens/Simons ausschnipselten. Im Grunde war Ingos Erektion nichts anderes als ein tiefer gelegter Rülpser, eine unwillkürliche, körperliche Regung, und wir hatten vollstes Verständnis. Andererseits war es genau das, was die Sache so unheimlich machte: Der Sex war einfach über uns gekommen wie eine Himmelsmacht. Plötzlich war er da. Die bloße Anwesenheit unserer Weiblichkeit konnte bei einem Mann ein solches Naturschauspiel bewirken. Wir hatten ja nichts *getan.* Wir waren uns keiner Schuld bewusst. Im konkreten Fall standen wir nicht mal aufeinander, Ingo und ich. Und trotzdem war es passiert.

Ein weiterer wichtiger Bestandteil unseres Sexual- und Liebestrainings war das Flaschendrehen, dicht gefolgt von »Wahrheit oder Pflicht« und der »Polnischen Hochzeit«. Die drei Spiele basierten auf demselben Prinzip: Entweder per Flasche oder per Zettel oder per Willkür wurde ein Kandidat ausgelost, von dem dann eine im weitesten Sinne sexuelle Handlung verlangt wurde. Dann musste der oder die Auserwählte laut sagen, in wen er oder sie gerade »ist« (verknallt, versteht sich); oder er oder sie musste öffentlich zur Tat schreiten und einen Jungen beziehungsweise ein Mädchen küssen. Die Härtegrade variierten je nach Alter und Alkoholkonsum. Es kam vor, dass man einen Zwangsknutschpartner zugeteilt bekam, dem man zehn Sekunden lang die Lippen auf den Mund pressen musste. Schlimmer war es, wenn man sich selbst einen Jungen aussuchen durfte – um dann drei Minuten mit ihm in einem Schlafsack in einem dunklen Zimmer zu verbringen. Seien wir mal ehrlich: Wenn wir richtig verknallt waren, dann trauten wir uns gar nicht, den Namen desjenigenwelchen zu sagen, geschweige denn uns mit ihm in einen Schlafsack zu quetschen, und das auch noch unter Aufsicht der anderen Partygäste. Nein, er hätte uns danach bestimmt nicht mehr »gut« gefunden. Ergo nannten wir einen anderen Namen. Meist war es aber auch nicht der Name des Jungen, den wir am zweitbesten fanden, was das kleinste Übel gewesen wäre. Denn wir wollten nicht, dass der Junge, den wir am allerbesten fanden, denkt, dass wir den Jungen, den wir am zweitbesten fanden, in Wirklichkeit lieber hätten. All diese Überlegungen hatten zur Folge, dass wir meist mit irgendeinem Idioten im Schlafsack landeten und befürchten mussten, dass die beiden Jungs, auf die es ankam, der allerbeste und der zweitbeste, dachten, wir fänden diesen Idioten »gut«.

In Wirklichkeit dachten die Jungs vermutlich keine Sekunde über all diese komplizierten Verstrickungen nach, es ist anzunehmen, dass sie tatsächlich eher mit dem Körper bei der Sache waren als mit dem Herzen. Es gingen Gerüchte, dass sie in der fünften Klasse Wichs-Wettbewerbe veranstaltet hatten. Ich vermute heute, wir Mädchen machten ihnen damals Angst. Genauso wenig, wie wir uns anfangs mit BHs und Tampons zurechtfanden, kamen sie mit ihrem dauererigierten Geschlechtsteil zurecht, denke ich heute. Vielleicht ist der erste Samenerguss, den ein Junge auf dem Laken oder in der *Lucky-Luke*-Unterhose entdeckt, auch eine schmerzliche Erfahrung. Vielleicht muss er sich bei dieser Gelegenheit unfreiwillig von seiner Kindheit verabschieden, vielleicht kommt er sich plötzlich unappetitlich erwachsen vor, so wie wir uns bei unserer ersten Periode. Vielleicht hat er Angst, dass sein Geschlechtsteil ihn fortan beherrschen wird oder dass etwas daran nicht in Ordnung ist. Vielleicht waren all die Dr.-Sommer-Briefe echt und Hunderttausende pubertierender Jungs grämten sich wegen vorzeitiger Samenergüsse oder schrumpeliger Vorhäute oder Besorgnis erregender Penislängen, während wir Mädchen uns verlieben wollten.

Mir und den meisten meiner Freundinnen war auf Partys jedenfalls immer schlecht. Oft hatte es mit Alkohol zu tun, als wir älter wurden vielleicht auch mal mit Guarana, Marihuana oder Ecstasy. Aber viel öfter waren der Sex und die Liebe schuld an unserer Übelkeit. Uns war schlecht, weil unverhofft der Junge auftauchte, auf den wir standen, und wir nicht wussten, was wir jetzt machen sollten, da sich unser Traum erfüllte. Oder uns war schlecht, weil der Junge, auf den wir standen, nicht kam, obwohl wir mit ihm verabredet waren. Noch viel schlechter wurde uns, wenn der Junge, auf den wir standen, da war, sich aber mit einem anderen Mädchen vergnügte. Wenn er ihr vielleicht sogar unter die Bluse ging, um nicht mehr an Dr. Sommer schreiben zu müssen – und wir noch nicht einmal einen echten Zungenkuss erlebt hatten, keinen freiwilligen zumindest. Wir alle hatten bald die eine oder andere Blues-, Schlafsack- oder Kotzerfahrung.

Wenn es außerhalb des Partyrahmens zu einer körperlichen Annäherung an das andere Geschlecht kam, dann waren selten wir die Aktiven. Es platzte meist aus den Jungs raus. Da sitzt du zum Beispiel mit deinem französischen Austauschschüler am späten Nachmittag im Kino und schaust *Zurück in die Zukunft,* und plötzlich wirft er sich über dich, schmatzt dir auf den Mund und prangt mit der vollen Hand an deinen noch nicht vorhandenen Busen. Der Überfall dauert zehn Sekunden, dann lässt er ab, und ihr beide tut im Dunkeln und auch später im Hellen so, als sei nichts gewesen. Vielleicht hat die eine oder andere sich auch auf ein bisschen mehr eingelassen. In jedem Fall war Sex anfangs fremd und anstrengend. Zum ersten Mal eine Zunge in den Hals gesteckt zu bekommen, zum Beispiel infolge der oben erwähnten »Polnischen Hochzeit«, ist eine Erfahrung an sich. Spannend und vor allen Dingen schön wurde sie aber erst, als die Liebe ins Spiel kam, als Gefühl und körperliches Gestümpere zusammenfielen. Als auch wir endlich einen Freund hatten.

Statistisch gesehen waren wir sechzehneinhalb Jahre alt, als wir die Kerze mit dem betörenden Apfelaroma in unserem Zimmer anzündeten, damit *es* geschehen konnte. Unsere Vorbereitung hatte unter anderem darin bestanden, dass wir uns einen festen Freund gesucht hatten, denn Mitte der 80er war es Standard, erst eine so genannte Beziehung zu haben, bevor man sich entjungfern ließ. Wenn auch er noch keine Erfahrung hatte, war uns das eigentlich nur recht, das machte die Sache irgendwie fairer, man würde gemeinsam alles erforschen. Einige hatten im Bücherschrank ihrer Eltern eine verstaubte Ausgabe von Erich Fromms *Die Kunst des Liebens* gefunden und waren sehr enttäuscht, dass es darin weniger um Körperliches als um Geistiges ging. Meine Eltern besaßen eine deutsche Übersetzung des *Kamasutra* aus den 70ern, die sie in den 80ern in die hinterste Ecke des Bücherschranks verbannt hatten, versteckt hinter Dale Carnegies *Sorge Dich nicht, lebe!*. Waren meine Eltern nicht da, ging ich ans Buchregal und ließ die Wohnzimmertür weit offen stehen, damit ich sofort hören konnte, wenn sich der Schlüssel im Schloss umdrehte, denn ich wollte herausfinden, was im *Kamasutra* so alles steht, aber ich wollte nicht, dass meine Eltern es mitbekamen. In den umständlichen Sätzen war allerdings überwiegend von Elefantenkühen die Rede statt von Frauen und Männern, in meiner Eile muss ich alle spannenden Stellen überblättert haben. Dort stand außerdem, dass das Wort »sit« den geschulten *Kamasutra*-Jünger in schiere Ekstase versetzen kann. Das habe ich mir gemerkt, denn ich neige beim Tippen auf der Tastatur zu Buchstabendrehern, und sehr oft schreibe ich »sit« statt »ist«, und jedesmal überlege ich, ob es mich irgendwie antörnen könnte, wenn ein Mann mich an-sit-tet, »ssssssssssit«, und jedesmal komme ich zu dem Schluss: Nein. »Ficken, Baby?« fände ich anziehender. Aber da kann ich vermutlich nicht mitreden. Ich besitze ja nicht einmal ein Futonbett, geschweige denn ein Buddha-Bändchen.

In den Jahren 1986/87 tauchte der Begriff Aids in den Medien auf. Nach Angaben der Bundeszentrale für Gesundheitliche Aufklärung sahen 1990 rund 60 Prozent aller Jugendlichen zwischen 16 und 18 den HI-Virus als »höchst gefährlich« an, während es im Jahr 2000 nur noch 37 Prozent waren. In der Rückschau betrachtet, hat uns Aids aber gar nicht so stark beeinflusst, wie man annehmen könnte.

Zum einen hieß es anfangs tatsächlich, nur Homosexuelle und Junkies seien betroffen. Zum anderen barg der Sex als solcher schon so viele Gefahren und Unwägbarkeiten, dass es auf diese Krankheit auch nicht mehr ankam, so zynisch das heute klingen mag. Scheidenkrämpfe, Verbluten, Blitzschwangerschaften: Sex war für uns anfangs sowieso schon fast etwas Medizinisches, mit all den Kondomen und Zäpfchen, die man sich vorsorglich zulegte, wenn man länger als vier Wochen mit einem Jungen ging. So oder so, wir hatten uns im Idealfall bestens präpariert und uns neben Verhütungsmitteln einen Entjungferer organisiert, der auch ganz bestimmt kein Aids hatte.

Die Dramaturgie unseres damaligen Liebeslebens hing stark mit der Reisetätigkeit unserer Eltern zusammen. Überproportional häufig verloren wir unsere Unschuld, wenn Mama und Papa auf Studien- oder Städtereise waren oder bei der Beerdigung eines entfernten Verwandten in Nord- oder Süddeutschland. Aktion »sturmfreie Bude« eben. Mädchen sind meist mitteilsam, und so erfuhren wir der Reihe nach von unseren Freundinnen, wie, wann und wo *es* passiert war. Besonders häufig erwähnt wurden selbst gemachte Pizza und überbackene Blumenkohlköpfe, die nur ein Minimum kulinarischen Könnens erforderten und in der Kombination mit Sekt von der Tankstelle im weitesten Sinne aphrodisierend wirken sollten. Viele hatten sich besonders schöne Unterwäsche gekauft, irgendetwas mit Spitze und Satin oder wenigstens etwas aus der Jung&Frisch-Baumwollkollektion von *BeeDees*. Je nachdem, wie weit das Petting in den Wochen zuvor schon gegangen war, schoben manche *9½ Wochen* in den Videorecorder und hatten eine Packung Erdbeeren besorgt. Einige erlebten ihren ersten Sex auch mehr im Vorbeigehen, auf einer Autorückbank oder in einem Treppenhaus.

Wenn wir den Jungen wirklich mochten, dann war das erste Mal meist okay, nicht mehr, nicht weniger. Es hat ein bisschen wehgetan, und wohl kaum eine hat dabei einen Orgasmus erlebt. Von erotischer Ohnmacht keine Spur. Aber vielleicht von einer zarten Ahnung, welche Möglichkeiten dieses Spiel bieten könnte, eines Tages, wenn wir es besser beherrschten. Die Details waren natürlich individuell verschieden, weit verbreitet war ein entrücktes Lächeln an den Tagen danach. Wir dachten, jeder sähe uns an, dass wir endlich Sex gehabt hatten. Glücklicherweise kam es selten vor, dass tatsächlich eine von uns verblutete, am nächsten Morgen einen Säugling gebar oder einen Scheidenkrampf mit dem Schneidbrenner lösen musste.

Gleich, ob das erste Mal gut vorbereitet mit einem festen Freund geschah oder weniger geplant im Familienurlaub mit einem Strandkorbsortierer an der französischen Riviera: Prinzipiell verfolgten wir schon von Anfang an das Prinzip der seriellen Monogamie, auch wenn wir noch gar nicht wussten, was das heißt. Nicht selten waren Kleinstadt-Gymnasiastinnen Ende der 80er recht lange mit ihrem ersten Freund zusammen, und unter lange verstanden wir damals Zeiträume von sechs bis zwölf Monaten. Manche trennten sich auch bis zum Abitur nicht voneinander. Spätestens nach dem Ende der Schulzeit verfielen die meisten von uns jedoch erst einmal in eine »wilde Phase«. Brenda und Dylan machten in *Beverly Hills 90210* Schluss, und auch die Jurastudentin Ally McBeal und ihr Jugendfreund Billy gingen irgendwann getrennter Wege, bis sie sich Jahre darauf in einer Kanzlei in Boston wiedertreffen sollten. Wir wollten »Erfahrungen« machen, bevor wir uns später wieder einen festen Freund zulegten.

Vor allen Dingen wollten wir nichts verpassen. Und das funktionierte am besten, wenn man Single war. Das Singletum war das soziale Pendant zum modischen Erfolgszug der *Levi's 501:* Es war der gesamtgesellschaftliche Megatrend der 90er. Alles musste Event-Charakter haben, als Ausgleich für fehlende Gefühle. Singles machen zwar nur 17 Prozent der deutschen Bevölkerung aus, aber sie verfügen über 21 Prozent des frei verfügbaren Einkommens. Es gab plötzlich Single-Bettwäsche, Single-Reisen – etwa auf dem Clubschiff *Aida* –, Single-Menüs im Tiefkühlregal, Single-Shows im Fernsehen und Single-Partys in jeder Stadt. *Fisch sucht Fahrrad* oder *Konrad sucht Conny* hießen die Kuppelveranstaltungen, die Anfang der 80er von linksalternativen Stadtmagazinen erfunden worden waren, etwa vom ehemaligen Spontiblatt *Journal Frankfurt.*

Im Foyer solcher Festivitäten waren private Kontaktanzeigen ausgehängt. Man pappte sich die Nummern der halbwegs originellen Inserate an die Brust und wartete, dass man angesprochen wurde. Es gab Single-Partys für Studenten, für Gays, für Menschen über 30, für Vegetarier und Veganer, für jede erdenkliche Spezies. Inzwischen gibt es sogar SMS-Flirtpartys, man funkt sich schlüpfrige Botschaften aufs Display, obwohl man sich im selben Raum aufhält und auch einfach gemeinsam an der Bar sitzen und sich unterhalten könnte. Wenn diese ganze UMTS-Sache endlich funktioniert, wird man sich sogar Bilder schicken können, »Ich, 1999 am Strand von Miami«, was aber nichts an der Tatsache ändert, dass solche Abende nichts anderes sind als Bälle für hoffnungslose Fälle.

Die begehrenswerteste Eigenschaft, mit der man in den 90ern um die Gunst eines anderen Singles werben konnte, war die Spontaneität. »Hallo, ich bin die Melanie, und ich bin totaaal spontaaaan, und manchmal auch ein bisschen ausgeflippt.« Der Single-Markt war anfangs auch deshalb so attraktiv, weil er die Möglichkeit bot, sich selbst ständig neu zu erfinden, nicht nur äußerlich, sondern auch charakterlich. Man konnte sich theoretisch und praktisch in der *Herzblatt*-Sendung auf einen Hocker setzen und sich als sportive Surferin mit Spaß an Sex unter freiem Himmel auf den Markt werfen. Wenn das keinen Erfolg hatte, konnte man in den *100 Singles zum Verlieben*-Beilagen von *Fit for Fun* oder *Amica* eine andere Taktik ausprobieren und sich als romantisch veranlagte Sinnsucherin mit geheimnisvollen Macken anpreisen: »Stille Wasser sind tief.« Oder aber man machte beim *Single-Dinner* im örtlichen Szene-Restaurant auf markige Männermörderin, ganz nach Belieben. In den späten 90ern konnte man zudem kurzzeitig für Furore sorgen, indem man als Frau öffentlich Zigarren paffte. Besonders sexy kam es, wenn man dabei ein Nadelstreifenjackett ohne-was-drunter trug und nicht husten musste. »Frühestens um 22 Uhr geht man auf Ibiza zum Abendessen. Gegen Mitternacht rauchen auch feine Damen eine Zigarre im vornehmen Restaurant Madrigal von Mark Lindemann«, notierte die *Bunte*.

Ungeachtet der maskulinen Dunstwolken, die sich alsbald wieder aus unserem Trenduniversum verflüchtigten, ist das weibliche Balzverhalten heute deutlich konservativer als das männliche, haben Verhaltensbiologen an der Uni Münster herausgefunden. Sie analysierten rund 20.000 Kontaktanzeigen aus dem gesamten 20. Jahrhundert und kamen zu dem Ergebnis, dass wir heute noch genau so für uns werben wie unsere Urgroßmütter, nämlich in erster Linie mit Schönheit, während die Männer seltener auf ihre Manneskraft und ihren Erfolg verweisen als noch vor hundert Jahren. Anfang des 20. Jahrhunderts priesen 33 Prozent der Inserentinnen ihr Äußeres an, heute sind es sogar 53 Prozent (Löwenmähne, schlanke Figur). Männer stellten in Vorkriegszeiten zu 80 Prozent ihre gesicherte Existenz in den Vordergrund, heute nur noch zu 40 Prozent (meine Yacht im Mittelmeer). Auch so funktioniert Wertkonservatismus auf die weibliche Art.

Eigentlich hatten wir die »wilde Phase«, in der wir die Promiskuität kosteten, lediglich als Übergangszeit gedacht. Laut Statistik hatten wir bis zu unserem 30. Geburtstag gerade einmal 4,4 Liebhaber. Nicht jede hat sich also frank und frei durch fremde Betten gevögelt, mancher genügte vielleicht ein Flirt und ein Kuss beim Unifest, und sie verbuchte dieses Vorkommnis bereits als erotisches Event. Die Generation Ally strebte jedenfalls nicht Jungfräulichkeit bis zur Hochzeit an, sondern nahm sich, was sie begehrte, sei es viel oder wenig gewesen.

Die Tatsache, dass wir im Regelfall schon einmal einen festen Freund hatten, damals, als wir noch im elterlichen Eigenheim wohnten, erleichterte uns den Sex mit fast Fremden ungemein, sie war sogar die Voraussetzung dafür. Die höchsten Höhen und die tiefsten Tiefen einer jugendlichen Liebesgeschichte hatten wir durchgespielt, tränenreiches Schlussmachen inklusive. Höchstwahrscheinlich haben wir sogar die Eifersucht kennen gelernt. Vielleicht ist er einmal fremdgegangen, vielleicht waren wir es. Fest steht: Mit Anfang 20 hatten wir die erste Lektion in Sachen Liebe gelernt. Wir konnten eine Beziehung führen, wir konnten in dieser Hinsicht nichts mehr verpassen. Ganz im Gegenteil, man würde vermutlich viel eher etwas verpassen, wenn man sich allzu früh allzu fest binden würde.

Es war auch eine Frage der Vernunft: Wir wollten, wie in fast allen Lebensbereichen, das Optimum herausholen. So wie wir für den Job diverse Praktika machten, so ließen wir uns im Privaten einige erotische Abenteuer angedeihen – schaden konnte es ja nicht, der eigene Lebenslauf würde etwas bunter. Oft war es eher Kalkül denn Gefühl. »Jetzt bin *ich* mal dran«, sagten wir zum Beispiel, wenn eine »feste Beziehung« nach acht oder 23 Monaten beendet war, und zogen los, ein neues Herz zu brechen beziehungsweise ein wenig Bestätigung einzuholen.

Manche genossen bei ihren Streifzügen sogar die unbedingte Unterstützung ihrer Mütter. Meine zum Beispiel forderte mich ausdrücklich auf, einen jungen Mann, an dem ich sehr stark hing (er aber nicht an mir), alsbald zu verlassen. »Warum vergnügst du dich nicht mit anderen Jungs, anstatt an diesem Blödmann zu kleben«, sagte sie des Öfteren am Telefon, »andere Mütter haben auch schöne Söhne«, und nach einer Weile nahm ich ihren Rat an. Hatten unsere Mütter in den 70ern in der *Brigitte* jedoch noch über Orgasmusprobleme geklagt, so setzten wir uns in den 90ern in der *Amica* über die Orgasmuslüge auseinander. In beiden Fällen geht es letztlich darum, dass wir sexuell gesehen nicht voll auf unsere Kosten kommen, der qualitative Unterschied besteht darin, dass man dem Orgasmus*problem* zunächst einmal ausgeliefert ist, während man die Orgasmus*lüge* aktiv betreibt. Das setzt eine ganz andere Selbstsicht voraus. Wir waren selbstbewusst, fanden wir, und wenn ein Mann so schlau war und uns sagte, wir seien eine starke Frau, dann standen seine Chancen auf ein wenig Zuneigung ziemlich gut, auch wenn er kein Magier der Liebe, Edelstecher oder echter Hirsch war, sondern nur ein Durchschnittsdübler und Standardstöhner.

So lernten wir die merkwürdigsten Typen kennen, und mit manchen gingen wir ins Bett, einmal oder mehrmals. Im Rückblick betrachtet, waren wir zeitweise ganz schön wahllos. Das liegt vermutlich daran, dass wir uns letztlich weniger für die Typen interessierten als für uns. Wir sind als Abenteurerinnen durch die Großstadt gesegelt, keine von uns hat in dieser Phase ernsthaft nach dem Vater ihrer Kinder gesucht. Das ist historisch unter anderem durch die Wahl der Kurzzeit-Liebhaber belegt, die bei den Frauen aus meinem E-Mail-Adressbuch zum Einsatz kamen. Ich nenne keine Namen, aber Beispiele: Wir hatten Affären mit einem physisch kranken Flugkapitänssohn, der heute in Ostasien verschollen ist, und mit einem zehn Jahre älteren Jazz-Musiker, der Kette raucht und noch immer von den monatlichen Schecks seiner Eltern lebt; wir ließen uns ein auf einen acht Jahre jüngeren, vorbestraften Autoknacker und auf einen drogensüchtigen Skatepunk; ein Mann war dabei, dessen Erektion beim Eindringen immer verschwand, obwohl er nicht einmal 30 war, und einer, der nur auf dem Wasserbett konnte; außerdem ein Ferienclub-Animateur, der nach der Kissenschlacht selbstverständlich nicht von Ibiza nach Ingelheim umzog, um in unserer Nähe zu sein, des Weiteren ein bisexueller Blumenverkäufer, der Jungs letztlich doch lieber mochte. Die dramatisch Veranlagten unter uns mögen bei dem einen oder anderen Mann eine große Heulerei veranstaltet haben, einfach, weil es ja auch Spaß macht, zu leiden und im Mittelpunkt zu stehen. Männer wetteifern mit Eroberungen, Frauen mit Herzeleid. »Stell dir vor, er hat mich nicht mal mehr angerufen!« – »Wann habt ihr euch denn zuletzt gesehen?« – »Gestern!« Auch Liebeskummer ist ein Event. Aber im Wesentlichen galt für solche Affären: Nichts fürs Leben, aber für eine sexuelle Erfahrung taugte es allemal.

Aids verdarb uns auch jetzt nicht wirklich die Laune. Wir wussten inzwischen, dass das HI-Virus keinesfalls nur Randgruppen befällt. *Safer Sex*-Schilder in der Apotheke und auf den Klos der Szenebars wiesen uns darauf hin, und manche Firmen aus der Kreativbranche verschickten zu Weihnachten furchtbar originelle Grußkarten mit Aidsschleife und eingeschweißtem Kondom. Es gab welche mit Noppen und Zacken, Vanille- und Pfefferminzgeschmack, und es war zu Studiums- oder Ausbildungszeiten selbstverständlich, stets einen Gummi dabeizuhaben, »gerade als Frau«.

In Frauenzeitschriften wurde damals öffentlich diskutiert, ob es charmanter kommt, selbst das Kondom auszupacken oder darauf zu warten, dass er es tut. Schließlich wollte man mit dem Arsenal an *Durex-* und *Condomi*-Produkten niemanden verschrecken, und die Magazine gaben Tipps, wie man ihm die Schutzvorrichtung am elegantesten unter- beziehungsweise überjubelt. Ausführlich besprochen wurde zum Beispiel die orale Methode, bei der man das Kondom ausgepackt auf die eigene Zunge legt und es dem Mann einem Blowjob ähnlich über den Penis rollt, die weiblichen Lippen fungieren dabei als Führschiene und sollen sein wankelmütiges Organ im rechten Winkel halten. Aber egal wie oft man zu Hause an Bananen oder Karotten geübt hatte, die Optimistischeren unter uns mögen auch eine Aubergine benutzt haben, egal jedenfalls, wie viel Mühe man sich gab, die Dinger schmeckten scheußlich und rutschten immer wieder ab. Auf die Idee, dass er, der seine Körpersäfte abladen wollte, sich gefälligst selbst um die Details kümmern sollte, kamen wir anfangs gar nicht, genau wie wir heute, sollten wir einen festen Partner haben, lieber die Pille schlucken, als ihn um eine nicht wesentlich risikoreichere Kurzzeit-Sterilisation zu bitten. Wir haben alles im Griff, in jeder Lebenslage.

Schon seit einigen Jahren verzeichnen die Epidemiologen der westlichen Industrieländer einen Anstieg der Tripper- und Syphilisinfektionen, und das keinesfalls nur in den Slums und Ghettos und den Quartieren des sozialen Wohnungsbaus. Das ist nur ein Beleg dafür, dass es uns heute oft peinlich oder unangenehm ist, auf ein Kondom zu bestehen, man will ja die seltenen knisternden Momente nicht mit Grundsatzdiskussionen versauen, der Erotik per Latex den Garaus machen. Man kann ja einen Aids-Test machen, nebenbei, wenn man sich sowieso Blut abzapfen lässt, wegen des Cholesterinspiegels. Die Aids-Kranken der ersten Generation, die wir vielleicht um ein paar Ecken kannten, sind mittlerweile gestorben, heute gibt es Medikamente, die die Infizierten noch lange am Leben erhalten, sodass die Krankheit letztlich zu handlen ist, irgendwie. Inzwischen gehen wir wieder am liebsten davon aus, dass wir uns in Kreisen bewegen, in denen Aids nicht vorkommt. Wir sind uns sicher, die richtigen Leute zu kennen, die Nichtinfizierten. Aids und das ganze Drumherum erscheinen uns bloß wie eine Lifestyle-Welle, die vorbei ist, keiner spricht mehr davon, außer in Afrika, aber die Leute dort haben ja sowieso eine Menge Probleme am Hals.

Flüchtigkeit kennzeichnete unser Liebesleben, mag diese Phase einige Monate oder Jahre gedauert haben. So wie wir einst auf dem Schulhof fanden, dass wir eigentlich noch zu jung für Sex sind, so dachten wir jetzt, dass wir zu jung für die Liebe des Lebens sind. Irgendwann schlägt es dann aber um, meist zwischen dem 27. und dem 30. Geburtstag. Wenn irgendwo das Wort »Torschlusspanik« fällt, berührt einen das plötzlich unangenehm. Nicht, weil tatsächlich Panik einsetzt, dazu kommt es eventuell zu einem späteren Zeitpunkt. Zunächst handelt sich eher um Ermüdung. Wenn der Spaß genug Spaß gemacht hat, dann ist er vorbei. Dann geht es um andere Dinge, zum Beispiel darum, dass man sein Leben und die immer schwerer wiegenden Entscheidungen gern mit jemandem teilen möchte. Mit jemandem, dem man aus Style-Gründen nicht verschweigen muss, dass man *Barbara Saleschs Schiedsgericht* wirklich gerne im Fernsehen sieht; oder dass man seine Bikinis bei *C&A* kauft, weil nur dort die richtigen Größen hängen, und dass man später die Etiketten rausschneidet, weil *C&A* einem peinlich ist; oder dass man gerne konservierten Fleischsalat aus Plastikdosen isst, am besten schmeckt der mit den Farbstoffen E12–28. Und dass man Rucolasalat nur deshalb kauft, weil man den Fleischsalat prima darunter verstecken kann, falls ein Single des anderen Geschlechts einem an der Supermarktkasse über die Schulter schaut.

Meist macht uns zuerst unsere eigene Distanziertheit zu schaffen. Wir können ab einem gewissen Punkt nicht umhin, die Situation zu analysieren: Man lernt einen Mann kennen, der interessant und ungebunden erscheint. Man trifft sich mit ihm auf einen Kaffee oder ein Glas Wein, Modalitäten sind möglich. Man spricht über das Leben im Allgemeinen und Besonderen und lacht dabei des Öfteren. Das Hirn wälzt Kalenderblätter: Es ist drei Monate her, dass du etwas mit einem Mann hattest. Es ist klar, dass du etwas mit diesem Mann haben könntest. Er wirkt gesittet und gepflegt und interessiert, die Sache würde bestimmt reibungslos laufen. Es muss ja nicht gleich heute sein. Vielleicht aber schon. Während man all dies überlegt, zum 123. Mal, beim 123. Date, setzt auf einmal der Déjà-vu-Effekt ein: Man hat schon mit so vielen Männern so dagesessen und über genau dieselben Dinge nachgedacht. Es ist plötzlich so abgeschmackt. Man erkundigt sich zum 123. Mal nach dem Lieblingsreiseziel desjenigen, der auf der anderen Seite des Tisches sitzt, und gibt zum 123. Mal Auskunft über das eigene Wert- und Wohlbefinden, den Musikgeschmack, die modische Haltung. »*Mandarina-Duck*-Trolleys lasse ich durchgehen«, sagen wir zum Beispiel.

Es fühlt sich dann mit einem Mal so an wie früher beim Flaschendrehen und der »Polnischen Hochzeit«: Es geht gar nicht so sehr um den Mann im Speziellen oder um uns im Speziellen. Es geht vielmehr um das Scannen der aktuellen Möglichkeitenlage. Es geht primär um die Vorstellung von Sex und Liebe und um die Angst davor. Beide Seiten haben Angst, zu wenig Liebe und Sex abzubekommen, sich zu wenig um Liebe und Sex zu kümmern, während alle anderen sich schon längst Zungenküsse geben (in der Pubertät) beziehungsweise aus den One-Night-Stands gar nicht mehr herauskommen oder fest gebunden sind (heute). Beide Seiten, der flirtende Mann und die flirtende Frau, wollen dazugehören, sie wollen es machen wie alle anderen auch. Deswegen checken sie ab, ob sie notfalls miteinander könnten. Beide Seiten sind einsam in all ihrer Verwirrung. Sie können ihre Gefühle und die Slogans der Single-Wirtschaft vielleicht nicht mehr auseinander halten, und sie sind sich selbst am nächsten.

Auf ein solches Date folgt nicht selten eine leidliche Liebesnacht ohne große Missverständnisse. Vielleicht trifft man sich noch zwei, drei Mal, vielleicht auch nicht. Es ist eine Kollektiverfahrung der Single-Generation, dass die Leidenschaft früher oder später flöten geht. Männer und Frauen wissen so viel voneinander. Sie wissen, dass es nicht einmal drei Sekunden dauert, bis über Sympathie oder Antipathie entschieden ist. Die Frauen wissen, dass sie mit ihren Haaren spielen müssen, um sein Unbewusstes zu locken. Die Männer wissen, dass sie interessiert zuhören und gelegentlich nachfragen müssen, um ihr Vertrauen zu gewinnen. »Ich glaube, ich kann mich nicht mehr verlieben«, sagen wir dann eines Tages zu unseren besten Freundinnen, weil wir ahnen, dass wir den Mann, der tatsächlich zu uns passt, vielleicht gar nicht mehr erkennen würden. Er käme uns vermutlich vor wie einer von all den Jörgs, Fritjofs, Martins und Sebastians, die wir in den letzten Jahren getroffen haben. Wenn man schon sehr oft gehört hat, dass man schöne Haare und einen intelligenten Humor hat, dann merkt man es vielleicht gar nicht mehr, wenn es einer ernst meint. Oder wenn es darüber hinaus sogar noch etwas bedeutet.

Eine Bekannte, sie arbeitet als Online-Redakteurin in der Hauptstadt, hat sich jüngst getrennt. Der Mann und sie hätten sich auseinander gelebt, »wir haben uns einfach in verschiedene Richtungen entwickelt«, sagt sie. Sieben Monate waren die beiden zusammen und sahen sich wegen beiderseitigen beruflichen Engagements durchschnittlich zwei Mal in der Woche. Die Generation Ally hat keine Zeit für Entwicklung. Es muss passen, weiter nichts. Eine gefloppte Affäre begreifen wir in erster Linie als persönlichen Managementfehler. Nicht richtig hingeschaut, Fehlkalkulation.

»Prinz oder Versager?«, fragte die *Amica* in einem Special zum Thema Frühlingsgefühle 2001 und bot die Ergebniskategorien »Traumprinz«, »Bettprinz«, »Lahmprinz« und »Nichtprinz« an (»Oh nein! Wo haben Sie den denn aufgegabelt?«). In der Wortwahl unterlag die *Amica* damit der *Wienerin*, die in einem Test zum selben Thema mit dem »Knospendreher«, dem »Schweineflüsterer« und dem »Federkitzler« aufwartete und damit formulierungstechnisch ein klares 3:0 für Österreich erzielte.

Auf Deutschlands erster Single-Messe, der einigermaßen zu spät kommenden *Singleworld 2001* in Wiesbaden, präsentierte der *Well&Fit*-Vertrieb eine Kuschelmaschine für Alleinstehende. Eine mit Holz verkleidete Infrarot-Kabine, die sich innerhalb weniger Minuten aufheizt wie eine Sauna und auf deren anderthalb Quadratmetern nur ein Mensch Platz findet. So sieht eine *Rappelkiste* also von innen aus. Der angepeilte Ladenpreis für den Endverbraucher soll zwischen 1800 und 3000 Euro liegen. Einer auf derselben Messe vorgestellten Umfrage zufolge würden 70 Prozent der Frauen lieber einen gesponserten Einkaufsbummel unternehmen als eine Liebesnacht mit ihrem Traummann zu verbringen. Schließlich bleibt von einer Shoppingtour im Nachhinein mehr übrig.

Wir sind es irgendwann leid, unsere Persönlichkeit auf dem Single-Markt feilzubieten. Man kann sich keine Liebe aus dem Katalog bestellen, das haben wir inzwischen begriffen, und stellen eine gewisse Sauertöpfischkeit an uns fest. Wir beschließen wie Ally in der ersten Staffel: »Ich praktiziere Unschuld.« In diesem Sinne sind wir dann kurz- bis mittelfristig ganz bewusst Single. Falls das Marketing mitschreiben will: Wir sind die Generation der *SILS*: single income, love seeking.

6. HOCHZEIT, HAUSHALT, HERRSCHSUCHT

»Du lebst nur einmal. Sei ein Mann!«

(Ally McBeal, 1. Staffel, Folge 2)

Das reale Leben erscheint immer kläglicher als in der Werbung und im Film, daran krankt die Generation Ally, und nirgends wird uns das so bewusst wie im Zusammensein mit einem Mann, wenn wir denn einen gefunden haben. An dem Tag, an dem Julia Roberts und Hugh Grant in *Notting Hill* zusammenziehen, als sie, die Hollywood-Schauspielerin aus der Neuen Welt, ihm, dem abgerissenen Buchverkäufer aus dem muffigen Europa, eine Ecke im Kleiderschrank für seine Unterhosen und Oberhemden freiräumt, hört das Drehbuch auf. Kein Wunder, dass es keine Fortsetzung von *Notting Hill* gibt, so wie es auch kein *Harry und Sally – Phase II* gibt, und keinen Film *Titanic II – die Jahre nach der Rettung*. Liebesgeschichten eignen sich nicht zur Fortschreibung, denn sie wären alsbald gar nicht mehr komisch. Während die Dinosaurierforscher in *Jurassic Park I* bis *III* einfach immer weiter forschen und Sandra Bullock in *Speed II* genauso mutig und schlagfertig durch die Gegend flitzt wie in *Speed I*, würden wir Julia Roberts in *Notting Hill II – Der Alltag beginnt* nicht mehr wiedererkennen.

Wir sähen Julia mit ihren Freundinnen in einem Café sitzen, sie rührt missmutig in einem Cappuccino herum und beschwert sich, dass Hugh, immer wenn sie auf Dienstreise durch die Studios dieser Welt ist, die Blumen in den Vasen vergammeln lässt, anstatt sie durch frische zu ersetzen. Wir hörten, dass es sie rasend macht, wenn er sich nur mit »Hallo« am Telefon meldet und nie mit dem Namen, könnte ja sein, dass es ein wichtiger Anruf ist, zum Beispiel vom Filmmanagement. Julia klänge plötzlich bitter, und sie risse böse Witze über Hugh, vor allem über seinen besten Freund, der außer Fußball und Computerspielen nichts im Kopf hat, und auf der Leinwand zuckte ihr Gesicht nervös, in Großaufnahme, denn Hugh wäre gerade drei Wochen mit besagtem Freund verreist. Ganz allein, ohne Frauen, wären die Männer nach Kuba gefahren, um sich einen Traum aus ihren in der Erinnerung doch irgendwie politisch bewegten Teenagertagen zu erfüllen, und Julia fragt sich die ganze Zeit, ob Hugh denn auch treu ist oder ob er einer der leckeren Kubanerinnen auf den Leim geht, ob er am Ende gar eine Prostituierte für Oralsex bezahlt, wie es der reale Hugh im echten Leben bei Liz Hurley gemacht hat. Julia könnte es sogar ansatzweise nachvollziehen, dass Hugh auf eine solch einfache Lösung für sein Selbstbestätigungsbedürfnis hereinfällt, schließlich verdient sie sehr viel mehr als er, da ist sie ihm überlegen, das könnte ihn kränken. Glaubt sie. Manchmal benimmt sie sich ihm gegenüber sehr garstig, wenn sie überarbeitet ist zum Beispiel, das muss Julia schon zugeben. Bezaubernd auf der Leinwand, muffelig zu Hause. Vielleicht hat auch Hugh zwei Seiten? Vielleicht birgt diese nette, schluffige Buchhändlerseele auch einen Rest Tier im Mann, vielleicht gehört Hugh auch zu den Typen, die im Zusammensein mit anderen Männern die Hemmungen verlieren? Vielleicht sagt er: »Gut, dass ich sie für eine Weile los bin, die Alte.« Wahrscheinlich sind all die Strandgirls viel besser drauf, kein Wunder, Sonne und Nichtstun den ganzen Tag, und außerdem sind sie Anfang 20. Das ist alles superunfair, findet Julia. Allerdings würde sie davon den Frauen im Café nichts erzählen, so etwas macht man besser mit sich selbst aus.

Später dann säße Julia allein auf dem Doppelbett im geschmackvoll eingerichteten Grant-Robertsschen Schlafzimmer. Sie verdrückt eine Familienpackung Vanilleeis und schreibt dabei in ihr Tagebuch, eines mit Ledereinband und hellblauem Papier, denn ein Laptop würde nicht zu all den vertrockneten Rosensträußen passen, die im *Notting-Hill*-Setting die Romantik herbeizaubern. Während Julia schreibt und das Vanilleeis auf ihren Pyjama tropft, hören wir aus dem Off ihre Synchronstimme, die vorliest, was sie da so schreibt: »Wenn er mich betrügt, dann wäre sofort Schluss. Oder doch nicht? Was, wenn ich es nie erfahre? Pah! Dann eben nicht. Ist mir doch egal! Vielleicht sollte ich mal mit diesem Beleuchter ausgehen. Diesem süßen 26-Jährigen, der immer stolpert, wenn ich ihn einen Kaffee holen lasse. Und wenn dabei etwas passiert? Wen kümmert's? Hugh, du kannst mich mal.« Julia würde sich für diese Gedanken hassen, und da sie zufällig einen ganz besonders schlimmen Tag hat – Hugh würde sagen: weil sie ihre Tage hat –, sehen wir Julia ins Badezimmer rennen, wo sie sich den Finger in den Hals steckt. Einerseits, um sich all des Vanilleeises zu entledigen, das ihrer *Pretty-Woman*-Figur schaden könnte, andererseits, weil die Wut auf Hugh ihr Angst macht und sie sich selbige gar nicht erklären kann und ihr ganz übel ist vor lauter Scham und Kleinheitsgefühlen und sie auch diesen Zustand dringend loswerden will. In der nächsten Szene schliefe Julia ein und wir könnten ihre Träume sehen, sie wären mit Super-8-Kameras in unscharfer Wackel-Ästhetik aufgenommen, und sie zeigten, wie Julia die Luft aus Hugh herauslässt, denn er wäre nur eine Gummipuppe, und sie würde ihn zusammenfalten und in die Handtasche stecken. In einem anderen Traum sitzt Julia am Computer und macht ein Hugh-Backup, denn sie hat ihn gerade neu programmiert, Hugh ist nämlich bloß ein Hologramm, aber ein gefühlsechtes.

Julia hätte verdammt gern ein Mitspracherecht bei den Dialogen, damit Hugh einfach immer nur das Richtige sagt und tut. Sie würde am liebsten über alles bestimmen. Genau wie wir auch. Aber so etwas will ja keiner im Kino sehen.

Als meine beste Freundin Mara im Sommer 2000 heiratete, war ich Trauzeugin. Wir kannten uns zu diesem Zeitpunkt schon 14 Jahre. Zum ersten Mal hatte ich Mara in der zehnten Klasse auf dem Schulhof gesehen. Ihre Familie war vom Rheinland in den Taunus gezogen, weil ihr Vater versetzt worden war, und Mara ging nun in eine Parallelklasse. Sie trug eine *Barbour*-Jacke, eine von den originalen, und stand bei der Clique der »Schickis«, der Söhne und Töchter aus besserem Hause, während ich meine Klamotten subkulturmäßig auf dem Flohmarkt und in Secondhand-Shops erwarb und mich deswegen für etwas Besseres hielt. Eigentlich hätte ich allen Grund gehabt, sie blöd zu finden. Aber ich mochte sie trotzdem. Als ich sie wenige Wochen nach ihrer Ankunft zufällig auf dem Bad Homburger Altstadtfest sah, wusste ich, dass ich sie zur Freundin haben wollte. Mara lief barfuß, trug ihre Schuhe in der einen Hand, in der anderen eine Flasche Bier, und grölte: »Ja, steh' ich im Wald hier, wo ist denn mein Altbier?« Das fand ich irgendwie sympathisch, weil es gar nicht zu ihrem Äußeren passte, und im Grundkurs Biologie in der elften Klasse freundeten wir uns schließlich an und hingen fortan zusammen. Wir sprengten einfach das Gesetz der Schulhofcliquen. Es kam vor, dass wir am Wochenende durch sämtliche Kneipen im Umland zogen und jeweils ein Diesel, eine Mischung aus Cola und Weißbier, und einen Kurzen tranken, nur so aus Spaß, zum Wettbewerb. Es war immer Maras Idee und immer trank sie den Sieg davon.

Im Sommer 1989 verbrachten wir den besten Urlaub unseres Lebens an der belgischen Küste, in einer Ferienwohnung in Ostende, mit zwei anderen Mädchen, Frauke und Annika. Alles war *low budget*, alles war Vergnügen. Abends kurbelten wir die Scheiben in Fraukes Automatikgolf herunter, und sie drehte die Anlage auf, und wir kurvten bei rauem Nordseewind auf der Strandpromenade vor dem Ostender Casino herum und hörten immer abwechselnd *I can't get no satisfaction* von den Stones und *Funky Cold Medina* von Tone-Loc. Wir ernährten uns ausschließlich von *Bailey's* und Fritten mit Mayo, wir verzockten Unmengen Geld in den belgischen Spielhöllen, an diesen Münzschiebegeräten, bei denen als Hauptgewinn ein Taschenrechner winkt. Und danach ließen wir uns von zahnlosen Engländern, die grölend aus den Kanalfähren fielen, in miesen Diskotheken zum Tanz auffordern und wunderten uns, welch armselige Musik diese Belgier auflegten. (Wir wussten nicht, dass es Front 242 war und wir uns in der Brandung der Technowelle befanden, das hatten wir bis dahin einfach verpennt.)

Während des Belgien-Urlaubs hatten wir vier alle einen festen Freund, meiner hieß Kai, und wenige Wochen später sollte ich mit ihm Schluss machen, weil ich einen interessanteren jungen Mann kennen lernte. Kai jedenfalls verbrachte den Sommer an einem deutlich exklusiveren Ort, im Yellowstone Nationalpark in den USA. Und es war mir völlig egal. Auch wenn er jeden Abend eine andere

Gruppe amerikanischer Ranger-Schülerinnen im Zelt vernascht hätte, es hätte mich nicht bekümmert, in diesen zwei Wochen, bei einer Wassertemperatur von 18° C. Damals in der Oberstufe malten Mara und ich uns für jeden Typen, der mit uns ausgehen wollte, gegenseitig Grabsteine auf unsere Schultaschen aus hellem Kalbsleder. Das war vielleicht grob, aber gar nicht böse gemeint, eher lustig. Wir dachten uns nicht viel dabei und kümmerten uns am meisten um uns selbst, wir brauchten keinen festen Freund oder Lebensabschnittsgefährten, um glücklich zu sein, und je weniger wir darüber nachdachten, ob wir gut ankamen, desto mehr Jungs zeigten sich interessiert. »Wir waren wie Männer«, sagte Frauke vor einigen Jahren im Rückblick. Zumindest hatten wir alle ein anderes Gefühl bei der Sache mit der Liebe: Sie war wichtig, weil wir ständig damit beschäftigt waren, aber sie war nicht existenziell für unser Selbstwertgefühl.

Gut ein Jahrzehnt später erzählte Mara mir von ihren Heiratsplänen. Sie lebte zu diesem Zeitpunkt schon fünf Jahre mit ihrem Freund zusammen, und an ihm war wirklich nichts auszusetzen. Sie liebte diesen Mann, sagte sie, und ich glaubte ihr, denn Mara glaube ich immer alles, obwohl wir uns nicht gerade ähnlich sind. Sie ist groß und blond, ich bin klein und dunkelhaarig; sie ist liberal gesonnen, ich sozialdemokratisch; sie spricht perfekt Französisch, ich ganz gut Englisch; sie spielt Golf, ich hasse Sport; sie hat gute Manieren und kann trinken, ich bin oft ein Trampel und mir wird von Alkohol schnell schlecht; sie mag U2, ich halte Bono für einen Blender vor dem Herrn; sie heiratete, und ich war mir ziemlich sicher, dass ich das niemals tun würde.

Dass ich sie durch die Heirat nicht »verlieren« würde, so wie Mütter in Filmen oft über ihre heiratenden Kinder reden (»Ich habe meine Tochter verloren. Werde glücklich«), das war mir klar. Es würde sich nicht viel verändern an unserem Verhältnis, das war schon längst passiert, dafür bedurfte es keiner Hochzeit. Aus beruflichen Gründen lebte Mara schon seit einigen Jahren in Frankreich, also weit weg. Wir sahen uns sowieso schon viel zu selten, vielleicht zwei Mal im Jahr, und Maras Ehe würde diesen Zustand nicht wesentlich verschlimmern. Meine beste Freundin würde einfach einen anderen Nachnamen tragen, sie hatte sich für die klassische Variante entschieden, und ich würde den alten Namen aus all meinen Notebooks, Palms und E-Mail-Adressbüchern streichen, das war alles. Die Generation Ally glaubt nicht im Ernst, dass ein Mann einem die beste Freundin »wegnehmen« könnte, so viel Macht haben sie nicht, die Jungs.

Mara sagte gleich zweimal »Ja«, erst im Standesamt, dann in einer katholischen Kirche. Nach der Trauung stieg das Paar in einen roten VW-Käfer mit »Just married«-Schild und scheppperndem Blechdosenschwanz, und wir Hochzeitsgäste folgten ihnen in einem Konvoi geschmückter Autos und droschen auf die Autohupen ein, was sehr viel Spaß machte. Je ein Viertel der rund 200 Gäste rekrutierte sich aus der Verwandtschaft der Braut beziehungsweise des Bräutigams, die anderen beiden Viertel bestanden aus Freunden und Kollegen des Paares. Etwa ein Drittel der Anwesenden hatte unser Alter, Maras und meines, nämlich um die 30. Und von dieser Gruppe war knapp die Hälfte Single, allein stehend, partnerlos. Die Fahrt führte zu einer wunderschönen alten Klosteranlage, wo Champagner ausgeschenkt wurde und bis in den frühen Morgen gefeiert werden sollte.

Am späten Nachmittag schickten die Hochzeitsgäste gasgefüllte Luftballons mit guten Wünschen für das Brautpaar in den Himmel. Es war sehr warm, die Kleider und Anzüge wurden immer unbequemer, und der Alkohol, mit dem man seit elf Uhr morgens anstieß und »Prosits« aussprach, zeigte bei vielen bereits Wirkung. An Mara war kaum heranzukommen, sie musste sich ständig mit ihrem Ehemann fotografieren lassen, und später erzählte sie, sie habe tatsächlich einen Lächelkrampf erlitten, eine veritable Maulsperre. Frauke, die alte Freundin aus dem Belgienurlaub, und ich überlegten derweil, ob wir uns zur Erholung kurz auf die Wiese setzen sollten, denn alle Stühle waren von älteren Familienmitgliedern des Paares besetzt, und uns beiden war ganz schön schummrig zumute. Frauke trug zur Hochzeit ein schickes, schwarzes und absolut knitterfreies Designerkostüm, ich hatte mich für ein schwarzes Etuikleid mit weißen Punkten entschieden, *Polka Dots* heißt das Muster im Fachjargon, und es sollte eine Mischung aus Audrey-Hepburn- und Jackie-O.-Style repräsentieren. Leider saß das Kleid recht knapp. Und ebenso bedauerlicherweise hatte die ältere Schwester des Bräutigams sich für ein beinahe identisches Kleid entschieden, was mein Outfit (und ihres) dann eher zu einem Kuriosum machte. Bis zu diesem Zeitpunkt hatte ich immer nur in der *Gala* hämische Berichte darüber gelesen, wie peinlich das ist, wenn zwei Frauen zu ein und demselben Anlass dasselbe Kleid tragen. Ich dachte immer, diese Darstellung sei völlig übertrieben, aber wenn man ständig darauf angesprochen wird, wird es tatsächlich lästig. Insbesondere angesichts der Tatsache, dass Männer sowieso alle gleich aussehen, in ihren *Boss*-Dreiteilern, darüber macht sich niemand lustig.

Aber das war mir inzwischen schon wieder egal, jetzt, da mein Kreislauf schlappmachte. Mit gedämpfter Stimme debattierten Frauke und ich, ob wir es uns als beste Freundinnen der Braut erlauben konnten, uns vor all den Leuten auf den Rasen fallen zu lassen und kurz die Beine auszustrecken. Die Entscheidung blieb uns erspart, denn genau in diesem Moment rief der Bruder der Braut zum Brautstraußwurf auf. Wir unverheirateten Frauen sollten uns alle im Halbkreis aufstellen, während Mara den sperrigen Tüllrock ihres Brautkleides raffte, den Strauß dabei unter ihren Arm klemmte, in die Mitte des Rasens wankte, sich rücklings zu den Gästen aufstellte, die Beine gespreizt, die Knie angewinkelt. Sie stand leicht vornüber gebeugt, hielt den Strauß mit beiden Händen fest und schwang damit auf und ab, so ähnlich wie Baseballspieler den Schläger hin- und herschwingen lassen, bevor sie zuschlagen.

Der Brautstraußwurf ist ein altes Ritual. Die Frischvermählte wirft die Blumen in die Menge der unverheirateten Damen, und diejenige, die den Strauß fängt, kommt als nächste unter die Haube, so die Legende, so der Aberglaube. Ich war inzwischen auf einigen Hochzeiten, ab Ende 20 werden es immer mehr, der Schnitt liegt inzwischen bei etwa 4,5 Einladungen pro Jahr. Und bei jeder dieser Hochzeiten fliegt der Strauß, egal, ob das Paar in einem Landgasthof, in einem Künstlerquartier am Industriehafen, im Wochenendhaus der Eltern oder auf einem Schloss feiert. Bräutigame, Bräutigams oder Bräutigemsen, wie auch immer man heiratende Männer im Plural nun nennt, werfen niemals ihr Einstecktuch in die Menge der Junggesellen. Frauen machen solche Sachen immer wieder, sie fühlen sich für Traditionen besonders zuständig.

Mit dem Ritual des Werfens und Fangens ist ein weiteres Ritual verbunden: das Sich-Zieren und Genieren der unverheirateten Frauen. Diese Szene steckt jedesmal voller dämlicher Peinlichkeit, denn obwohl jede weiß, dass es rein gar nichts bedeutet, diesen blöden Strauß zu fangen, veranstalten wir ein kindisches Theater. »Nein, ich will niiiiiiiiischt«, quietschen manche, die schon lange solo sind, und lassen sich von ihren bereits verheirateten Freundinnen in die Runde schubsen. »Ich fang' ihn ja sowieso nicht«, rufen andere, die schon seit drei Jahren mit ihrem Freund zusammenwohnen und nicht wissen, ob sie ihm einen Antrag machen sollen; eigentlich wäre es ihnen lieber, wenn er es täte. »Jetzt mach schon«, stöhnen diejenigen, die sich gerade frisch von ihrem Partner getrennt haben.

Selten wird der Strauß gefangen. Wenn die Braut ihn mit einem großen Schwung nach oben wirft, kreischen die Frauen kurz auf, dann ducken sie sich und tun so, als ob sie weglaufen wollten. Die Blumen platschen einer von ihnen auf den Kopf, oft streifen sie nur den Arm einer Frau und fallen auf den Boden. Da liegt er dann, der Strauß, und für eine Sekunde schauen alle Frauen drauf. Bis eine von ihnen oder jemand aus dem Publikum kreischt: »Die Anja ist es, der Strauß hat zuletzt die Anja berührt, die Anja ist es!« Und die Anja wird dann hellrot und grinst verschämt und bückt sich mit gespielt zickiger Attitüde nach dem zerfledderten Gebinde und hält es kurz hoch, so ähnlich wie Steffi Graf 1988 die Wimbledon-Schale präsentierte, denn sie will keine Spaßkillerin sein. Dann folgen aus dem Publikum zwei, drei mäßig witzige Sprüche bezüglich Anjas aktueller Liebeslage: »Na, bei dir und dem Markus wird's aber auch Zeit« oder »Hey, Anja, mein Kumpel sucht 'ne Freundin!«. Später, wenn Anja das Fest verlässt, wird sie den Strauß vermutlich vergessen. Glücklicherweise kam ich selbst immer heil heraus. Weder habe ich jemals den Strauß gefangen, noch hat er mich berührt, und wenn, dann hatte er vorher eine andere Frau gestreift.

Das Irritierende am Brautstraußwerfen und -fangen ist das Romantische daran. Die Vorstellung, das Schicksal könne uns per Blumen-Flugbahn auserwählen und die Liebe sei vorbestimmt, widerspricht unserer Ratio. Zugleich appelliert die Einfachheit des Rituals aber an unser Bedürfnis nach Magie, Echtheit und Dauerhaftigkeit. Du wirst »Ja« sagen und glücklich werden, der Strauß hat gesprochen, hugh. Unser Verhalten beim Brautstraußwerfen spiegelt unser Verhältnis zur Heirat als solcher wider: Eine nette Idee, aber wir sind skeptisch. Wenn man sieben Jahre alt ist, dann mag man plötzlich nicht mehr mit dem *Fisher-Price*-Steckspiel spielen, obwohl man die glatten Formen gerne anfasst, den Quader und die Pyramide, aber man mag nicht mehr dabei ertappt werden. »Das ist ja für Babys«, sagt man dann und schämt sich. Aber heimlich hätte man schon noch Lust drauf.

In den verkrampft-verschämten Gesichtern der Frauen im Halbkreis spiegelt sich der Kampf mit zwei widersprüchlichen Regungen: Die eine Regung heißt Sehnsucht. Es gab eine Zeit, als Kind oder Teenager, in der wir selbst von unserer Hochzeit träumten, zumindest aber Hochzeit spielten, unsere *Barbies* ihre *Kens* heiraten ließen oder die *Schlumpfine* einen Miniaturlandwirt vom Plastikbauernhof. Es gab eine Zeit, in der wir fest daran glaubten, die »große Liebe« eines Tages zu finden und sie höchstwahrscheinlich mit einer tollen Zeremonie zu besiegeln und niemals fremdzugehen und bis ans Ende unserer Tage mit ein und demselben Mann zusammenzusein. Vielleicht hatten wir mit 19 auch eine Trotzphase, in der wir stolz verkündeten: »Pfffft, ich werde niemals heiraten«, aber auch dann gingen wir vermutlich davon aus, *ihm* eines Tages zu begegnen und ohne Trauschein mit *ihm* in einem VW-Bus die Welt zu bereisen. Außerdem galt in den 80ern: »Man soll niemals nie sagen.«

»Wenn du den Richtigen triffst, dann wirst du es merken, so was spürt man«, sagt meine Oma Irmi immer. Etwas in uns hofft noch heute, dass es eines Tages wahrhaftig passiert: Man schaut sich in die Augen und spürt Magie, eine Sternschnuppe fällt vom Himmel, und zwischen *ihm* und uns herrscht das totale Verständnis. Beiden ist klar: Das ist es. Selbst wenn wir längst einen Partner haben, träumen wir manchmal von einer solchen, quasi übersinnlichen Begegnung, besonders wenn wir uns gerade einmal wieder über den Abwasch oder den Urlaub oder wegen seiner hübschen Praktikantin mit ihm gestritten haben. So viel Alltag, so viel Kleinscheiß, schon das Kennenlernen war irgendwie mickrig, anfangs fand man sich nicht mal hundertprozentig toll. Wir halten es insgeheim nicht für ausgeschlossen, dass vielleicht irgendwo doch noch etwas Größeres auf uns wartet, ein Mann, mit dem endlich alles klar ist. Wir sind selbstbewusst und verdienen unser eigenes Geld, was würde uns davon abhalten, auf sein Pferd zu steigen, wenn *er* uns am Strand von Malibu über den Weg galoppierte? Wir würden den Mietvertrag für die Wohnung mit dem alten Mann kündigen, unserem bisherigen Freund die Stereoanlage und die Waschmaschine überlassen, dafür nähmen wir den Kühlschrank und die Spülmaschine mit, und weg wären wir. Wir wüssten endlich, dass wir unserer Bestimmung folgten.

Ja, es wäre schön, wenn es eine Sicherheit der Gefühle und der damit verbundenen Entscheidungen gäbe. »Ich will daran glauben, dass es klappen kann«, sagt Ally McBeal in der ersten Staffel. »Liebe, Zweierbeziehungen, Partnerschaften. Die Vorstellung, dass sich zwei Menschen für immer füreinander entscheiden. Ich muss das mitnehmen können, wenn ich abends ins Bett gehe, selbst dann, wenn ich alleine ins Bett gehe.« Das ist die Sehnsucht.

Die zweite Regung heißt Enttäuschung. Wir haben vielleicht schon zwei oder drei Mal einen Mann geliebt. Mit aller Macht, Eifersucht, alles inklusive. Wir haben uns aufgerieben, engagiert, wir schwebten auf Wolken, wir teilten vielleicht die Wohnung mit ihm. Und trotzdem ging die Beziehung irgendwann in die Brüche. Wir haben aufgehört zu lieben und er auch. Und das, obwohl wir es anfangs nicht für möglich gehalten hätten. Das ist sehr ernüchternd, es zeigt, dass die Liebe vergänglich ist.

Wie viele »große, wahre« Lieben kann mal wohl haben in seinem Leben? Kann es funktionieren, wenn man wie Jenny Elvers binnen eineinhalb Jahren von der Langzeitliebe Heiner Lauterbach zur Kurzzeitaffäre Thomas D. schwenkt und dann wieder zurück zum Heiner? Und wenn man dann wenig später den *Harley* fahrenden Alex Jolig aus dem *Big Brother*-Haus kennen lernt, sich vorsorglich schwängern lässt, damit er auch bestimmt bei einem bleibt, und man dann merken muss, dass dieser Trick rein gar nichts hilft, weil die Liebe noch gar nicht angefangen hatte, und es bloß Begehren war? Und dann, noch einige Wochen später, verkündet die Jenny, dass sich etwas »ganz Großes« zwischen ihr und ihrem Manager, dem Götz Elbertzhagen, entwickelt. Und dass sie vorläufig den Mann fürs Leben gefunden hat. Kann das funktionieren? Was ist Liebe überhaupt? Sind wir überhaupt alt genug dafür?

Wir haben bei unseren Eltern erlebt, wohin ein allzu langes Eheleben führen kann, denn kaum sind auch unsere kleinen Geschwister von zu Hause ausgezogen, wissen sie offenbar nicht mehr, worüber sie reden sollen. Unsere Mütter, die sich ihr halbes Leben lang um uns gekümmert haben, haben plötzlich nichts mehr zu tun, und die harmlose Variante dieses Stillstands führt dazu, dass sie uns unablässig wegen potenzieller Enkelkinder nerven. Sie warten darauf, dass wir ihnen einen frischen Säugling in den Arm legen, dass wir am Wochenende einen kleinen Schreihals bei ihnen unterbringen, damit sie wieder in ihrem Element sind. Wenn unsere Väter noch dazu in Rente gehen oder sich pensionieren oder dauerhaft krankschreiben lassen, dann sitzen sie zu Hause vor dem Fernseher herum oder verkriechen sich stundenlang in ihrem ausgebauten Keller oder halten sich in der Kleingartenanlage oder im Modellbahnclub auf, anstatt gemeinsam mit ihrer Frau etwas zu unternehmen. Eltern sind überhaupt nicht froh, wieder mehr Zeit für sich zu haben, auch als Paar. Ist das nicht erschreckend? Manchmal richtet sich einer von ihnen in unserem Ex-Jugendzimmer eine eigene Schlafstatt ein, der Raum dient dann als Gästezimmer, aber nur vordergründig, denn so oft kriegen unsere Eltern gar keine Gäste, zumindest keinen Besuch von außerhalb, der auf eine Übernachtung angewiesen wäre.

Wenn wir bei unseren Eltern sonntags auf der Terrasse Kaffee trinken, und unseren Freund haben wir mitgebracht, dann wird uns angst und bang, denn wir erleben, wie unsere Eltern einzeln mit jedem von uns reden, aber nicht zusammen. Wie sie sich gegenseitig Spitzen zuwerfen, blöde Sprüche, wie sich die Mutter in der Küche beim Abwasch heimlich über den Vater beschwert, dass er immer mäkeliger und ruppiger und unzufriedener wird, wie der Vater laut seufzt, während die Mutter in der Küche ist, und sagt »die Frau wird immer schlimmer«, und sonst kein Wort mehr zum Thema. Wenn die beiden ein befreundetes Pärchen wären, würden wir ihnen vermutlich zur Trennung raten. Aber sie sind keine Freunde, sie sind unsere Eltern, und wir wollen, dass sie zusammenbleiben, denn dann kann man sie gemeinsam, auf einen Schlag besuchen und muss nicht immer zwei Abstecher zu zwei getrennten Haushalten machen. Wir wollen uns keine Sorgen um unsere Eltern machen müssen, wir haben selbst genug davon.

Die größte Sorge ist, dass auch wir eines Tages mit jemandem so muffelig vor uns hinleben wie die ergrauten Paare, die im Zug oder, noch schlimmer, im Restaurant beisammen sitzen, und die kein Wort miteinander wechseln, außer dass sie bei Ansprache durch den Schaffner oder den Kellner »Du hast die Fahrkarten« sagen oder »Du hast das Portemonnaie.« Mit der Heirat denken wir nicht nur die Scheidung, sondern auch die Silber-, Gold- und Diamanthochzeit gleich mit. Und letztere werden wir vermutlich nicht einmal mehr erreichen, dafür ist man ab 20 zu alt, es sei denn, es werden weitere lebensverlängernde Medikamente erfunden. Wir träumen beharrlich davon, dass wir mit dem Mann unserer Wahl nach einem erfüllten Leben Händchen haltend auf einer Bank unter einem Obstbaum sitzen – obwohl wir so oft sehen müssen, dass Ehemänner und Ehefrauen sich lieber aus dem Weg gehen, mit der Zeit.

Was uns den Gedanken ans Heiraten außerdem noch verdirbt, ist die Tatsache, dass man an allerlei praktischen Erwägungen nicht vorbeikommt, dem Gegenteil von Romantik. Wir wissen, dass das Ehegattensplitting bei zwei Berufstätigen mit ähnlich gutem Verdienst steuertechnisch nichts bringt. Wir könnten unseren eigenen Namen behalten, wenn wir wollten, und das würden wir vermutlich auch, es sei denn, unser potenzieller Ehemann hätte einen besonders schönen Nachnamen, etwas Adeliges oder Exotisches vielleicht, und wir hießen am Ende Franka Potente oder Christiane zu Salm-Salm, dann würden wir uns das vielleicht noch einmal durch den Kopf gehen lassen. Ansonsten hielten wir es nach dem Motto »dein Name, mein Name«, genau wie wir uns vermutlich auch für »dein Konto, mein Konto« entscheiden würden und, wenn genügend Geld vorhanden ist, für »dein Auto, mein Auto«. Wir wissen, dass jede dritte Ehe auseinander bricht, in Großstädten ist es sogar jede zweite, und wir wissen, dass die meisten Scheidungen von Frauen eingereicht werden. Mit 98,7-prozentiger Sicherheit würden wir einen Ehevertrag abschließen, weil: Man weiß ja nie. »Liebe und Jura sind ähnlich«, meint Fernsehanwältin McBeal. »Vom Konzept her romantisch, aber die alltägliche Praxis kann einem Magenschmerzen verursachen.«

Die Ehe ist nur ein Beziehungsmodell von vielen, und sie ist noch dazu individuell auszugestalten. Es gibt Wochenendehen, es gibt kinderlose und kinderreiche Ehen, wilde Ehen, auch wenn man das heute nicht mehr so nennt, Ehen, die nur auf dem Papier bestehen, und Ehen, die glücklich sind. Diese Vielfalt macht es nicht unbedingt leichter. In Frankreich, wo Mara seit einigen Jahren lebt, gibt es einen Partnerschaftsvertrag, den PACS, etwas Ähnliches wie die Homoehe hierzulande. Das wäre in der Tat eine praktische Variante: Man regelt die finanzielle Seite, man darf sich gegenseitig im Krankenhaus besuchen und beerben und berenten, aber man lässt den ganzen Gefühlskram weg. Mara hätte sich für diesen Vertrag entscheiden können, während ich in Deutschland erst zur Lesbierin werden müsste, um mich auf diese unverbindlich-verbindliche Art binden zu können.

Mara wollte trotzdem heiraten, mit allem Drum und Dran. Sie sagt, sie wünschte sich »ein sicheres Gefühl«, und sie weiß, das klingt naiv. Da wir der Welt beste Freundinnen sind, brauchen wir darüber aber nicht groß zu reden. Wir beide wissen: Für die Generation Ally gibt es keinen rationalen Grund zu heiraten, allerdings zahllose vernünftige Gründe, es zu lassen.

Wenn Frauen vor einer wichtigen Entscheidung in ihrem Leben stehen, dann sprechen sie gern vom Kampf zwischen Kopf und Bauch. »Der Kopf sagt ja, der Bauch sagt nein«, sagen wir zum Beispiel, wenn wir zögern, für einen neuen Job die Stadt zu wechseln. Oder einen Mann zu verlassen. Oder mit einem zusammenzuziehen. Meist wissen wir nicht, wessen Einflüsterung schwerer wiegt, wem wir mehr Bedeutung beimessen sollen, Kopf oder Bauch. Dabei ist es im Grunde sehr einfach: Die Vokabel »Kopf« dient nicht selten als Synonym für »Vernunft«, während die Vokabel »Bauch« in diesem speziellen Sprachgebrauch meist »Dummheit« meint. Oft verbirgt sich hinter dem, was der Bauch sagt, das, was wir kurz- oder mittelfristig begehren, von dem wir aber wissen, dass es unter Umständen nicht gut für uns ist, während der Kopf uns eine vernünftige Prüfung der Faktenlage vorschlägt. Intelligenz müsste eigentlich helfen, beide Elemente zusammenzuführen und eine angemessene Lösung zu finden. Stattdessen verheddern wir uns oft und verwechseln Kopf und Bauch, ohne es zu merken.

Wenn Frauen Murks bauen in ihrem Leben, dann sagen sie später oft, sie seien einfach ihrem Bauch gefolgt. Sie konnten ja nichts dafür, die Gefühle waren stärker, ihre Intelligenz phasenweise schachmatt gesetzt. Und wenn Frauen etwas Grandioses auf die Beine stellen in ihrem Leben, dann sind sie ebenfalls ihrem Bauch gefolgt, dann kommen Glanz und Gloria von ganz tief drinnen, sie sind ihren Gefühlen gefolgt, sie haben es ja schon immer gewusst. Wenn Frauen wiederum aus lauter Frust Knall auf Fall ihren Job kündigen, ohne einen neuen zu haben, dann sprechen sie häufig davon, dass sie in der alten Firma keine Entwicklungsmöglichkeiten sahen und dass der Schnitt eine Kopfentscheidung gewesen sei. Dabei hatte wochenlang ihr Magen gegrummelt und sie hatten Durchfall vor lauter Ärger – so dass der Bauch, das Gefühl, also letztlich doch mitspielte, aber es gibt Situationen, in denen man das nicht zugeben will.

Der Fluch des EQ, er schlägt sich erst recht im Privaten nieder. Frauen bilden sich gern eine gewisse emotionale Überlegenheit ein. Gefühle erscheinen ihnen echter, reiner, wahrhaftiger als nüchterne Abwägungen: »Denken kann ja jeder. Fühlen nicht.« Frauen denken manchmal so, aber sie merken gar nicht, dass sie denken, sie denken, sie fühlen. Das verschleiert die Sicht der Dinge. Letztlich gibt es keine Kopf- oder Bauch-, sondern nur falsche oder richtige Entscheidungen.

Man kann in Prominente ja leider nicht hineingucken, diesen Service bietet noch keiner, aber man ist ja so einiges gewöhnt und hat ja so einiges gelesen, in der *Bild* und in der *Bunten* und in der *Gala*. Und dann macht man sich so seinen Reim auf das eine oder andere Gerücht. Zum Beispiel auf die Liaison zwischen Anke Engelke und Niels Ruf. »Wir waren nie getrennt«, sagte Anke im August 2001 in *MAX*, nachdem er wegen diverser Geschmacklosigkeiten bei Viva rausgeflogen war und man überall lesen konnte, er habe sie einmal ausgesperrt und sie habe mit vollen Einkaufstüten vergeblich an der Sprechanlage seiner Haustür um Einlass gebettelt. Nachdem man überall lesen konnte, er habe nach der Trennung gesagt, er sei ja schließlich kein Altenpfleger, weil sie 34 ist, er aber nur 26 (später hieß es dann, sie habe das gesagt, als Scherz). Nachdem man Ankes rote Augen auf Fotos gesehen hatte und gut unterrichtete Kreise verlauten ließen, sie leide. Sie passen einfach nicht zueinander, Frau Engelke und Herr Ruf, davon sind wir überzeugt. Sie hat sich den Falschen ausgesucht, glauben wir, einfach, weil wir Anke eigentlich ganz sympathisch finden, den Herrn Ruf aber gar nicht, diesen halben Hahn, der auf dem Schulhof bestimmt immer verkloppt wurde und dann heulend beim Vertrauenslehrer gepetzt hat, mit dem garantiert kein Mädchen gehen wollte; der sich in seiner Sendung *Kamikaze* abwechselnd als unterirdische Harald-Schmidt-Kopie oder Hugh Hefner junior aufspielte und der im Studio stets eine junge Hübsche als *Kamikätzchen* sich räkeln ließ, als späte Rache wider die Frauen.

Wir fühlen mit Frau Engelke, wir bilden uns ein, genau zu wissen, was in ihr vorgeht, weil wir selbst so oft an den Falschen geraten, aus dem Bauch raus, und uns dann tränenreich trennen müssen. Oder, was noch viel schlimmer ist, weil wir mit einem Mann zusammen sind, der eigentlich vielleicht der Richtige ist, vielleicht aber doch der Falsche sein könnte. Dieser klitzekleine Restzweifel ist ein mächtiger Energiekiller. Wenn er einsetzt, beginnen wir, den Mann zu kontrollieren oder zu manipulieren.

Die Eifersucht hat Konjunktur dieser Tage, weil man ständig Gefahr läuft, nicht attraktiv genug zu sein. Nicht attraktiv genug für den Arbeitsmarkt, vor allem wenn man als Mann über 40 oder als Frau über 30 ist. Nicht attraktiv genug für den Strand, wenn man Cellulitis oder Reiterhosen aus Fleisch hat. Nicht attraktiv genug für den Partner, weil man oft müde oder schlecht gelaunt ist oder im privaten Bereich ziemlich langweilige Sachen macht, zum Beispiel samstags lieber Fotoalben sortiert anstatt auf einem River zu raften. In der Eifersucht steckt auch der Eifer, ständig die Einmaligkeit zu spüren, man möchte es dauernd hören und bewiesen bekommen. Als Eifersüchtiger zweifelt man, ob man den Ansprüchen genügt, das ist eine ziemlich klare, aber leider lästige und nur schwer zu ignorierende Angelegenheit. Man muss gar nicht auf andere Frauen eifersüchtig sein, es reicht schon, wenn man eifersüchtig auf andere Paare ist.

Diese Art Eifersucht setzt ein, wenn wir die Luft anhalten, weil wir einige unserer Freunde und Bekannten eingeladen haben, und er ist dabei. Angenommen, wir selbst arbeiten in der Kreativbranche, und er ist beispielsweise im konservativen Devisenhandel tätig, dann fürchten wir, dass er sich vor unseren Bekannten blamieren könnte, weil er von Screen Design, *Blaxploitation* und Lars-von-Trier-Filmen keine Ahnung hat, stattdessen über Geldanlagen reden möchte und von dem *Ford Focus*, den er geleast hat, und am Ende plaudert er auch noch aus, dass jeder Urlaub, den man bislang gemeinsam gemacht hat, pauschal gebucht war, Flug, Mietwagen, DZ/F im Komplettpaket, mit Frühbucherrabatt. So etwas erzählt man doch nicht, um Himmels willen! Oder alle unsere Bekannten haben Jura oder Geschichte studiert, während der Mann an unserer Seite mit einem

Kumpel einen Fahrradkurierdienst aufgemacht hat, er spielt mit 34 noch in einer Proberaum-Band, ein *Astra* aus der Flasche gibt ihm viel mehr als ein Martini, und er begnügt sich gern mit einem frei verfügbaren Einkommen von 400 Euro, während wir uns krummlegen, um ihn wenigstens einmal im Jahr in den Urlaub mitzunehmen. Er ruft: »Warum im Job herumstressen, wenn's auch anders geht«, und nimmt noch einen Schluck aus der Pulle und prostet der Runde zu, und er fragt uns niemals zärtlich, ob wir Kopfschmerzen haben, so wie der befreundete Jurist das bei seiner Freundin macht. Er streichelt sanft ihre Schläfen und sie flüstern am Esstisch kurz miteinander, obwohl man das nicht tut, aber das ist ihnen egal, denn sie sind furchtbar verliebt. Sie wirken unglaublich vertraut und schön miteinander, während unser eigener Freund bevorzugt öffentliche Witze über unseren eigenen Sortierwahn macht und sich mit dem feinfühligen Juristen, immerhin auch ein Mann, zu verbrüdern sucht. »Ständig räumt sie das Küchenregal um, macht deine Freundin das auch so? Erst stellt sie *Leonardo*-Gläser nach vorn und die Ikea-Vasen nach hinten, dann räumt sie die Ikea-Vasen doch nach vorn und stellt die *Leonardo*-Gläser nach unten, stattdessen kommen die Römergläser von ihrer Oma in die Mitte. Und wenn ihr dabei ein Glas aus den Fingern rutscht und kaputtgeht, dann bin ich schuld, weil ich gerade an der Küche vorbeigelaufen bin und angeblich blöd geguckt habe. Frauen!« Und der Jurist lächelt dann höflich, bevor er in eine andere Richtung schaut und fragt, ob er mal die Flasche Weißwein aufmachen soll, die er mitgebracht hat. Wir betrachten den Mann an unserer Seite und fragen uns manchmal, ob er überhaupt den richtigen Style lebt. »Isses das? So richtich isses das nich. Oder?«

Der Geschlechterkampf hat sich ins Private verlagert, heißt es in den Feuilletons. Angeblich herrscht Verwirrung darüber, wie Männer und Frauen sich begegnen sollen. Die Männer seien verunsichert, trauten sich an uns selbst versorgende Superwesen nicht richtig ran, sie hätten keine Ahnung, ob sie Softie oder Macho sein sollen.

Wie fühlt es sich an, ein Durchschnittsmann im Jahr 2000+ zu sein? Die Männer kriegen mit, dass der Latin Lover noch immer hoch im Kurs steht, Antonio Banderas, Benicio del Toro. Sie sehen Gangsta-Rapper mit dicken Bäuchen und drallen Miezen in schicken Wagen durch Musikvideos fahren. Wenn sie Lehrer oder Bademeister sind oder aus irgendeinem anderen Grund mit Jugendlichen zu tun haben, dann erleben sie 13-jährige Supermachos, die in ihrem vom Komikerduo *Erkan und Stefan* populär gemachten *Kanakisch* den ganzen Tag von Mösen reden und von Schwänzen, die ihre Hühnerärmchen in Muscle-Shirts stecken und statt »Guten Morgen« entweder gar nichts sagen oder »Isch mach disch tot, du Wichser«. Wie kommt ein Mann sich vor, der ernsthaft versucht, die Frauen zu verstehen, wenn »Frauenversteher« ein Synonym für »Warmduscher« ist? Wie lebt man damit, dass man im Lichte der weiblichen Emotionalitätsoffensive qua Geburt als stumpfsinniges Arschloch gilt, dass man nur dann ein guter Mann ist, wenn man seine Triebe beherrscht, dabei hat man vielleicht gar keine Triebe, man bemerkt sie gar nicht, weswegen man wiederum einen *Z3 Roadster* fahren muss oder zumindest einen *Alfa Romeo*, wie in den einschlägigen Magazinen – *Hustler*, *MAXIM*, *Auto Motor Sport* – zu lesen ist.

Die britische Schriftstellerin Doris Lessing, die Jahrzehnte als Feministin galt, machte sich im Frühjahr 2001 im Alter von 81 Jahren bei den bewegten Frauen ziemlich unbeliebt. Presseberichten zufolge soll Frau Lessing eine Schulklasse besucht haben, und die Lehrerin soll den Kindern beigebracht haben, dass an allem Bösen in der Welt die Männer schuld seien. »Ich bin zunehmend schockiert über die gedankenlose Abwertung der Männer«, merkte Frau Lessing einige Tage später öffentlich bei einem Literaturfestival an. »Die dümmlichsten, ungebildetsten und scheußlichsten Frauen können die herzlichsten, freundlichsten und intelligentesten Männer kritisieren, und niemand sagt etwas dagegen.« Der deutschen *Emma* fiel dazu nichts Besseres ein, als Frau Lessing zum »Pascha des Monats« zu küren. Wenn man als Mann zufällig mit einer Frau zusammen ist, die Charlotte-Roche-Fan ist und aus diesem Grund die *Emma* abonniert hat, und wenn sie zufällig die entsprechende *Emma*-Seite aufgeklappt neben dem Klo liegen gelassen hat, was denkt man dann? Ich persönlich würde annehmen, die Weiber hätten sie wohl nicht mehr alle. Um Ärger zu vermeiden, würde ich häufig »Ja, Schatz« sagen, Grundsatzdiskussionen würde ich lieber aus dem Weg gehen. Ich würde mich dünne machen, wenn sich was zusammenbraut, und vorsorglich ab und an den Müll runterbringen, denn Frauen mögen das, zumindest darüber herrscht Klarheit.

Leider können wir den Männern vorläufig nicht behilflich sein in Sachen Rollenbild. Gerade in der häuslichen Sphäre wissen wir selber nicht so genau, wo es langgehen soll, denn wir leiden am *Billy*-Syndrom. Mit *Billy* ist in diesem Fall nicht der Fernsehanwalt aus *Ally McBeal* gemeint, die Jugendliebe der Serienheldin, sondern das Ikea-Regal gleichen Namens. Das *Billy*-Regal muss immer wieder als Beleg für die These herhalten, dass Frauen heutzutage auf eigenen Füßen stehen, dass sie alles alleine hinkriegen. »Wir können immerhin ein *Billy*-Regal selbst zusammenbauen, wozu brauchen wir einen Mann«, klopfen sich die Frauenzeitschriftenredakteurinnen gegenseitig auf die Schultern. Auf die Idee, dass es ein ganz schön mickriger Beleg ist, das mit dem *Billy*-Regal, kommt keine(r). Jeder Depp kann ein *Billy*-Regal aufbauen, das heißt, niemand kann das, denn *Billy* steht immer schief und krumm da und wackelt, egal wer wie lange daran herumgeschraubt hat. Für ein aufgebautes *Billy*-Regal gibt es kein Bundesverdienstkreuz, nicht einmal das Seepferdchen, es ist einfach keine Leistung. Die Legende von den starken Frauen und ihren selbst zusammengefriemelten *Billy*-Regalen ist nichts als ein hohler Slogan, genau wie der Slogan vom Frauenblick auf Männerhintern. So etwas hilft niemandem weiter, auch nicht der beschränktesten Abonnentin. Wohingegen der pathologische Zustand des *Billy*-Syndroms durchaus ernst zu nehmen ist: Er beinhaltet, dass wir uns auch im Privaten ständig für alles zuständig fühlen, zuallererst fürs Zwischenmenschliche, an zweiter Stelle für den Haushalt.

Da ist zunächst unsere Kommunikationshoheit. Frauen telefonieren nur deshalb länger als Männer, weil sie kommunikativ begabter sind, das haben wir ja bereits mühsam hergeleitet. Unser *first class* Kommunikationstalent führt dazu, dass wir stunden- oder gar tagelang darüber nachdenken beziehungsweise nachfühlen können, warum Mann x den Satz y gesagt hat und warum ausgerechnet in diesem Tonfall. Wenn er zum Beispiel etwas furchtbar Abgedroschenes sagt, wie »Frauen wollen schlecht behandelt werden«, und dabei laut lacht, dann nehmen wir im ersten Moment an, er habe einen Jux gemacht, was vermutlich auch so ist. Er meint es tatsächlich nicht so. Aber mit dieser kühlen Deutung geben wir uns selten zufrieden, da steckt zu wenig Intuition drin. Eine solche Banalität kann zu tagelangem Kopfzerbrechen führen. Was, wenn er es ganz anders meint, nämlich nicht als Scherz, sondern als Tatsache? Viel schlimmer ist es, wenn er etwas Nettes sagt. »Du bist einfach süß«, zum Beispiel. Im ersten Moment freut man sich. Dann hält man inne und fragt sich: Süß? Was heißt eigentlich süß? Bedeutet das vielleicht, dass er mich nicht ernst nimmt? Ich bin überhaupt nicht süß, ich bin 1,79 Meter! Was zum Teufel will er damit sagen? Wir suchen nach Magie und Mystik, wir forschen nach dem Subtext, nach dem, was zwischen den Zeilen steht, auch wenn dort gar nichts geschrieben ist. Es muss einfach mehr bedeuten, worum geht es wirklich, fragen wir uns, unsere Freundinnen und ihn.

Ein alter Bekannter in seinen besten Jahren, nennen wir ihn Fabian, erzählte mir einmal, wie er mit seiner vorläufig letzten festen Freundin zusammenkam. Die beiden kannten sich seit Oberstufentagen und hatten sich nach dem Abitur, als sie längst in verschiedenen Städten lebten, öfter geschrieben. Einmal klebte Fabian unabsichtlich, aus purer Gedankenlosigkeit eine Briefmarke verkehrt herum auf den Umschlag, er bemerkte es gar nicht. Als er sich kurz darauf mit der Frau traf, war sie anders als sonst, sie ging ihm plötzlich an die Wäsche, und er ließ es sich gefallen, schließlich war er ebenso ungebunden wie sie. Etwas später, als die beiden schon eine Weile eine Wochenendbeziehung führten, fragte er sie, wie sie denn damals überhaupt auf die Idee gekommen sei, dass da mehr laufen könnte. Und sie erklärte ihm, er habe schließlich die Briefmarke verkehrt herum auf den Umschlag geklebt, das sei ja wohl ein eindeutiges Zeichen, sie sei nur auf sein Werben eingegangen. Er erklärte ihr, dass es sich bei dem Briefmarkenkopfstand bloß um ein Versehen gehandelt habe. Fabian fand das im ersten Moment ziemlich ulkig, erst im zweiten dämmerte ihm, dass er gerade mitten im ersten Grundsatzstreit mit seiner Liebsten steckte, die nun an der Basis seiner Liebe zweifelte und ihm fortan kein Wort mehr glaubte, obwohl er sie noch nie angelogen hatte. Einige Monate später schickte er ihr dann einen Abschiedsbrief. Ich an seiner Stelle hätte ja einen DIN-A4-Umschlag gekauft und gleich drei Einemarksbriefmarken nebeneinander drauf geklebt. Verkehrt herum, versteht sich.

Man muss es einmal ganz deutlich sagen: In der Bedeutungshinsicht kriegen wir Frauen den Hals nicht voll. Männer legen nicht so viel Wert auf Gefühlskram und Zwischentöne, vermutlich, weil sie gelernt haben, dass sie sich damit nicht auskennen, also lassen sie es lieber. Männer sagen entweder gar nichts, weil sie nichts zu sagen haben, oder sie sagen, was sie meinen. Wir hingegen können es nicht ertragen, dass oftmals gar nichts »dahinter steckt«, wir wünschen uns Sensationen, wenn schon nicht im Job, dann wenigstens im Privaten. Und außerdem ist da unser Bauch, den hätten wir jetzt fast vergessen. Deswegen lassen wir nicht locker, wir wollen es genau wissen, und wenn er uns fragt: »Wo ist denn das Problem?«, haben wir selten eine passende Antwort. Es ist irgendwie-einfach-immer-nicht-genug, mehr können wir dazu nicht sagen. Wir hegen einen geheimen Groll gegen die Männer, denn es scheint, als könnten wir in ihrem Beisein die eine, die weibliche und weiche Seite nicht ausleben. Weil sie sich weigern, uns zu verstehen. Sie wollen uns einfach nicht auf unsere Gefühlsexpeditionen begleiten, wir bauen ein emotionales *Billy*-Regal nach dem anderen, aber sie schauen nicht mal hin. Leicht wird man dann zur beleidigten Leberwurst.

Die tatsächlichen Beleidigungen indes, die erkennen wir vor lauter Kommunikationsärger gar nicht. Das ist wiederum so eine Gefühlssache: Wir nehmen es selten persönlich, wenn er uns seine Unterhosen aufnötigt, die wir eben schnell mitwaschen, weil wir sowieso gerade eine Maschine anwerfen. Wir nehmen es auch nicht persönlich, wenn er uns wochentags immer einkaufen lässt, er kommt ja so spät aus dem Büro, er kennt sich nicht so gut aus, er weiß auch nie, ob der Haushalt noch Klopapier braucht oder nicht. Wir empfinden es seltsamerweise nicht als Beleidigung, wenn er die Reste seines Spiegeleis in der Pfanne pappen lässt und sie zum Dreckgeschirr stellt, anstatt die Spülbürste in die Hand zu nehmen. »Hach – Männer haben einfach kein Gespür für so was.« Bevor der Ranz komplett verschimmelt, beseitigen wir ihn eben schnell selbst. Mit einem Wisch ist alles weg. Es gibt schließlich Spülbürsten von *Alessi.*

»Deutschlands Männer sind besser als ihr Ruf«, vermeldete das Markt- und Meinungsforschungsinstitut Gewis im Frühjahr 2001. Immerhin 86 Prozent aller Frauen bekämen bei den Jobs in den eigenen vier Wänden Hilfe vom Partner. Modern an dieser Aussage ist, dass nicht von »Hausarbeit« die Rede ist, sondern von »den Jobs in den eigenen vier Wänden«. Hausarbeit als solche ist gesamtgesellschaftlich inzwischen aufgewertet, nach einem Urteil des Bundesgerichtshofs muss sie bei den Unterhaltszahlungen nach einer Scheidung angerechnet werden wie ein bezahlter Job. So wie Sekretärinnen und Bürokaufleute jetzt Office Manager heißen, heißen Hausfrauen oder Hausmänner jetzt Household Manager, was nichts an der Tatsache ändert, dass die wenigsten Menschen viel Freude am Bügeln oder Staubsaugen finden, geschweige denn darin ihren Lebensinhalt vermuten, und das gilt für beide Geschlechter.

Wenn man sich die Aussage der Umfrage näher betrachtet, dann klingt das alles auch gar nicht mehr so modern wie zunächst angenommen: Wenn 86 Prozent der Frauen bei der Hausarbeit von dem Mann an ihrer Seite »Hilfe« bekommen, dann bedeutet dies, dass er ihr ab und an unter die Arme greift. Hilfe bedeutet nicht, dass er ihr die Hälfte der Arbeit abnimmt. Dann würde er ihr ja nicht helfen, dann würde einfach jeder von beiden seinen Job machen, nämlich die Hälfte des Drecks beseitigen. Wenn Frauen »Hilfe« bekommen, bedeutet dies, dass sie sich überwiegend alleine um den ganzen Scheiß kümmern.

Nun ist jede Statistik, jedes Umfrageergebnis manipulierbar, das haben wir alle an der Uni gelernt oder beim Fälschen der Bilanzen in der Firma. Aber interessant ist doch, welche Politik damit gemacht wird, welcher Slogan da geschaffen wird, wer ihn sich ausdenkt und warum. Die Bericht erstattenden Frauenmagazine hätten ja auch schreiben können: 86 Prozent der Frauen machen überwiegend den Dreck weg (und freuen sich, wenn ihr Macker manchmal dabei hilft). Der »neue Mann« unterscheidet sich vom alten dadurch, dass er sich an ausgewählten Tagen dazu bereit erklärt, sich eine Schürze umzubinden, und das nicht nur im Sommer beim Grillen. Und dass er sich hütet, seinen Standpunkt in Sachen häuslicher Sphäre klar zu äußern. Er sagt nicht, dass Hausarbeit grundsätzlich Frauenkram ist, auch wenn er es vielleicht denkt. Er sagt: »Dir ist Ordnung eben wichtiger als mir.«

In einem Interview mit dem Kirchenmagazin *Chrismon*, dem ehemaligen *Allgemeinen Deutschen Sonntagsblatt*, erzählte Uschi Glas, wie das bei ihr zu Hause so mit der Hausarbeit ist. Trotz ihrer Superkarriere als Schauspielerin und Kosmetikverkäuferin und Mutter räumte Frau Glas ein, dass sie die Einzige im fünfköpfigen Haushalt ist, die sich um die vollen Tischabfalleimer und die von Eigelb verklebten Löffel am Frühstückstisch kümmert. »Und wenn ich mal sage, helft mir doch, rührt sich keiner«, schimpfte Frau Glas. »Aber bevor ich lang herumrede, räume ich das Geschirr lieber selbst weg. Mir ist Harmonie sehr wichtig, und wegen einer solchen Kleinigkeit wie das Tischabräumen mag ich keinen Unfrieden stiften.« Sie will sich nicht unbeliebt machen, sie hat Angst, dass ihr Mannskerl sie nicht mehr attraktiv findet und die Kinder sie der Wechseljahre verdächtigen könnten, die Frau Glas.

Die Generation Ally ist, sobald sie eine Wohnung mit einem männlichen Lebenspartner teilt, kein Stück weiter. Wir machen es genau wie Frau Glas, wir machen keinen Ärger, vielleicht nicht vorrangig um des lieben Friedens willen, sondern weil wir einfach zu müde sind. Tausende von uns fluchen wegen des Drecks, den er hinterlässt, Tausende haben schon Tausende Diskussionen mit ihm darüber geführt. Aber man hat relativ schlechte Karten, wenn man als Argument bloß Kleinigkeiten anführen kann: das bisschen Spülen, das bisschen Putzen, *Das bisschen Haushalt* eben, das Johanna von

Koczian in den 70ern besang, als unsere Mütter gerade den ersten Makrameekurs buchten.

Es kommt der Punkt, an dem überlegen wir, ein Haushaltstagebuch einzuführen, in das wir genau eintragen, wer wann welchen Job erledigt hat. Damit er nicht immer sagen kann: »Ich habe doch neulich erst gespült«, wenn es sechs Wochen her ist. Im Job, als Ressortleiterin, Tierklinikvorsteherin oder Chefeinkäuferin, würden wir diese Maßnahme sofort ergreifen, sie stellt ein preiswertes und funktionales Controllinginstrument für die Aufgabenverteilung zwischen den unterschiedlichen Abteilungen dar. Vielleicht kaufen wir tatsächlich eine Kladde, ein Notizbuch, einen Kalenderblock und legen einen Kugelschreiber daneben. Aber wir tragen nie etwas ein. »Man will ja keine Emanze sein«, sagt man sich dann. Es erscheint lächerlich, es beleidigt das Selbst, wenn man in den Augen des Partners in erster Linie als Putze erscheint, das will man nicht noch überbetonen, indem man es dauerhaft thematisiert. Bevor man in der damit verbundenen Diskussion zu einem fairen Ergebnis kommt, hat man längst alles aufgeräumt und sogar die Fenster noch geputzt. Ein Haushaltstagebuch kommt einem kindisch vor.

Dabei ist er doch das Kind, wenn er die Notwendigkeiten des Lebens weder erkennt noch zu deren Beherrschung im Stande ist. Kann man eine Survival-Niete lieben? Ganz im Ernst: Kann man jemanden lieben, der so viel weniger kann als man selbst? Der zum Erhitzen der Ravioli nicht in der Lage ist, zum Wäschewaschen zu blöd, obwohl er oft zwei bis drei Jahre älter ist als man selbst? Oder: Kann man jemanden lieben, der das alles sehr wohl kann, der sich aber lieber bedienen lässt, und zwar von uns als emsiger Feudelfee? Hausfrauen tragen heute keine Kittelschürzen mehr. Sie tragen zehenfreie Pantoletten, flotte Caprihosen oder asymmetrische Röcke, sie tragen T-Shirts mit kessen Sprüchen. Junge, schicke Wesen, die ihre nicht minder jungen, schicken Spielgefährten umhätscheln wie Uschi Glas ihren Clan.

Es gibt dann auch noch die Frauen, die es ja eigentlich ganz gerne machen. Solche, die niemals eine Putzfrau engagieren würden, nicht einmal eine männliche Nacktputztruppe wie die im Rhein-Main-Gebiet operierenden *Putzi-Bären*, selbst wenn sie sich's leisten könnten. Diejenigen, denen nichts Besseres einfällt, als ein *Superweib* zu sein.

In Wohn- und Frauenmagazinen sind häufig Homestorys von Unbekannten zu finden, Fotoreportagen, die ganz besonders hübsch eingerichtete Domizile zeigen. Wir sehen Frau Düppler-Dossenbrosch, Mitte 30 und selbstständige Modedesignerin, wir sehen das große Wohnzimmer mit der geschickt abgeteilten Essecke, wir sehen Einzelstücke von Mies van der Rohe, die Frau Düppler-Dossenbrosch geschickt in das ansonsten barocke Interieur integriert hat. Auf einer Kommode hat sie Kunstbände und Mitbringsel aus fernen Ländern zu einem Stilleben dekoriert, insgesamt dominiert Rostrot. »Ich brauche Wärme«, sagt Frau Düppler-Dossenbrosch, die gewiefte Inneneinrichterin, die ihre Tochter Fee-Florenzia auf dem Schoß sitzen hat, und ihr Lebensabschnittsgefährte, der unter Umständen einen anderen Nachnamen hat, steht irgendwo im Hintergrund, die Tiefenunschärfe lässt seine Konturen verschwimmen. Einige Wohnmagazine bringen regelmäßig Vorher-Nachher-Reportagen. Auf dem Vorher-Foto sieht man zum Beispiel ein hässliches, lieblos gestaltetes Badezimmer mit braunen Kacheln und einem nichtssagenden Deckenstrahler und einer Wanne, deren Lack schon bröckelt. Auf dem Nachher-Foto ist der Raum nicht wiederzuerkennen, die Wanne im Erdboden versenkt, die Kachelkatastrophe durch weißen Marmor ersetzt, der Deckenstrahler durch Halogenlichter. Keine Frage, dass man selbst in einem Vorher-Foto wohnt. Seltsam nur, dass Frauen stets mehr darunter zu leiden scheinen als Männer.

In dem Film *Harry und Sally* gibt es eine Szene, in der ein befreundetes Paar der Protagonisten zusammenzieht, Mann und Frau sind berufstätig und halten sich tagsüber kaum zu Hause auf. Harry und Sally helfen ihnen beim Einzug und müssen miterleben, wie sich das junge Glück erstmals ordentlich in die Haare gerät, denn er will unbedingt ein Monstrum von Couchtisch ins Wohnzimmer stellen, eine Scheußlichkeit, zusammengebaut aus einem alten Wagenrad und einer überdimensionierten Glasplatte, ein Erbstück. Die

Frau weigert sich mit allen erdenklichen Mitteln, sie will dieses Ding auf keinen Fall in ihrer Bude stehen haben, und es sieht so aus, als setzte sie sich am Ende durch. Man lacht, weil man es kennt. So wie die Bäuerinnen im Mittelalter, so wie die verschleierten Großmütter in traditionellen arabischen Großfamilien, so wie unsere halb-selbstverwirklichten Makramee-Mütter, genau so benehmen wir uns noch heute. Die Herrschaft über die häusliche Sphäre geben wir nicht aus der Hand.

Wir werden manchmal sogar süchtig nach Organisation und mischen uns dann regelrecht in sein Leben ein. Wenn seine Mutter Geburtstag hat, denken wir schon zwei Wochen vorher an die Geburtstagskarte und den *Fleurop*-Strauß, weil er es sowieso wieder vergisst. Wenn er seinen Job verloren hat, dann schnippeln wir Stellenangebote aus der Zeitung aus oder schicken ihm Online-Inserate per E-Mail. Wenn er keinen Geschmack hat, dann schenken wir ihm *Ipuri*-T-Shirts und unifarbene Hemden zum Geburtstag, in der Hoffnung, es wirkt nach. Wir selbst würden uns diese Bevormundung, diese Einmischung in unser Privatestes freilich nicht erlauben. Mit uns selbst wären wir wirklich nicht gern zusammen. Aber das ist etwas anderes, finden wir. Männer muss man manchmal erziehen, meinen wir doch tatsächlich immer noch ein bisschen, ein klitzekleines Restbisschen. Es ist wie bei Julia Roberts in *Notting Hill II*: Wir wollen überall unsere Finger drin haben. Wir wollen am Schalthebel sitzen. Gleichzeitig träumen wir davon, dass ab und zu jemand anderes für uns bestimmt und sagt, wo es langgeht, und dass er auf uns aufpasst. Allerdings würden wir am liebsten selbst entscheiden, wann er das sagt, wo und wie. Das macht die Sache so schwierig. Auch aus diesem Grund fühlen wir uns dauerschuldig und dauerenttäuscht und dauerangestrengt. Statt dass wir einfach nach Feierabend den Schlüssel im Wohnungsflur fallen lassen, den Pizzadienst anrufen, uns vor die Glotze hängen und den Wäscheberg vor sich hin stinken lassen, sorgen wir für wohliges Ambiente, falls jemand zu Besuch kommt. Unterdessen schaltet er erst einmal den Computer ein und spielt *Black & White* und ruft »Ich helfe gleich«.

Es ist dann wie damals, als wir als Teenager die Handtücher von der Leine nehmen und zusammenlegen sollten, um unsere Mütter zu entlasten. Wir sind die Mutter, er ist der Teenager. Wir riefen damals: »Gleich, gleich, ich will noch *Timm Thaler* fertig gucken«, und als die Sendung fertig war, waren die Handtücher schon längst im Wandschrank verschwunden, und die Mutter hatte einen sauren Zug um die Mundwinkel, sie schmollte vor sich hin, und wir sagten, es täte uns Leid, aber wir hätten doch gesagt, dass wir erst die Sendung fertig schauen wollten, und warum sie denn nicht gewartet habe. Und dann schnaubt die Mutter, »Jaja, so wie es immer ist«, und leise sagt sie: »Dann mache ich es doch lieber selber«. Und wir bleiben dann mit einem schlechten Gewissen zurück und schämen uns und spüren den Vorwurf – aber gleichzeitig sind wir auch sauer, wir wollten ja wirklich noch die Handtücher zusammenlegen, die spinnt wohl, die Mutter, dann soll sie halt abwarten, ist doch total egal, ob die Handtücher um 15.30 oder um 16.05 Uhr abgehängt werden. Sie baumeln unten im Waschkeller schlapp auf der Leine und stören niemanden, und im Wandschrank liegen 23 frische Hand- und 17 Duschtücher, falls es akuten Bedarf geben sollte. Wenn sie es so gerne macht, dann soll sie doch, selbst schuld. Irgendetwas will die Mutter mit ihrer pampigen Reaktion loswerden, ahnen wir, sie will sich beschweren, sie will auf sich aufmerksam machen. Aber dann soll sie sich gefälligst klar ausdrücken.

Keine Frage, dass wir emanzipiert sind. Hey, das ist super, wir sind so emanzipiert, dass uns das bisschen Haushalt keinen Zacken aus der Krone bricht, so emanzipiert, dass wir das locker wegstecken. Wir benehmen uns ja auch nicht immer nur wie unsere Mütter, manchmal benehmen wir uns auch wie unsere Väter. Manchmal benehmen wir uns wie ein Mann, der sich eine Frau hält. Wir führen Frauengespräche mit unseren Freundinnen und machen uns ein wenig lustig über ihn, oder wir loben ihn über den grünen Klee. »Schau mal, was ich hab: Einen Mann.« Wenn wir mit anderen Frauen über unsere Männer sprechen, dann tun wir nicht selten so, als hätten wir ein possierliches Haustier an unserer Seite. Wenn Frauen aus dem Urlaub zurückkehren, dann erzählen sie ihren Freundinnen erstens vom wunderbaren Wetter und zweitens davon, dass sie sich ganz toll mit ihrem Freund oder Mann verstanden haben: »Wir waren uns unglaublich nah, unten an der Adria.«

Bei jungen, unverheirateten Paaren kochen 58 Prozent der Männer, nach der Eheschließung sind es noch 29 Prozent, hat das Meinungsforschungsinstitut Allensbach herausgefunden. Wenn es samstags regnet und das Wetter ihm die Mountainbike-Partie versaut, dann geht er vielleicht auf dem Markt einkaufen, »Heute mache ich das mal«, und küsst uns zum Abschied auf die Stirn. Dann verbrät er binnen weniger Stunden genauso viel Geld wie wir bei den Standardeinkäufen der gesamten Woche, weil er keine Ahnung vom Preisgefüge hat, und kommt schließlich zurück mit Rehfilets, Trüffeln, Balsamico-Essig, Artischocken und anderen Luxusnahrungsmitteln. Vielleicht kann er kochen, vielleicht lässt er sich dazu hinreißen, nicht zu einer Linsensuppe oder zu Spaghetti mit Soße natürlich, er zaubert Exklusiveres, und vielleicht schmeckt es sogar, ist zu verzehren, und man wundert sich, wie er das hinbekommen hat. Eine Frau ist dann stolz auf den Mann, so wie unsere Väter vielleicht stolz auf ihre Frau waren, wenn sie ihr ausnahmsweise einmal den Wagen überließen und die Frau den Heimweg von der erkrankten Cousine in der abgelegenen Kleinstadt über das Autobahndreieck Mönchhoff ganz alleine gefunden hat.

Anders als die Single-Frauen haben wir keine Angst vor dem berühmten einsamen Sonntag, denn unser Sonntag ist nicht einsam, wir sind mit jemandem zusammen, und wenn er einmal an einem Wochenende nicht da ist und wir doch alleine sind, ist das eher eine Entspannung als ein Fiasko. Unser Topf hat einen Deckel, wenigstens regnet es jetzt nicht mehr herein. Das ist eine sehr pragmatische Denkweise. Könnte fast von einem Mann sein.

Vermutlich haben wir es uns zu früh gemütlich gemacht. Wenn Feuilletonisten und Feuilletonistinnen vom Geschlechterkampf im Privaten sprechen, haben sie möglicherweise Recht, auch wenn es uns nicht passt. Wir Frauen haben ein Stück der Welt erobert, wir haben einiges hinzugewonnen, zum Beispiel auf dem beruflichen Terrain. Aber wir geben umgekehrt nichts ab beziehungsweise ist die andere Seite nicht bereit, uns in der häuslichen Welt das Entsprechende abzunehmen, wie anständige Alliierte es täten, und wir sind so dankbar für das Hinzugewonnene, dass wir die unangenehmen Dinge zähneknirschend oder Hera-Lind-artig miterledigen, auch wenn wir Frau Linds Bücher niemals gelesen haben, sondern ihre Werke bloß am Muttertag verschenken.

Nun müssen wir die Männer nicht hassen, wie Teile der Feministinnen es tun. Wir müssen nicht mit Kanonen auf Spatzen schießen, denn was anderes als ein verwundbares Vögelchen ist ein Männchen, das ohne unsere Fürsorge aufgeschmissen wäre? Die Jungs versuchen, schadlos durchzukommen, sie machen es sich bequem, und sie haben ja auch Recht. Schön blöd, dass wir es nicht genauso machen.

Vielleicht braucht es gar keine neuen Schwanz-ab-Kampagnen, vielleicht müssen wir keine Boxershorts auf Scheiterhaufen verbrennen. Wenn wir es leid sind, stellvertretend für ihn sein Alltagsleben zu leben, dann müssen wir es einfach lassen. Wenn es dreckig ist in den von ihm bewohnten Ecken, dann müssen wir es einfach dreckig lassen, und wenn Besuch kommt, dann können wir ja sagen: »Tja, für diese Seite des Zimmers ist Andreas zuständig.« Wir haben verdammt noch mal Besseres zu tun. Wir sind viel freier, als wir uns selbst oft zugestehen. Wenn wir Angst haben, dass er uns verlässt oder betrügt, nur weil ihn die Hausarbeit und unser beständiges Einfordern seines Beitrags abtörnen könnte – was wollen wir dann noch bei ihm?

Es gibt Frauen, die heiraten einen reichen Mann, einen schwergewichtigen Industriellen, man sieht sie in den Fotogalerien der Boulevardpresse. Sie mögen den Mann lieben, und wenn sie es nicht tun, ist es auch nicht schlimm, sie müssen es bloß eine Weile als lebendiges Accessoire mit ihm aushalten, dann lassen sie sich scheiden und starten in ein sorgenfreies Leben. Es gibt auch Frauen, die schreiben Liebesbriefe an Vergewaltiger oder sie heiraten Massenmörder im Knast oder verhelfen ihnen zur Flucht, aus Liebe. Es gibt Frauen, die verleihen ihre Kinder an Kinderschänder, aus Liebe zum Mann. Es gibt eine Menge Frauen, die eine Menge kranker Dinge tun. Wir haben die Wahl. Wir müssen nicht die Opfer der Post-Moderne sein, die doppeltbelasteten Samurais eines neuen Zeitalters. Wir müssen nur die rechte Gehirnhälfte zur Abwechslung mal links liegen lassen. Wir müssen nur, ausnahmsweise, ganz gegen unsere Gewohnheit, für einen Moment einen Schritt zurücktreten von unserem Individualleben und versuchen, einen Blick auf die Gesamtheit zu werfen. Dann würden wir erkennen, dass wir Pionierinnen nicht nur auf dem Lifestyle-Sektor sind, sondern auch im Geschlechterverhältnis, dass wir einfach nur konsequent sein und da weitermachen müssen, wo unsere Mütter aufgehört haben. Vielleicht müssen wir uns an den Gedanken gewöhnen, dass man heutzutage schneller den Wohnort und den Job wechselt als früher, vielleicht auch den Partner. Wir kämen nicht auf die Idee, im Büro die Arbeit der männlichen Kollegen mitzuerledigen, nur weil wir es vielleicht besser können, und wir befürchten trotzdem nicht, gekündigt zu werden, weil es dem gesunden Menschenverstand widerspräche.

Können Sie sich vorstellen, dass die Viva-Moderatorin und Jung-Feministin Charlotte Roche das Klo für den Mann an ihrer Seite putzt? »Setz dich gefälligst hin und pass auf, dass deine Pisse nicht danebengeht, du fusseliger Fernbedienungs-Katzenklo-Frauenverschwender«, würde sie ihm vermutlich an den Kopf werfen. Und Recht hätte sie.

7. KÖRPERSÄFTE, DICKE BÄUCHE UND PROMINENTE WONNEPROPPEN

»Ich will dick werden. Ich will Umstandskleider tragen. Ich will meine Beine spreizen und zwei Betäubungsspritzen kriegen, den kleinen Wurm zwischen meinen Schenkeln ausspucken und ihn dann an meinen Brustnippeln saugen lassen, und Papa soll die ganze Zeit dabeibleiben und den Camcorder draufhalten, klar?«

(Ally McBeal, 2. Staffel, Folge 21)

»Die Geschichte der Menstruation ist eine Geschichte voller Missverständnisse.« Das behauptete Mitte der 90er Jahre die Ärztin aus der *o.b.*-Werbung. Anders als der in die Jahre gekommene *Dr. Best* aus der Dentalabteilung war die *o.b.*-Ärztin erst Anfang 30 und dozierte locker von der Kante ihres Naturholzschreibtisches aus, in ihrem Ärztezimmer mit pastelliger Tapete, während *Dr. Best* an einer Sperrholzplatte vor einer drögen Stellwand in einem kargen Studio auftrat, dessen Neonröhren seine Augenringe übermäßig betonten. Die *o.b.*-Ärztin gab sich in dem durch und durch weiblichen Spot mächtig Mühe, das Vertrauen der Zuschauerinnen zu gewinnen, und das Licht, das durch die naturweißen Vorhänge vor den Arztzimmerfenstern fiel, zeichnete ihr Gesicht weich. Sie sagte diesen Satz, in dem gleich zweimal das Wort »Geschichte« vorkam, der nach so viel Bedeutung klang, in dem die ganze humanoide Entwicklung mitschwang, und man war so geplättet, dass man den Rest ihres Vortrags überhörte. Sie vermittelte uns, dass wir durch unsere Tage unmittelbar an den Weltenlauf angebunden sind. Es ist nicht einfach klebrig-klumpiges Blut, das uns allmonatlich aus der Vagina tropft, es ist flüssiges Weltkulturerbe, so ihre Botschaft. Tatsächlich schnappt man ja immer wieder auf, dass menstruierende Frauen im Mittelalter als unrein galten und dass strenggläubige Musliminnen auf Sex verzichten müssen, wenn sie ihre Tage haben. Genau in diesem Grusel-Kontext sollten wir abendländischen Frauen im ausgehenden 20. Jahrhundert unsere Periode sehen: Die *o.b.*-Ärztin wollte uns so richtig Lust auf unsere Periode machen, wir sollten sie genießen beziehungsweise wir sollten es genießen, dass wir frei von blutigen Vorurteilen sein konnten, in einer aufgeklärten Gesellschaft lebten und von unseren Tagen praktisch nichts mitbekamen, dank ultrasaugfähiger Binden und Tampons. Indirekt plädierte sie für ein wenig Dankbarkeit gegenüber der Hygienebranche, und sie wünschte sich, dass wir Frauen allmonatlich ganz bewusst und voller Freude die Drogerieregale leer kaufen und uns gegenseitig die neuesten Auffangvorrichtungen vorführen und dabei den Fortschritt spüren. Der Komödiant Michael Mittermeier baute den Spot zügig in sein Bühnenprogramm ein. »Die Geschichte der Menstruation ist eine Geschichte voller Missverständnisse«, jaulte er und zog Grimassen, und die lautesten Lacher schenkten ihm die Frauen im Publikum. Lustig war vor allen Dingen, dass die *o.b.*-Ärztin mit keinem Wort erwähnte, dass immer etwas danebengeht, egal wie viele Flügel, Klebestreifen oder Saugkammern die *Camelia*, die *Always Ultra*, der *Tampax* oder der *o.b.* hat. Ein roter Rand oder ein roter Fleck im Slip lässt sich nach einem Tag langer Arbeit kaum vermeiden, und die Generation Ally hofft inständig, dass die Entwicklungsabteilungen der Zellstoffindustrie bis zu unserem 60. Geburtstag noch einige Fortschritte machen, damit uns solche Malheure bei der Alters-Inkontinenz mit der *Tenalady* erspart bleiben.

Mit dem weiblichen Unterleib ist es ganz einfach und unmissverständlich so: Es steckt allerhand drin, und es kommt allerlei heraus. Fruchtwasser zum Beispiel oder Scheidensekret. Als erstes kommt mit etwa elf Jahren der Ausfluss, der milchig-weiße Vorbote der Menstruation. Er lagert sich als Schmierfilm in der Unterhose ab, und wenn er eintrocknet, schimmert er perlmuttartig, gelblich-silbern, gelegentlich auch mit Grünstich, aber dann sollte man dringend einen Arzt aufsuchen. Grün ist keine gesunde Farbe, das galt schon für den Rotz, den wir uns im Kindergarten am Ärmel abwischten. Das, was den Aliens in *Alien* aus den Körperöffnungen tropft, sieht so ähnlich aus wie der Ausfluss, der zwar klebrig, aber auch interessant ist. Von außen sieht man ihn nicht, und er hat auch keinen erwähnenswerten Geruch, so dass er der Umwelt nicht weiter auffällt, nur den Müttern, die die Unterhosen waschen. »Da haben wir ja die Bescherung«, sagen sie, wenn der Ausfluss zum ersten Mal geflossen ist, und lächeln mit milder Nachsicht, und es hört sich an, als redeten sie mit einem Kleinkind, das gerade einen frisch dampfenden Haufen A-a produziert hat. Kurze Zeit darauf setzt dann die Regelblutung ein, wenn alles normal läuft. Normalität spielt bei der Periode eine große Rolle. Die meisten Mädchen bekommen zwischen dem 12. und 13. Lebensjahr zum ersten Mal ihre Tage, wer deutlich früher oder später dran ist, macht sich Sorgen.

Fakt ist, dass die Periode eine Last ist, besonders in der Pubertät, in der man sowieso schon so viele gesundheitliche Probleme hat, etwa Akne, die mit Säuretinkturen zu behandeln ist, oder krumme Zähne, die mit Metalldrähten geradezubiegen sind, platte Füße, die mit Einlagen aufzupolstern sind, oder Warzen, die man sich in öffentlichen Sporteinrichtungen holt und die herausgeschnitten werden müssen. Der Menstruationsbeginn wird nicht gefeiert, stattdessen gibt es eine Sonderimpfung. Mädchen, die bereits »so weit sind«, werden nicht mehr nur gegen Polio und Tetanus geimpft, sondern auch gegen Röteln, wenn sie selbst noch nicht daran erkrankt sind und daher keine Antikörper gebildet haben. Röteln können lebensgefährlich für ein ungeborenes Kind sein, und da man durch seine Tage fruchtbar und theoretisch schwanger sein konnte, musste man sich zwangshalber dagegen schützen lassen, damit nicht aus Versehen ein missgebildetes Kind entstünde, unser Leben versaut wäre und das Budget der Krankenkasse auch. Es ist seltsam, wenn man selbst noch ein Kind ist und sich alle anderen bereits Sorgen um die Kinder machen, die man noch lange nicht geboren hat. Unsere körperliche Fruchtbarkeit machte alle Welt um uns nervös, mehr noch als uns selbst, so schien es. Während wir Mädchen uns im SV-Raum von der schulbeauftragten Amtsärztin eine Extraportion Antikörper spritzen ließen, machten die Jungs in der Impfschlange nebenan blöde Witze, wie so oft.

Es ist das Alter, in dem die meisten von uns zum ersten Mal eine gynäkologische Praxis von innen sahen, oft in Begleitung der Mutter. Ein herbes Ambiente, in solch einer Praxis. Nicht sehr angenehm. Unheimlich. Irgendwie industriell. Es ist schon schlimm genug, dass man sich auf einem gynäkologischen Stuhl kaum bewegen kann, dass man so gut wie angeschnallt da liegt. Fast noch schlimmer ist, dass man nicht sehen kann, was sich zwischen den Schenkeln so alles tut, wie das eigentlich alles aussieht, was der Mensch da eigentlich macht, mit dem Spekulum und den Wattestäbchen. Besonders unangenehm, wenn auch nicht auf Anhieb schlimm, war in meinen Augen die Tatsache, dass es sich um einen Mann handelte, den Arzt meiner Mutter. Es schien mir von Anfang an viel einleuchtender, zu einer Frauenärztin zu gehen, weil anzunehmen ist, dass sie sich wesentlich besser auskennt mit dem weiblichen Unterleib, einfach weil sie selbst einen hat.

Ich habe den Arzt meiner Mutter noch zwei oder drei Mal besucht. Später wechselte ich zu einer Ärztin, die mir bald darauf Pillenrezepte ausstellte, wogegen meine Mutter rein gar nichts einzuwenden hatte. Die meisten Mitschülerinnen nahmen ab Klasse 10 die Pille, auch wenn sie noch gar keinen Sex hatten, und das war kein Skandal. Besonders fortschrittliche Mütter konnten die Pille ihren Töchtern regelrecht aufschwätzen, sie wollten ihre Nachfahrinnen vor der Ramona-Falle beschützen, der frühen Mutterschaft, sie wollten vielleicht, dass ihre Töchter es anders machten als sie selbst.

Dabei hätten sie sich gar keine großen Sorgen machen müssen, denn die Perspektive, eine Teenagermutter zu werden, erschien keiner von uns verlockend, auch nicht denjenigen, die keine Ramona kannten. Die Sommerlöcher in den Medien wurden schon damals gern mit Berichten über minderjährige Mütter gestopft, mit Bildern und O-Tönen von 15-Jährigen, die mit ihren Babys im Mutterkindheim leben, wo sie abends in der Gemeinschaftsküche mit anderen Teeniemüttern und den betreuenden Sozialpädagoginnen kochen und ihren Hauptschulabschluss nachmachen. Die Väter, die jugendlichen Erzeuger, hatten sich meist aus dem Staub gemacht. Sie fühlten sich von der Vaterschaft überfordert und ließen ihre Exfreundinnen im Stich, was eine Riesensauerei war. Aber irgendwie auch verständlich. Die berühmteste Teeniemutter jener Tage hieß Andrea Götze, sie gebar 1986 als 14-Jährige Zwillinge. An ihrem 30. Geburtstag sind die kleinen Racker schon 16, das muss man sich mal vorstellen. Gar nicht mal schlecht, könnte man meinen. Frau Götze hat das Gröbste hinter sich.

Wenn die Tage gerade erst angefangen haben, dann hat man das Gröbste indes noch vor sich. So gehört akute Kreislaufschwäche zu einer weit verbreiteten Symptomatik in der weiblichen Schülerschaft von Klasse sechs aufwärts. Es war tatsächlich so, dass einem ob all der Hormone oft schwindlig wurde oder sogar richtig schlecht. Das war zunächst einmal ziemlich arm, wie wir damals sagten, vor allem, wenn man ausgerechnet am Tag der Tage mit der Clique im Schwimmbad verabredet war und befürchten musste, vor lauter schwarzen Punkten den Beckenrand nicht mehr zu sehen und kläglich zu ertrinken. Beziehungsweise konnte man ja nicht schwimmen, aus hygienischen Gründen, der ganze Unterleib stand offen, Bakterien hätten ein leichtes Spiel, das bleuten Mütter einem ein, und man musste dämliche Ausreden erfinden – damit auch bestimmt jedem klar war: »Hihi, die blutet.«

Mörderische Rachegedanken: Ich lernte sie im Friedrichsdorfer Freibad kennen, sie richteten sich gegen Petra Paschinski, und sie hatten mit der Regelblutung zu tun. Petra Paschinski spielte Handball, sie war schon damals 1,70 Meter und trug ein geflochtenes Lederbändchen um den Hals, und sie war die Erste, die ein eigenes Moped fuhr. Sie war nicht gerade beliebt, aber auch nicht gerade unbeliebt, vor Petra Paschinski hatte man einfach Angst, »Ich hau dir aufs Maul«, zischte sie auf der Rückbank im Schulbus, wenn ich ihr nicht freiwillig fünf bis sieben *Mr.-Freeze*-Stangeneis abgab aus dem Zehnerpack, den ich mir täglich am Kiosk an der Bushaltestelle kaufte, um mir die 45-minütige Heimfahrt zu versüßen. Einmal riss sie einer Mitschülerin ein Büschel Haare vom Kopf, handtellergroß, das arme Mädchen kam zwei Wochen nicht zur Schule und trug die Haare danach ganz kurz geschnitten.

Im Sommer 1982 schwärmte ich scheu für Philipp aus meiner Klasse, der den Spitznamen »Brösel« hatte, und ich hatte den Eindruck, dass Philipp mich auch ganz in Ordnung fand. Bis Petra Paschinski alles verdarb, mit einer miesen Aktion.

Die halbe Schule traf sich im Freibad, auch Brösel und Petra waren da, aber ich saß etwas ab vom Schuss, denn ich hatte meine Tage und wollte nicht riskieren, dass einer von den beiden etwas davon mitbekam. Brösel nicht, weil er es bestimmt total ätzend fand, Petra nicht, damit sie sich nicht öffentlich darüber lustig machte. Alles war auch soweit ganz gut gelaufen, das Schwimmbad war so voll, dass niemandem auffiel, dass ich gar nicht im Wasser gewesen war. Tampons mochte ich damals, mit 13, noch nicht benutzen, es erschien mir suspekt, mir etwas »da unten« hineinzustecken, wo ich doch noch nicht einmal erfolgreich Selbstbefriedigung praktiziert hatte. Ich hatte Angst, dass der Faden abriss, dass der Tampon stecken blieb, oder dass er mein Jungfernhäutchen zerfetzte. Stattdessen benutzte ich diese ganz dünnen Binden, die man nur bei ganz genauem Hinsehen durch den Badeanzug sah, weswegen ich vorsorglich ein hüftlanges T-Shirt darüber gezogen hatte.

Der Nachmittag neigte sich bereits dem Ende zu, als ich mit drei *Dolomiti*-Eis zurück zum Handtuchlager promenierte, das ich mit zwei anderen menstruierenden Mädchen teilte. Ich lief an den coolen Leuten der Klasse vorbei, an Petra und Brösel, und ich zog vermutlich schon damals den Bauch ein, der Beauty-Reflex. Möglicherweise hielt ich die Luft zu dolle an, kann sein, dass ich auch meinen Hintern ungeschickt zusammenkniff, um gut auszusehen, und dabei ist offenbar etwas verrutscht. Petra Paschinski rief: »Ey, Kullmann, deine Binde quillt dir aus der Hose«, und der Rest dieses Tages ist aus meinem Gedächtnis gelöscht.

Etwa ab 16 trug ich keine hellen Hosen mehr. Zum einen neigte ich nun allein aus Jugendkulturgründen zu Schwarz, zum anderen war Dunkles praktischer, weil es weniger Sicht auf die Genitalien bot. Helle Baumwollhosen oder weiße Jeans bergen stets das Risiko eines rotbräunlichen Flecks unter der Gürtellinie, oder man kann die Slipränder durch den Stoff sehen, und das sieht immer schrecklich aus, egal ob man einen Tanga oder ein Jazzpant oder French Knickers oder noch immer eine Wochentagsunterhose trägt. Zu eng dürfen die Hosen auch nicht sein. Es gibt schließlich nicht nur den Spruch »Arsch frisst Hose«, der beschreibt, wie ein Hosenhinterteil zwischen die Hinterbacken rutscht, es gibt auch einen analogen Spruch, der beschreibt, wie sich zu enge Hosennähte im Intimbereich verkeilen. Das ist der Unterschied zwischen Stil und Rohheit: Es gibt Frauen, die lassen ihre Schamlippen über die Naht im Schritt lappen und die BH-Träger durch Stretchtops quellen, und es gibt Frauen, die das nicht zulassen. Manchmal fassen Männer gern die Frauen an, denen der Speck quillt, vor allen Dingen, wenn er so wohl proportioniert ist wie die glänzenden Hügel einer Schweinshaxe.

Der gesteigerte Hygiene- und Sorgsamkeitsaufwand während der Menstruation machte keinen Spaß, andererseits bot die Bluterei aber auch eine prima Möglichkeit, sich vor Unangenehmem zu drücken, dem Schulsport zum Beispiel. »Tut mir Leid, ich habe meine Tage«, sagte man und hatte eine Doppelstunde frei und konnte in der Stadt mit anderen Schwänzern bummeln gehen. Ab der siebten Klasse wurden die Sportlehrerinnen misstrauischer, und man musste gelegentlich in der Halle bleiben, konnte die Zeit aber wenigstens für liegen gebliebene Hausaufgaben nutzen oder für die Lektüre eines *Hanni-und-Nanni-* oder Hermann-Hesse-Buchs, je nach Jahrgangsstufe. Besonders strenge Lehrerinnen nötigten einem den Dienst der Hilfestellung an, das heißt, man musste sich an die Geräte stellen und strauchelnde Mitschülerinnen abfangen, so dass sie keine Platzwunde erlitten. Aber selbst das war immer noch besser, als die eigenen Gliedmaße versehentlich gegen den Bock zu rammen, auf Holme aufzuschlagen oder von Schwebebalken zu stürzen. Übertreiben sollte man es mit der faulen Ausrede aber nicht, es gab Lehrerinnen, die Buch über den Zyklus ihrer Schülerinnen führten. »Du hattest erst vor zwei Wochen deine Tage«, sagte Frau Lupus, die Basketballlehrerin mit der tiefen Stimme, einmal und zückte ihr Notizbuch, und ich stammelte etwas von »unregelmäßigem Zyklus«, »Hormonstörungen«, genau deswegen sei mir ja dauernd schlecht, aber ich konnte ein weiteres Minus nicht verhindern. Richtig fies wurde es, wenn man tatsächlich seine Tage hatte und sich schlecht fühlte, die Lehrerin einem wegen all der Zykluslügen aber nicht mehr glaubte und einen trotz allen Unwohlseins zur Teilnahme zwang, unter Androhung einer Fünf im Zeugnis, was man unter Umständen nicht riskieren konnte, wenn man etwa in Physik auf der Kippe stand.

Es kann sein, dass in dem Spruch der *o.b.*-Ärztin doch ein Molekül Weisheit steckt. Es gibt tatsächlich einige Missverständnisse rund um die Menstruation, nur haben sie selten mit der Menschheitsgeschichte zu tun. So kam es anfangs nicht nur in der Schule, sondern auch im familiären Bereich zu Missverständnissen, in meinem Fall handelte es sich um den Vorwurf der Drogensucht. In den 80ern waren Collagen nicht nur in der Schule beliebt, sondern auch in der Freizeit. Mädchen schnippelten Werbemotive und Modefotos aus Illustrierten aus und klebten sie mit einer Menge *Uhu* zu großflächigen Plakaten zusammen und schenkten sich diese Bilder dann gegenseitig zum Geburtstag. Auf den Collagen waren schöne Frauen, schöne Männer, Sonnenuntergänge und wilde Pferde zu sehen, oder Parfumflakons und Lippenstifte, je nach Geschmack. Statt selber zu malen, bastelten wir aus bereits Dagewesenem Neues, schon damals konnten wir nicht anders. Auch ich war eine Collagenkünstlerin, und dazu brauchte ich eine Menge *Uhu*, dessen Geruch sich nur schwer vertreiben lässt, in einem mit Postern und Stofftüchern zugehängten Jungmädchenzimmer mit schräger Decke hängt er Tage in der Luft. Es war nicht nur die Zeit, in der die Regelblutung mir noch zu schaffen machte und mich gelegentlich ohnmächtig in die Knie zwang, es war auch die Zeit, in der die Medien gerade über eine neue Sucht berichteten, die unter Jugendlichen grassierte, vor allem unter Unterschichtskids: das Klebstoffschnüffeln. Aus diesen drei Fakten – dem *Uhu*-Odeur in meinem Zimmer, meinen überraschenden Ohnmachtsanfällen und der steigenden Zahl der Knebstoffschnüffler – kombinierte mein Vater messerscharf, dass ich an der Tube hing, dass ich mich täglich zudröhnte und voll auf »No Future« machte.

Ich hatte noch nicht mal eine Zigarette geraucht, und ich begann zum ersten Mal ernsthaft an meinen Eltern zu zweifeln. Ich fand das völlig ungerecht von meinem Vater, da hatte ich schon diesen ganzen Mist am Bein und musste mich jetzt auch noch rechtfertigen für etwas, das ich mir nicht ausgesucht hatte. Das war fast so ungerecht wie die Tatsache, dass die Jungs sich stattdessen mit Samenergüssen beschäftigten, unter Reinlichkeitsaspekten sicherlich eine fast gleichwertige Sauerei, aber nach allem, was man mit 12 oder 13 so aufgeschnappt hat, ist der Samenerguss doch mit wesentlich mehr Spaß an der Freude verbunden als die Regelblutung. Immerhin »kommt« er dabei, auch wenn wir uns darunter in diesem Alter wenig vorstellen konnten. Zum ersten Mal kam mir der Anflug des Gedankens: »All die Arbeit bleibt an uns hängen!« Was mein Vater mit seiner klebstoffschnüffelnden Tochter machen sollte, wusste er auch nicht so recht. Ich nehme an, meine Mutter beruhigte ihn mit der Zeit und erklärte ihm noch einmal, wie das so ist, mit dem Körper einer Frau.

Eine weitere Kategorie menstruationsbedingter Missverständnisse hielt sich ebenfalls bis zum Schulaustritt. Es handelt sich um die Heldinnenmythen in Sachen Monatsblutung. In jeder Klasse gab es mindestens ein Mädchen, welches die Menstruation als persönliche Leistung missverstand und mit horrormäßigen Schilderungen ihrer Nonstopblutung Anerkennung oder wenigstens Mitleid einforderte. Ja, ein Mädchen gab es immer, welches ganz besonders stark unter den Tagen litt, welches vor lauter Bauchkrämpfen nicht mehr sitzen konnte, geschweige denn gehen oder stehen, ein Mädchen, das Schmerztabletten nehmen musste oder sowieso von alleine ins Koma fiel. »Ich sage dir, ich verliere jeden Tag eine ganze Kaffeetasse voll Blut, nicht so ein Porzellantässchen, einen ganzen Humpen voll«, vertraute mir Gabriele einmal an, und ich wusste nicht, ob ich ihr auf die Schulter klopfen oder sie in den Arm nehmen sollte. Mir fiel dieser Witz ein: Kommt 'ne Frau zum Arzt und fragt: »Herr Doktor, kann ich mit meinen Tagen ein Bad nehmen?« Sagt der Doktor: »Wenn Sie damit 'ne Wanne voll kriegen, kein Problem.«

Dann gibt es noch eine äußerst ernsthafte Missverständnis-Kategorie in Sachen Monatsblutung, die sich mit den Jahren leider nicht legt. Es ist das Missverständnis der eingebildeten Schwangerschaft, das einsetzt, wenn die Periode sich verspätet. Das Missverständnis der eingebildeten Schwangerschaft verschärft sich, wenn man in den Tagen zuvor einmal die Pille vergessen hat oder an Durchfall litt, so dass die Hormone nicht richtig verdaut wurden und wirken konnten; noch schlimmer ist es, wenn die Pille gar nicht genommen wird und das Kondom geplatzt ist oder wenn man merkt, dass man sich am Tag des letzten Geschlechtsverkehrs in der Knaus-Ogino-Temperaturmesstabelle um eine Zeile vertan hatte. Es kommt auch vor, dass man 17 Wochen lang keinen Sex hatte und trotzdem eine eingebildete Schwangerschaft erlebt. Man ist sich dann ganz sicher, diesmal ist es so weit. Der Bauch wird dick, aber nicht in Magenhöhe oder im Darmbereich, sondern irgendwie weiter unten, tiefer drinnen. Die Brüste schwellen an, es gibt Spannungsgefühle, der Kreislauf schlägt Kapriolen, die Laune ebenfalls. Manche Frauen empfangen nachts seltsame Geräusche aus dem Unterleib und steigen für fünf Tage vorsorglich auf Light-Zigaretten um.

Als Frau um die 30 hat man im Schnitt etwa fünf eingebildete Schwangerschaften hinter sich. Meist treten sie zu einem denkbar ungünstigen Zeitpunkt auf, mitten im Examen etwa oder gleich in der ersten Woche, in der man seinen neuen Job angetreten hat, oder kurz nachdem man sich von einem Kurzzeitlover trennte. Häufig machen wir eine solche eingebildete Schwangerschaft mit uns alleine aus, ziehen den potenziellen Vater nicht sofort ins Vertrauen – vor allem, wenn wir noch nicht allzu lange mit ihm zusammen sind, erst recht nicht, wenn wir ihn gar nicht richtig kennen. Viele Väter ahnen nicht, dass sie keinesfalls die Ersten waren, die vom Nachwuchs erfuhren, auch vom abgetriebenen, sehr häufig sind es nämlich die Freundinnen der Frauen, die zuerst Bescheid wissen.

An der Reaktion auf eine eingebildete Schwangerschaft lässt sich unser Verhältnis zur Mutterschaft ablesen. Mit 19 dachten wir sofort an Abtreibung, ganz klar. Mit 22 auch, es sei denn, wir fanden einen Arzt, der uns *Tetragynon* verschrieb, die Pille für danach, die wir so schnell wie möglich nach dem Geschlechtsverkehr schluckten, damit sich auch bestimmt nichts einnisten konnte. Mit 25 kamen wir ansatzweise ins Grübeln und dachten: »Ganz so leicht fiele es mir jetzt nicht mehr.« Und wenn wir 28 oder gar schon 30 sind, dann spielen wir das Mutterschaftsszenario vorsorglich mental durch: Wie es wäre, wenn man jetzt ein Kind hätte, wo es in der Wohnung Platz finden könnte, und in welchen Nischen unseres Terminkalenders. Als halbwegs gut verdienender, erwachsener Frau fallen einem weniger Rechtfertigungen für eine Abtreibung ein als früher als abgebrannter, Studentin. Wir empfinden dann eine Scheu, von einer materiellen Notlage zu sprechen, wo wir doch genau wissen, dass andere Menschen, denen es finanziell viel schlechter geht, sehr wohl und scheinbar mit links einen Haufen Kinder in die Welt setzen. Die Kelly Family zum Beispiel pflanzt sich unablässig fort, auch schon zu Zeiten, in denen sie noch in Fußgängerzonen sang, um zu überleben. Zudem geraten wir langsam in ein Alter, in dem alle möglichen Frauen um uns herum Kinder kriegen, und wir wissen sehr genau, dass es für uns, rein biologisch gesehen, auch an der Zeit wäre, wenn wir diese Sache noch »mitnehmen« wollen. Beziehungsweise, dass es eine gesamtgesellschaftlich anerkannte Angelegenheit ist, ein Kind zu bekommen, dass man sich damit seine Meriten verdienen kann.

Glücklicherweise bietet der weibliche Unterleib noch andere flüssige Indikatoren als nur das Monatsblut, es gibt noch den Urin, der eine eingebildete Schwangerschaft nach dreitägiger Wartezeit beenden kann. Wir pinkeln auf einen hellen Streifen, meist ist es ein Papierstäbchen in einer Plastikummantelung, und je nachdem, ob sich der Streifen rot oder blau verfärbt, sind wir schwanger oder nicht. Selten ist man dann tatsächlich schwanger. Eine Frau ist lediglich für zwölf Stunden im Monat empfänglich, und zwar rund um den Eisprung, der freilich schwer zu bestimmen ist, aller Erfahrung nach tritt er am 13. oder 14. Tag des Zyklus ein. Da das männliche Sperma im weiblichen Körper einige Stunden haltbar ist, und eben der Zeitpunkt des Eisprungs nicht exakt zu berechnen ist, erweitert man die »gefährliche« Zeit und dehnt sie pi mal Daumen auf fünf Tage aus.

Generell lässt sich sagen, dass die Frauen der Generation Ally bis in ihre späten Zwanziger keineswegs einen übermächtigen Kinderwunsch verspürten, dass sie, ganz im Gegenteil, alles taten, um Nachwuchs zu vermeiden. Keine Spur von Mutter Natur, kein bisschen göttliche Eingebung, kein bisschen Nestinstinkt. Eine lange Weile kommt es uns so vor, als sei Mutterschaft für Weiblichkeit überhaupt nicht nötig. Erst später reden wir es uns dann ein.

Zum Thema Missverständnisse muss abschließend noch das Prämenstruelle Syndrom erwähnt werden, PMS. Es führt bei einigen Frauen zu Kopfschmerzen, Heulkrämpfen und allerlei merkwürdigen Gelüsten in den Tagen vor den Tagen, und wer tatsächlich daran leidet, ist nicht zu beneiden. Allerdings herrscht bei Männern das Missverständnis vor, dass praktisch jede Frau PMS-geschädigt ist, deswegen halten sie uns zeitweilig für nicht ganz zurechnungsfähig und versuchen Streits aus dem Weg zu gehen, indem sie sagen: »Du hast ja bloß deine Tage«, was einen rasend machen kann, vor allem, wenn man gerade gar nicht blutet. Allerdings sind wir an diesem Missverständnis auch selbst schuld, weil wir ja sonst immer gern betonen, wie emotional wir sind, bis die Jungs es nicht mehr hören können. Kein Wunder, dass es dann bei der erstbesten Gelegenheit als Bumerang zurückkommt. Umgekehrt machen wir es ja genauso: Männer haben einfach keinen Sinn für Romantik, und so weiter.

Aus den Tagen macht man als Frau besser keinen Kult, das kommt nicht gut. Die jammernden oder Tampon-Treuepunkte sammelnden Menstruationsmonster, die immer gleich einen ganzen Ozean ausbluten, sind nun wirklich kein Vorbild. Es handelt sich um eine fiese, klebrige Angelegenheit, eine Veranstaltung, die anzeigt, dass wir Kinder kriegen können, um einen angeborenen Indikator, weiter nichts. Es nutzt ja kein Geheule: Wir müssen irgendwie damit klarkommen, und zwar etwa 500 Mal in unserem Leben, bis die Wechseljahre einsetzen. Dank der Pille lassen sich die Tage ja auch recht gut steuern. Sie kommen im Idealfall pünktlich zum 15. des Monats, dauern 72 bis 90 Stunden, und das war's. Neuerdings gibt es schwarze Damenbinden, damit auf der Tanzfläche oder beim Übereinanderschlagen der Beine kein verräterisches Weiß mehr durch die blickdichte Strumpfhose blitzt, und es gibt Mini-Tampons, mit denen man 3000 Meter tief tauchen kann. Wir sind trotz allem mobil, über unsere Tage reden wir nicht, wir lassen uns nicht krankschreiben deswegen, aus diesem Alter sind wir heraus, wir gehen nicht mit solchem Frauenkram hausieren. Menstruationsblut stinkt, und es ist ganz und gar nicht mehr zeitgemäß. Man sollte das wirklich abstellen können, das meinen wir ganz im Ernst. Selbst, wenn man gar keine Kinder will, wenn man am Ende sogar sterilisiert ist, bekommt man seine Tage, obwohl all das Fruchtbarkeitsgedöns in diesem Fall gar keinen Sinn macht. Man müsste sich die Tage absaugen lassen können, so wie man sich das Fett absaugen lassen kann, und zwar schon im Voraus, quartalsweise, alle drei Monate einmal zum Arzt, Blutzoll leisten, sauber, klinisch, ambulant, und man hätte vorläufig seine Ruhe.

Ob Calista Flockhart, die Darstellerin der Ally McBeal, jemals menstruierte oder ob sie heute noch ihre Tage kriegt, darüber lässt sich nur spekulieren. Zweifel liegen nahe, da Frau Flockhart furchtbar dünn ist und die Diagnose Magersucht niemanden überraschen würde. Und wir alle wissen, dass Magersüchtige selten eine regelmäßige Periode haben, ihr Körper schafft es aus Kraftmangel nicht, die Eizellen vom Eierstock durch die Eileiter zur Gebärmutter zu befördern und am Ende auszuspucken. Frau Flockhart mag ohne *o.b.* auskommen, aber sie ist trotzdem Mutter. Allein erziehend. Voll berufstätig. Mit ihrem niedlichen Baby und hübschen Flohmarktmöbeln lebt sie in einer adretten Dreizimmerwohnung in West-L.A. Frau Flockhart hat ihren kleinen Sohn adoptiert. Sie hat ihn von einer Unterschichtsmutter übernommen, die schon vier Kinder hat und sich ein fünftes nicht leisten konnte. In der Neujahrsnacht 2000/2001 setzten die Wehen ein, und die Schauspielerin, die sich zuvor mit der Schwangeren ein paarmal auf einen Kaffee getroffen hatte, um sich gegenseitig ein bisschen kennen zu lernen, düste ins vereinbarte Hospital und sah zu, wie die fremde Frau, die vierfache, nunmehr fünffache Mutter, ihr Kind gebar. Krankenschwestern erzählten der Boulevardpresse später, Frau Flockhart habe nach der Geburt zwei Stunden mit dem Säugling im Arm in einer Ecke gesessen und ihn unablässig angelächelt. »Ich sehe jeden Tag junge Mütter«, vertraute eine der Schwestern der Illustrierten *Gala* an, »aber keine war glücklicher als Calista.« Kein Wunder, litt Frau Flockhart vor der Geburt des Kindes doch unter unerträglichen Schmerzen, es waren keine körperlichen Schmerzen, schließlich war sie nicht schwanger, es waren mentale Schmerzen: »Ich will so sehr ein Baby, dass es wehtut«, hatte die Schauspielerin nach Informationen der *Bunten* ihren besten Freunden anvertraut. Die Sehnsucht brachte sie schier um.

Warum sie selbst keines gebar, fragten sich prompt die Zuschauer, die zwischen der Fernsehserie, der Boulevardpresse und der Wirklichkeit nicht unterscheiden. Zur Beantwortung dieser Frage haben sich zwei einander ergänzende Theorien durchgesetzt: Die eine besagt, Frau Flockhart habe einfach nicht den passenden Mann gefunden, dessen Erbgut die neunmonatige Austragung und den anschließenden Geburtsaufwand rechtfertigte, deshalb habe sie die Suche aufgegeben und sich lieber auf ein ihr fremdes Kind eingelassen. Die zweite Theorie basiert auf Frau Flockharts biologischen Minuspunkten: Sie ist nicht nur zu dünn, sie ist mit 36 auch schon ziemlich alt, es ist davon auszugehen, dass Frau Flockhart körperlich nicht zu einer Schwangerschaft im Stande ist und dass eine künstliche Befruchtung selbst mit den teuersten Spermien aus der exklusivsten Spermienbank aussichtslos wäre, nichts zu machen.

Meine Nachbarin Silke hat die Hoffnung auf ein eigenes Baby noch nicht aufgegeben, sie setzt all ihre Hoffnungen auf die Fertilisationstechnik. Silke hat gegenüber Frau Flockhart drei wesentliche Vorteile: Erstens ist Silke erst 29, zweitens sieht Silke so gesund aus, wie sie ist, und drittens hat Silke einen festen Partner. Jedesmal, wenn sie ihre Tage kriegt, heult sie. Was Silke in Köln mit Frau Flockhart in Los Angeles verbindet, ist der Schmerz. Eine Frau, die kein Kind kriegt, ist keine richtige Frau. So sieht Silke das, zumindest für sich ganz persönlich. Sie arbeitet als Pharmareferentin, was ihr allerdings nur mäßig Spaß macht. Früher, als sie noch studierte, spielte sie in einer Mädchenband Bassgitarre und jobbte samstags als Barfrau im »Grünen Panther«, und wenn sie heute an gestern zurückdenkt, erscheint ihr gestern attraktiver als heute, und das gibt sie auch offen zu. Früher schlief sie bis mindestens neun Uhr aus, sie hatte nie genug Geld, aber immer viel vor und war ständig unterwegs, sie reiste bis nachThailand, damals, als Koh Samui noch ein Geheimtipp war, und heute weiß sie manchmal gar nicht mehr, wie sie sich das leisten konnte, zeitlich und finanziell. Heute hat sie zwar genug Geld für das Ticket nach Thailand, aber in ihrer Firma kriegt sie auf keinen Fall länger als drei Wochen am Stück Urlaub, meist nimmt sie von sich aus nur zwei Wochen auf einmal, weil sonst wieder alles drunter und drüber geht und sie am Ende alles selbst nacharbeiten muss und die ganze Urlaubserholung schon nach zwei Tagen futsch ist, es ist dann schlimmer als vor dem Urlaub, als man meinte, dringend Erholung zu benötigen. Silke hat einen Fortbildungskurs nach dem anderen gemacht und sich dienstlich oft in anderen Städten aufgehalten, sie hat ihre langjährige Dauer-Wochenend-Beziehung zu Philipp, den sie im dritten Semester auf dem Unicampus kennen lernte, gerettet. Vor zwei Jahren heirateten die beiden und verbrachten ihre Flitterwochen auf Mauritius, in einem Wellness-Ressort mit Internetanschluss.

Silke ist jetzt an einer Schwelle, an der es brenzlig wird: Sie ist bereits zwei Mal befördert worden: erst von der Junior Team Assistentin zur Team Assistentin, und jetzt zur Senior Team Assistentin. Jetzt wird die Luft dünner, nix mehr up-up'n'away. Von nun an würde geboxt statt fraternisiert, das ist Silke sonnenklar. Sie ist jetzt für acht Mitarbeiter verantwortlich, und wenn die etwas verbocken, ist Silke schuld. Abends muss sie stundenlang in ihrem Teamleiterbüro sitzen und Kalkulationen und Erfolgsberichte und Leistungssurveys lesen, und sie muss darüber nachdenken, wie sie all die schlechten Nachrichten vor dem Senior-Senior-Teamleiter schönreden soll. Sie verdient jetzt 600 Euro mehr als vor ihrer letzten Beförderung, das ergibt netto nicht einmal 300 Euro zusätzlich im Monat. Dafür sitzt Silke täglich drei Stunden länger im Büro und trinkt regelmäßig gegen 15 Uhr ein Glas mit aufgelöstem *Maaloxan*-Pulver, weil ihre Magenschleimhäute nervös sind, stellvertretend für Silke, die sich das nicht anmerken lassen darf. Die Abteilung bräuchte dringend zwei Mitarbeiter mehr, weiß Silke, aber das kann sie auf keinen Fall einfordern, sie wäre damit gescheitert, sie ist verantwortlich dafür, dass es auch so geht. »Geht nicht? Gibt's nicht.«

Je länger Silke auf diesem Stuhl sitzt, desto deutlicher erkennt sie, dass es dem Unternehmen gar nicht auf hehre Ziele ankommt. Es geht gar nicht darum, der Menschheit die Wunder der Homöopathie nahe zu bringen, es geht bloß darum, chemische Nahrungsergänzungsmittel zu verkaufen, die niemandem etwas bringen, außer den Großaktionären. Zuallererst geht es um Sondergratifikationen und Firmenwagen und Vielfliegermeilen. Silke dämmert so langsam, dass sie noch viel mehr *Maaloxan* schlucken muss, wenn sie weiter mitfahren will auf dem großen Karrierekarussell, und das kommt ihr immer häufiger zweifelhaft vor. »Was habe ich von der Zusatzkohle, wenn ich sie niemals ausgeben kann, weil ich nie vor Ladenschluss aus dem Büro komme«, fragt Silke sich manchmal. Klar, sie bestellt jetzt Dinge aus dem Internet, aber das ist nicht dasselbe, das ist kein sinnliches Erlebnis.

Philipp geht es in seinem Controllingbüro nicht viel anders. Auch er ist ein bisschen enttäuscht von seinem Leben. Er hat das Gefühl, niemals anzukommen, so viel Entwicklung, so viele neue Vokabeln. Er fühlt sich, als säße er im *Transrapid*, und der Zug rast mit Tempo 320 durchs Land, vorbei an allen Haltestellen, und Philipp verpasst einen Ausstieg nach dem nächsten. Er stellt sich ständig die Frage: »So soll das bis zur Rente weitergehen?« Und dann fällt ihm ein, dass er zu der Generation gehört, die gar keine staatliche Rente mehr kriegen wird, und wenn doch, dass sie höchstens für den städtischen Seniorenpass reichen wird, mit dem es kostenlosen Eintritt in Sauerstoffzentren geben wird. Philipp hat keine Wahl, er muss weitermachen, allein schon wegen der Privatvorsorge. Er träumt von einem Sabbatical, mindestens einem bis zur Altersteilzeit. Silke hat da eine viel näher liegende Alternative auf der Hand, sie kommt auf eine Idee, nach der Philipp erst tief in seinem Unbewussten kramen müsste: Silke könnte einfach Mutter werden. Sie hatte sich sowieso geschworen, noch vor ihrem 30. Geburtstag ein Kind zu gebären. Sie will in jedem Fall eine junge Mutter sein, sagt sie. Sie wünscht sich, dass ihr Leben komplett ist. Aber vorläufig ist es erst einmal ein einziges Provisorium. Denn Silke wird und wird einfach nicht schwanger.

Monatelang hatten sie und Philipp alles Mögliche versucht, aber es wollte einfach nicht fruchten. Sie konsultierten immer neue Ärzte, ließen sich komplett durchchecken, und bei der Hamstertest-Methode, die tatsächlich so heißt, stellte sich heraus, dass Philipps Sperma B-Ware ist, die Samenfäden sind erstens zu wenige und zweitens zu langsam. Diagnose: beinahe unfruchtbar. Das deutsche Sperma ist insgesamt nicht mehr das, was es mal war. Die Wissenschaft verzeichnet schon seit Jahren einen herben Qualitätsverlust im Erbgut der männlichen Bundesbürger, Kollateralschäden der Wohlstandsgesellschaft, zu viel Fett, zu viel Gift, zu viele Drogen, zu viele Medikamente, das hält der stärkste Genpool nicht aus. Also ließ Silke Philipps Samen in ihren Eileiter einpflanzen, um ihm ein wenig auf die Sprünge zu helfen. Nachdem auch dies keinen Erfolg zeigte, fand man heraus, dass Silkes Eier das eigentliche Problem waren, dass sie sich schwer taten im Empfang und der Entwicklung des Weiteren. Das war ein herber Schock für Silke. Sie begann, Hormone zu schlucken (dabei hatte sie die Pille auch deshalb abgesetzt, um sich dies endlich zu ersparen). Sie tut alles, um ihre Fruchtbarkeit zu erhöhen, und ihr geht es gar nicht gut dabei, sie grämt sich, dass der 30. Geburtstag immer näher rückt. Für die weiteren Behandlungen, die gut und gerne noch drei bis zehn Jahre dauern können, nahmen die beiden kürzlich einen Kredit auf. Die nächsten Schritte führen zur Intracytoplasmatischen Spermieninjektion (ICSI), die an rund 60 Reproduktionszentren in Deutschland angeboten wird, und bei der die Samenzelle direkt in die Eizelle eingesetzt wird beziehungsweise zur In-vitro-Fertilisation, bei der Ei und Samenzelle in ein Reagenzglas gesteckt werden und von alleine zueinander finden müssen und das befruchtete Ei erst nach geglückter Zellteilung wieder in die Gebärmutter eingesetzt wird. Vor der Einpflanzung werden Silke und Philipp selbstverständlich das Erbgut mittels Dreipunktmethode überprüfen lassen, schließlich wäre die ganze Mühe umsonst, wenn am Ende ein nicht lebensfähiges Wesen herauskäme. Die Präimplantationsdiagnostik, PID, ist hierzulande ja noch nicht erlaubt. Leider, finden Silke und Philipp.

In Großbritannien hätten die beiden zusätzlich die Möglichkeit, ein Leihei in Anspruch zu nehmen beziehungsweise ein geschenktes Ei, das von einer anderen hormonbehandelten Frau übrig geblieben ist und das man mit Hilfe des *Egg-share*-Programms beantragen kann. Silke könnte also ein fremdes Kind austragen, und es wäre doch irgendwie ihr eigenes, sie hat sich vorsorglich schon einmal einen Flugplan von British Airways besorgt. »Warum adoptierst du kein Kind, wenn du selber keines kriegen kannst?«, fragte ich sie einmal. »Ich kann Kinder kriegen«, sagte Silke. »Es ist nur eine Frage der Zeit.« Ein Kind aus dem eigenen Bauch sei etwas ganz anderes, sagte sie. »Aber wenn es am Ende doch gar nicht deines wäre, wenn es schließlich aus fremdem Erbgut zusammengebaut ist und dir bloß eingepflanzt wurde?« Es wäre dann trotzdem ihres, »weil ich es geboren habe«, erklärte Silke. Der dicke Bauch, die Übelkeit am Morgen, die Tritte gegen die Bauchwand, die Ultraschallbilder, das alkohol- und nikotinlose Leben, die Vorbereitungskurse, die *Olily*-Kleinkinderkollektion und die Ikea-Familycard, die Wehen, das Hecheln, das Bluten, das Stillen, die Rückbildungsgymnastik – Silke will das volle Programm.

Ein Kaiserschnitt käme für sie nicht in Frage, auch wenn diese Gebärmethode nachweislich ungefährlicher ist als der große Wurf aus dem Schenkelscheitelpunkt. Kinder werden dabei nicht so leicht von Nabelschnuren erdrosselt, Frauen riskieren keine Gefäßrisse durch schräg liegende Säuglings-Extremitäten und keine Beckenbodensenkung, die ihre Inkontinenz beschleunigt. Man lässt sich heute gegen Grippe impfen und entfernt verdächtige Muttermale, man kann gegen gesundheitliche Risiken etwas unternehmen. In den USA ist die Kaiserschnittpraxis schon beinahe Standard. Man spricht den Zeitpunkt mit dem Arzt oder der Ärztin ab, und wenn die Frucht reif ist, wird sie herausgeholt.

Für Silke jedoch soll eines Tages alles so natürlich sein wie möglich, und es fällt ihr scheinbar gar nicht auf, dass all das Getrickse mit dem Reagenzglas und der Genanalyse mit Natur nicht mehr viel zu tun hat.

Warum wollen Frauen irgendwann unbedingt ein Kind? Warum tut es ihnen manchmal sogar weh, wenn sie keines haben? Gibt es den Mutterinstinkt tatsächlich, der bei einer anständigen Frau angeblich spätestens ab 30 zu einer rechten Qual wird? Oder ist er bloß eine Erfindung, ein Mythos, zusammengebraut aus einem Haufen Genen und Geschichte? Ist am Ende vielleicht die Geschichte der Mutterschaft eine Geschichte der Missverständnisse? Fest steht: Die Mehrheit der gebärfähigen Frauen wird noch immer schwanger oder versucht es, wie Silke. Doch eine Menge anderer Frauen der Jahrgänge 1965 bis 1975 sagt nein zum Nachwuchs. Und es werden immer mehr.

Die Generation Ally streikt. Niemand hat den Streik öffentlich ausgerufen. Es gibt keine Kundgebungen, keine Demonstrationen, es fliegen keine Farbbeutel, nicht einmal hübsche, selbst gemalte Transparente flattern im Wind. Die Generation Ally streikt im Privaten, macht wieder einmal alles mit sich alleine aus. Und trotzdem ist die ganze Gesellschaft betroffen, vor allem die Rentenkassen. Denn die Generation Ally verweigert sich der Fortpflanzung.

Ein Drittel der Frauen um die 35 will kinderlos bleiben. Bei den Akademikerinnen sind es sogar 40 Prozent. Zum Vergleich: In der Generation unserer Mütter entschieden sich lediglich 15 Prozent gegen Kinder. Brachte die Durchschnittsbundesbürgerin in den 80ern noch 1,8 Kinder zur Welt, sind es heute nur noch 1,4. Statistisch gesehen müssten es mindestens 2,1 Ahnen sein, damit die Bevölkerungszahl auch nur gerade so gehalten wird. Die Beitragszahler werden immer weniger, gleichzeitig werden wir, die künftigen Rentenbezieher, immer älter, und den Volkswirtschaftlern wird angst und bang.

Weil die Frauen, die sich gegen Kinder entscheiden, selten in der Öffentlichkeit über ihre Motive, Ängste und Wünsche sprechen, ist in der Fachliteratur vom »stillen Gebärstreik« die Rede. Das klingt nach geheimer Absprache, wirkt unheimlich, verschwörerisch, weckt Assoziationen an das Prinzip »Stille Post«, es klingt so, als ob Frauen sich in Fußgängerzonen kinderfeindliche Codewörter zuraunen oder zur Übergabe geheimer Verhütungsmethoden unter Boutiquenkleiderständer krabbeln. Aber so spektakulär ist es leider nicht, alles halb so wild, wieder einmal.

Es ist einfach so: Viele Frauen haben keine Lust auf Kinder. Manche haben auch Angst davor. Sie befürchten, dass ein Kind sie zu einem anderen Menschen macht; dass sie wegen finanzieller Mehrbelastung durchs soziale Netz fallen; sie haben Angst, dass alles, was sie bislang in ihrem Leben getan, gelernt, erfahren und erlebt haben, dass all die Anstrengung umsonst war, wenn sie einmal in der Windelfalle sitzen; manche stellen sich vor, dass die Genitalien ausleiern und für den Mann später nicht mehr eng und attraktiv genug sind, dass der Busen nach dem Stillen hängt und der Bauch nie mehr so flach wird wie vorher; sie wissen, dass man nach einer Schwangerschaft plötzlich in einem Loch verschwinden kann, sie haben miterlebt, dass einst engagierte Arbeitsbienen nach der Entbindung seltener durchs Büro brummen, dass sie ihren Karrierestachel ad acta legen können; sie wissen, dass auf Väter mitunter kein Verlass ist; sie befürchten, sich in der Mütterlichkeit nicht mehr wiederzuerkennen, sich in ihrem eigenen Leben nicht mehr auszukennen. Deshalb zögern sie. Über die Generation Ally sagt man, dass sie zu viel will beziehungsweise dass sie sich nicht entscheiden kann, weshalb sie auch so spät Kinder kriegt, Anfang der 80er durchschnittlich mit 25 Jahren, heute mit knapp 29. Sie zögert so lange, bis die Fruchtbarkeit fast versiegt.

Letztlich ist die Emanzipation schuld am Ausbleiben der lieben Kleinen, heißt es in den Kommentaren zum Rentenloch, meist verschämt verklausuliert. Dabei ist an diesem Gedanken so gar nichts Verwerfliches, man kann es ruhig laut sagen: Ja, die Emanzipation ist schuld. Sie ist der Grund dafür, dass wir heute in einer anderen Gesellschaft leben als noch vor 30 Jahren. Nur weil all die in die Jahre gekommenen Feministinnen einst für die Gleichberechtigung kämpften, darf der Ehemann nicht mehr über die Berufstätigkeit der Frau bestimmen. Er darf seine Frau auch nicht mehr vergewaltigen. Frauen können abtreiben, wenn sie nicht in der Lage oder nicht willens sind, ein Kind großzuziehen, und sie riskieren nicht mehr, bei einem dubiosen Abtreibungsquacksalber, einem so genannten Engelmacher, zu verbluten oder sich mit Stricknadeln zu Tode zu stochern. Frauen bekommen vor Gericht inzwischen gelegentlich Recht zugesprochen, wenn ihr Chef ihnen ungefragt am Busen herumgrapscht. Frauen haben einfach das Recht, über ihr Leben zu entscheiden, genau wie Männer. Das mag der oder die Einzelne schade finden, die amerikanische Autorin Laura Doyle zum Beispiel, die mit ihrem Buch *The Surrendered Wife*, deutscher Titel *Einfach schlau sein, einfach Frau sein*, die Parole »Zurück an den Herd« ausruft und im Bush-Amerika Abertausende Anhängerinnen findet. Doch nicht einmal die CSU kann das Rad zurückdrehen. Jede Frau darf ungestraft sagen: »Mein Bauch gehört mir.«

»Skandal!«, rufen Ökonomen, Katholiken und andere Kommentatoren und geißeln den Kinderverzicht als weiblichen Egoismus. Dabei spielt sich der eigentliche Skandal doch ganz woanders ab, nämlich bei den Männern. Wir sind gerade erst dabei, eine weitere Lifestyle-Lüge aufzudecken: Es ist die Lüge vom »neuen Mann«, die tatsächlich nur eine Lüge ist. Es geht um den auf dem Singlemarkt so begehrten Typus um die 30, diese perfekte Mischung aus Macho und Softie, coolem Checker und sensiblem Hausmann. Hat denn noch keiner gemerkt, dass er sich seit Ina Deters Aufruf vor gut 20 Jahren überhaupt nicht mehr verändert hat? Gerade einmal 1,5 Prozent derjenigen, die nach der Geburt eines Kindes eine berufliche Pause einlegen, sprich Elternzeit nehmen, sind Männer. Das heißt, die Brutpflege bleibt zu 98,5 Prozent an den Frauen hängen. Diese Zahlen kommen wohlgemerkt nicht aus einem lesbischen Frauenforschungszentrum, sondern aus dem Bundesfamilienministerium, sie beziehen sich wohlgemerkt nicht auf das gesamte vergangene Jahrhundert, sondern allein auf die Zeit zwischen 1995 und 1999, also ziemlich genau auf die Generation Ally. Es sind die Jungs, mit denen wir Abitur gemacht haben, die an der Uni von uns abschrieben, denen wir heute anständige Klamotten zum Geburtstag schenken, mit denen wir in Urlaub fahren, die sich vor dem Kinderkram drücken.

Die 1,5-prozentige Männerquote an der Elternzeit bestätigt sich ganz alltagsnah im privaten Bekanntenkreis, nämlich dann, wenn eine befreundete Frau um die 30 ein Kind bekommt. Ich kenne eine, die hat mit 27 Jahren ihre eigene Messebau-Firma gegründet. Sie hat sieben Angestellte, darunter ihr fester Freund, er arbeitet unter ihrer Ägide, obwohl er fünf Jahre älter ist als sie, sie ist die Chefin, sie könnte ihm kündigen. Ohne sie gäbe es die ganze Firma nicht. Mit 30 wurde sie schwanger, halb aus Versehen, aber doch so gewollt, dass sie das Kind bekam. Die beiden überlegten, wie sie das mit der Erziehung regeln. Statt dass der Erzeuger, der angestellte, freiwillig zu Hause bleibt, wo sie doch viel mehr Ahnung vom Geschäft hat als er, gab es lange Diskussionen, und er signalisierte, dass er Schiss vor dem Hausmanndasein hat. Keine Frage, dass die patente Superfrau den Job dann lieber gleich selbst übernahm, sie weiß ja, was es bedeutet, wenn ein Angestellter sagt: »Ich kann das nicht.« Verkappte Arbeitsverweigerung ist das, und bevor ihr unwilliger Freund aus dem Kind ein rechtes Ferkel macht, erzieht sie lieber selbst und ist fortan nur noch halbtags in der Firma anwesend, derweil er sich in ihrer Abwesenheit als stellvertretender Geschäftsführer aufspielt.

Statt sich dauerhaft zu ärgern, sind die Frauen dann aber doch irgendwie zufrieden, zumindest nach außen. Sonntags wechselt der Mann die Windeln, da haben sie frei. Der Mann liest auch Janosch-Bücher vor und macht donnerstags früher Feierabend, um zum Kleinkinderschwimmen zu gehen. Der Mann verbringt seinen Jahresurlaub auch mal allein mit den Kindern in einer bescheidenen Ostseepension und verzichtet auf sein liebstes Urlaubshobby, Wellenreiten, wenn die Frau eine Bildungsreise nach Sardinien plant, Thema »Selbst-Marketing für Teilzeitkräfte. Wie Sie es trotz Babypause schaffen, am Ball zu bleiben«. Dazu ist er durchaus bereit, der Mann, und er redet darüber gern in der Öffentlichkeit und lässt sich in seiner Vaterrolle auch gern fotografieren, als »Papa 2002«. Das ist tatsächlich neu im Vergleich zur Generation unserer Väter und

Großväter, die neuen Männer tragen eine Alibi-Schürze. Aber es ändert nichts an der Tatsache, dass 90 Prozent der 6,3 Millionen Teilzeitstellen von uns besetzt sind, 90 Prozent der Stellen, mit denen man es erfahrungsgemäß nicht weit bringt.

Wäre es nicht schön, dabei zu sein? Das mussten die Männer sich im Sommer 2001 von Plakaten fragen lassen, auf denen Kleinkinder und männliche Mittdreißiger zu sehen waren. Die Plakate gehörten zur Kampagne »Mehr Spielraum für Väter«, für die Frauen- und Familienministerin Bergmann einen Etat von fünf Millionen lockergemacht hatte, mit dem Ziel, die Aufgaben künftig ein bisschen gerechter zu verteilen. Ja, es gibt inzwischen eine gesamtgesellschaftliche Marketingstrategie in Sachen Elternschaft, Werbung für die *Rama*-Familie, beziehungsweise die *Lätta*-Familie, diesmal arbeitet nicht die Industrie, sondern die Politik mit den Werbeagenturen zusammen, und wie eh und je liefern die Lifestyle-Magazine die passenden Titelstorys und Servicestrecken und Internetlinks, allen voran wieder einmal die Zeitschrift *MAX*, die in ihrem immerjungen Jargon herzerfrischend titelte: »Abenteuer Kind. Spaßbremse oder Glücksturbo? Wie die Kleinen unser Leben umkrempeln«. In dem dazugehörigen Artikel versprachen die Autoren: »Eltern sein heißt, wie ein U-Boot in eine andere, unbekannte Welt einzutauchen«, und sie ermittelten auch, was ein solches Event kostet, nämlich mindestens 90.000 Euro bis zum 18. Geburtstag des Balgs.

So viele harte Zahlen zu einem solch weichen Thema. Wo bleiben denn die Gefühle, fragen Sie sich bestimmt, liebe Frauenbuchleserin, und werden langsam sauer. Die Gefühle kommen gleich, keine Sorge. Vorab noch eine klitzekleine Dosis nüchterner Fakten, mit denen sich relativ leicht erklären lässt, warum die einheimische Generation Ally sogar noch weniger Lust auf Kinder hat als die kühle Dänin und die lasterhafte Französin, obwohl in diesen Ländern niemals ein Mutterkreuz verliehen wurde, nicht mal in den dunkelsten Zeiten. In Dänemark gibt es für 48 Prozent der Kleinkinder ganztägige Betreuungsstätten, in Deutschland nur für fünf Prozent. In Frankreich sind die Verhältnisse beinahe unvorstellbar günstig: Von Geburt an kann man seine Kinder in die staatlich subventionierte *crèche* geben, die Kinderkrippe, danach in die *école maternelle*, eine Mischung aus Kindergarten und Vorschule, und später besuchen sie Ganztagsschulen, in denen sie bis in den späten Nachmittag betreut werden. Deswegen bekommt die Französin, auch die Berufstätige, im Gegensatz zu uns mehr Kinder als früher, im Jahr 2000 waren es 779.000, rund 35.000 mehr als 1999, das dritte Geburtenplus in Folge, dank dessen die Französin uns um durchschnittlich 0,5 Babys überrundet. In Deutschland sind nach Berechnungen des Städte- und Gemeindebundes mindestens 800.000 zusätzliche Hortplätze dringend nötig, doch sind sie angesichts der schwindsüchtigen öffentlichen Kassen in absehbarer Zeit nicht zu finanzieren, so kolportiert man.

Einer Studie des Instituts für Arbeitsmarkt- und Berufsforschung zufolge waren im Jahr 2000 nur fünf Prozent der westdeutschen jungen Mütter voll berufstätig, 18 Prozent arbeiteten Teilzeit. Das heißt, 77 Prozent der Frauen mit Kleinkindern und Krippenunterversorgung kommen im Erwerbsleben nicht mehr vor. Zusammengefasst könnte man also sagen: Schön blöd, wer schwanger wird. Politisch ausgedrückt: Die Rahmenbedingungen stimmen nicht.

Ja, aber die Gefühle. Die Gefühle lassen Frauen unter Umständen doch schwanger werden. Die Gefühle treiben Großverdienerinnen wie Frau Flockhart oder Fertilisations-Fanatikerinnen wie Silke in die Kliniken, zu den Ämtern und Krankenkassen, die alles in ihrer Macht Stehende tun, um den Reproduktionsapparat aufrechtzuerhalten. Um das zwischendrin einmal klarzustellen: Es ist überhaupt nichts falsch daran, ein Kind zu bekommen, oder sogar mehrere. Es ist eine überaus sinnvolle, möglicherweise beglückende Aufgabe, einem Mini-Menschen die Welt zu erklären, mitzuerleben, wie er sich die Nase blutig schlägt oder im Dunkeln Angst hat. Es ist deutlich intelligenter, sich Gedanken über die Frage zu machen: »Mami, wo kommen die Leute hin, wenn sie tot sind?«, als darüber, welcher Slogan zu Frischhaltefolie passt, daran besteht kein Zweifel. Leute, die Kinder großziehen, erledigen einen knüppelharten Job, es macht ihnen oft sogar Spaß, es ist unübersehbar, dass es ihnen im Wesentlichen gut tut, es ist faszinierend, wie aus einem kleinen Menschen ein großer wird. Wenn ein Mensch sich für ein Kind entscheidet, ist das nicht rückständig, es ist sogar ziemlich clever, weil der- oder diejenige das Business-Gebrabbel vorläufig anderen überlässt, weil der- oder diejenige nicht mehr Unsummen Geld für Survival-Seminare im Freien oder Extremsportausrüstungen ausgeben muss, da man mit einem Kind sowieso im Sand wühlt, Regenwürmer ausgräbt, Petersilie pflanzt, Kastanienkobolde bastelt und Matschklumpen an Gummistiefeln mit sich herumträgt. Kinderkriegen und -erziehen ist super.

Aber warum sind allein wir es, die die Verantwortung dafür übernehmen? Beziehungsweise: Warum sind wir es, die sich als Einzige angesprochen fühlen? Warum hören wir die biologische Uhr so laut ticken, während die Jungs, mit denen wir zusammen sind, die Männer, die wir lieben und die genau wissen, dass unsere Fruchtbarkeit ab Mitte 30 sinkt, scheinbar keinen Gedanken an die Biologie verschwenden, uns nicht von sich aus im Voraus anbieten, dass sie uns ganz selbstverständlich in vollem Umfang zur Seite stehen? Wie können wir mit Männern zusammen sein, die mehr oder minder deutlich machen, dass sie es als unsere Aufgabe ansehen, ihren eigenen Müttern ein wohlerzogenes Enkelkind zu präsentieren oder einen Strahlemann für die Fotogalerie auf dem Schreibtisch? Wir könnten einfach sagen: »Schatz, ab jetzt heißt es halbe-halbe, erst machst du Pause, dann ich.« Wir bräuchten überhaupt keine häusliche Diskussion aufkommen zu lassen über die Frage, wer den Wonneproppen päppelt, wir könnten ihm das plärrende Paket einfach auf den Schoß setzen. Wir könnten ein Gesetz fordern, das besagt, dass beide Elternteile, die Eizellenspenderin und der Samenspender, dazu verpflichtet sind, sich gleichermaßen um den Nachwuchs zu kümmern, gleiche Rechte und Pflichten für alle. Beide Teile wären nach der Geburt eines Kindes zur Teilzeit gezwungen, es träfe den männlichen Börsenbroker genauso wie die weibliche Konferenzmanagerin. Beide dürften nicht nur, sie müssten. Gerade unter rententechnischen Gesichtspunkten würde dies Sinn machen, es wäre mehr als gerecht. Eine solche Regelung würde letztlich mehr Entscheidungsfreiheit bedeuten. Erst wenn das Kinderkriegen kein privates Managementproblem mehr ist, erst wenn nicht jede Frau für sich kämpfen muss, sondern wenn alle an der Fortpflanzung Beteiligten ganz selbstverständlich miteinbezogen werden, erst wenn die Aufzucht eines Erdenbürgers im Lebenslauf von Top-Managern und Top-Managerinnen mehr zählt als der Besuch von Coachingkursen oder das Engagement im *Rotary Club*, ist es kein Nachteil mehr, ein Kind zu bekommen. Es wäre das Normalste von der Welt.

Protest wäre nötig, ein lauter Streik statt einem stillen. Aber das ist nicht unser Gebiet, damit kennen wir uns nicht sehr gut aus, die Vorstellung bereitet uns Bauchschmerzen. Wir wollen gar nicht so genau wissen, dass es uns genauso geht wie Hunderttausenden, wir werden den Teufel tun und öffentlich darauf hinweisen, dass wir Teil einer Masse sind. Wir verzichten heimlich still und leise auf Kinder, oder wir kriegen mit großem Getöse welche und versuchen weiterzuarbeiten, so gut es geht. Souveränität nennen wir das, denn durch irgendetwas müssen wir uns ja von unseren eigenen Müttern unterscheiden.

Genau wie bei der Haushaltsfrage überlassen wir auch in der Kinderfrage ungern die Kontrolle anderen. Wir wollen uns da nichts abschneiden lassen. Uns ist nicht wohl bei dem Gedanken, dass wir unser Kind aus der Hand geben, in seine Obhut, erst recht nicht in die von Fremden. Wir liefen Gefahr, als Rabenmutter tituliert zu werden, ein Begriff, den es in keiner anderen Sprache als im Deutschen gibt, wie die Hamburger Kulturwissenschaftlerin Barabara Vinken in ihrem Buch *Die deutsche Mutter* feststellt. Wir fragen gar nicht erst, wie viel Mutterschaft und wie viel Vaterschaft angeboren ist und wie viel davon erworben werden muss. Bedeutet der biologische Vorgang der Empfängnis und des Gebärens automatisch, dass wir wissen, wie man Babybrei anrührt oder wo an den *Fixies* die Klebestreifen sitzen? Müssen wir dazu nicht Kurse besuchen und Bücher lesen? Können Männer nicht lesen? Doch schon. Trotzdem: Wir können wieder mal alles besser. Wir sind Frauen, das lassen wir uns nicht nehmen.

Die kühle Karrierefrau ist out, Kinderkriegen ist wieder in, oder *Motherhood is hot*, wie englischsprachige Frauenmagazine dieser Tage jubeln. So, als handele es sich bloß um eine Lifestyle-Option. Mutterschaft liegt im Trend, heißt es, und Jenny Elvers spielt dabei nur eine marginale Rolle. Es gibt viel coolere Frauen, die viel coolere Babys kriegen. Vanessa Paradis zum Beispiel, die Französin mit der Zahnlücke, die Mitte der 80er als 15-Jährige *Joe le Taxi* sang und später in französischen Filmen mit Lolita-Komplex mitspielte, diejenige, die Wynona Rider den Freund ausgespannt hat, Johnny Depp. Frau Paradis hat sich ein Prachtexemplar aus der Männer-Marktnische »intellektuell-rebellisch-sensibel-verträumt-geheimnisvoll« herausgefischt, das hat sie glatt geschafft. Sie kriegt in Frankreich dauernd Preise für ihre langweiligen Filme, was auch toll ist. Aber noch viel bewundernswerter ist die Tatsache, dass sie neben diesem Depp von einem Mann eine unglaublich niedliche Tochter mit einem unglaublich geschmackvollen Namen hat, Lily-Rose. Sie lebt mit Mann und Zauberkind in einem verwunschenen Landhaus in Südfrankreich, der Überlieferung nach unverheiratet. Sie trägt das ganze Jahr über Sandalen und nostalgische Blümchenkleider, und manchmal macht ein Paparazzo auf einem Marktplatz in der nächstgelegenen mittelalterlichen Stadt heimlich Fotos von ihr, sie schlendert versonnen umher, das Kind an der Hand und einen Weidenkorb voller Gemüse im Arm, sie schleppt Tomaten und Sellerie und all das gesunde Gewächs mit sich herum, das Grünzeug wiegt mindestens fünf Kilo, aber Frau Paradis scheint trotzdem zu schweben.

Eine echte Rock'n'Roll-Mum ist Courtney Love, Sie wissen schon, die Witwe des Nirvana-Sängers Kurt Cobain. Frau Love hat wie Frau Paradis einen viel tolleren Nachnamen als ihr (früherer) Ehemann, und auch Frau Love spielt immer wieder dieselbe Rolle auf der Leinwand, in ihrem Fall nicht die Kindfrau, sondern die Schlampe, und sie hat ebenfalls ein Prachtstück von einer Tochter, die sie in Designerkleidchen steckt und kamerawirksam zu allen möglichen Filmpremieren schleppt, denn sie hofft, endlich einmal etwas anderes spielen zu dürfen, das Kind soll sie offensichtlich läutern. Eine echte Nachrichtenmutter ist Gaby Bauer, die die *Tagesthe-*

men verlassen hat und sich nach öffentlicher Ansage erst einmal um ihre Zwillinge kümmert, bevor sie in einigen Jahren vermutlich Sabine Christiansen beim Polit-Talk in der ARD ablösen wird. Cindy Crawford, eine echte Modelmutter, hat ebenfalls zwei Kinder, allerdings wurden sie mit einigen Jahren Abstand geboren, und genau deshalb wird Frau Crawford noch immer zum Interview gebeten und zu ihrem neuen Lebensinhalt befragt. Giulia Siegel, eine echte Nachtlebenmutter, hat zwar in sehr jungen Jahren ihren Sohn bekommen, schon mit 21, aber sie hat ebenfalls einmal als Model gearbeitet und ist außerdem die Tochter des Schlagerkönigs Ralph Siegel, weshalb sie noch immer ohne Probleme ins *P1* hineinkommt oder ins VIP-Zelt auf dem Oktoberfest. Auch Steffi Graf geht derzeit unter die Mütter, die Tennis-Mütter, aber ihren Job hatte sie schon vorher aufgegeben, was jeder vernünftige Mensch tun würde, der so viel verdient hat wie sie. Bewundernswert, wie schlank Victoria Beckham, die oder das Posh Spice von den *Spice Girls*, unmittelbar nach der Geburt von Sohn Brooklyn war, und wie schnell Catherine Zeta-Jones, Schauspielerin und Gattin von Michael Douglas, wieder in Form kam. Uma Thurman ist mit Beginn der Mutterschaft vorläufig von der Leinwand verschwunden, sie leidet seitdem angeblich unter einer gestörten Selbstwahrnehmung, Dysmorphologie, aber in Interviews sagt sie, die Geburt sei das Beste, was ihr je widerfahren sei. Nicole Kidman kämpft nach der Scheidung von Tom Cruise wie eine Löwin um die beiden adoptierten Kinder, sie ist die Retterin der Restfamilie, nachdem Herr Cruise die heile Welt zerbrach und sich lieber an die Seite einer Spanierin ähnlichen Namens schlug, Frau Penelope Cruz. Die Welt ist auf Frau Kidmans Seite, und auf der Seite von Barbara Becker sowieso. Jessica Stockmann(-Stich) adoptierte unter Mitarbeit ihres früheren Lebenspartners Michael ein Kind, Frau Flockhart ließ gebären, und Jody Foster ließ spenden. In Norwegen hat es eine allein erziehende Mutter sogar auf die Königinnenanwartschaft geschafft, Mette-Marit Tjessem-Höiby, die Frau des Kronprinzen Hakon. Die hübsche junge Frau brachte ein uneheliches Kind aus einer früheren Verbindung mit einem vorbestraften Szene-DJ in die Ehe, den vierjährigen Marius, sie soll trotz ihres

Kindes jahrelang fröhlich durch die Osloer House-Clubs gehüpft sein. Sie ist trendy und sie kann sich alleine durchschlagen, das hat sie bewiesen, nachdem der DJ sie verlassen hatte und bevor der Prinz in ihr Leben getreten war, jetzt ist sie nicht nur eine ultra-moderne Mutter, sondern bald auch noch Königin, das ist alles schon sehr beeindruckend und schwer zu toppen. All diese Mütter sind erfolgreicher, als die kinderlose Susan Stahnke es jemals sein wird.

Die sexieste aller Mütter, die Übermutter überhaupt ist aber natürlich Madonna. Darauf können sich alle einigen. Erst ließ sie ihren Fitnesstrainer Genmaterial spenden, aus dem das Töchterchen Lourdes wurde, dann suchte sie sich nach Jahren des Alleinstehens und zwecks Erfindung eines neuen Madonna-Styles einen Mann zum Heiraten, den britischen Filmemacher Guy Ritchie, und wählte, wie sollte es anders sein, auch für den daraufhin entstandenen Sohn einen Trend-Namen: Rocco. Das klingt wie eine Figur aus dem *Studio 54*, das passt zu Cowboyhüten, Schlaghosen, riesigen Sonnenbrillen, Mafia-Chic. Rocco Richy klänge besser als Rocco Ciccone, aber wie das Männlein nun tatsächlich getauft wurde, da widersprechen sich die Angaben. Dass Frau Ciccone noch niemals selbst die Popos ihrer Kinder abgewischt hat, wie sie angeblich engen Freunden anvertraut hat, erschüttert das Bild der glamourösen *celebrity mom* keineswegs.

Folgendes ist passiert: In den 90ern, der Ära der knabenhaften Supermodels, grämten wir uns wegen Fettwülsten und Orangenhaut; nie wären wir so aalglatt wie die Laufstegschönheiten, trotzdem mieteten wir uns in Fitnessstudios ein oder legten uns eine Essstörung zu, bemühten uns dabei aber, so natürlich wie möglich auszusehen. Ein Jahrzehnt später, also heute, müssen wir mitansehen, dass genau diese Frauen Kinder kriegen, dass sie nebenbei erfolgreich sind und ihnen die Designerkleider auch weiterhin gut stehen und dass die Presse das »Comeback der Mutter« verkündet. Als handelte es sich um eine Mode, gedacht für die Zielgruppe der Thirtysomethings. Dabei erfordert ein Kind vermutlich weit mehr Engagement als Mager-, Fress- und Brechsucht.

Keine Frage, dass Frau Ciccone, Frau Graf, Frau Paradis und Frau Love andere Jobs haben als wir, sie sind Freiberuflerin und können ihre Zeit flexibel einteilen, sie haben außerdem Geld, viel Geld, welches sie für Nannys ausgeben können und für Flüge an die Heimatfront. Das alles hat mit unserem Leben ziemlich wenig zu tun. Aber es gibt sogar auch alltagsnähere Frauen, die Top-Job, Spitzen-Kind und 1a-Laune auf einmal hinbekommen. Christine Bortenlänger kann das, sie ist 34, hat einen Doktortitel in BWL, keinen Mann, dafür aber einen zwölfjährigen Sohn, und arbeitet als Deutschlands erste Börsenchefin in München. Das Problem ist: Je mehr solcher *Drei-Wetter-Taft*-Frauen es gibt, je öfter sie betonen, dass alles bloß eine Frage der Organisation ist, desto weniger trauen wir uns, den Mund aufzumachen. Desto kleiner, schäbiger, unvollkommener müssen wir uns selbst erscheinen, sei es als gestresste Erfolgsmutter, sei es als kinderlose Arbeitnehmerin oder Unternehmerin. Desto geringer letztlich das Engagement der Väter. Und desto härter die Auseinandersetzung zwischen den unterschiedlichen Frauenlagern.

Im Internet bekriegen sich schon die Vollmütter und die Nichtmütter in »Weiberforen«, sie ringen um das bessere Rollenbild und machen sich gegenseitig Vorwürfe. Dabei stecken sie alle im selben Malheur, in der Entweder-oder-Falle beziehungsweise in der noch perfideren Doppelbelastungs-Falle. Die Frauen, die sich gegenseitig widerstrebende Lebensstile vorleben, müssen nicht sauer aufeinander sein. Sie sollten vielmehr erkennen, dass ihre Wahlmöglichkeiten gar nicht so groß sind, wie es immer heißt, zumindest nicht, wenn sie sich den gegebenen Images und Rollenbequemlichkeiten ergeben.

Familienfeste sind die Pest. »Und, wie sieht's mit Nachwuchs aus?«, fragen einen Verwandte, und jede Antwort auf diese Frage kann nur falsch sein. »Ich will keine Kinder, ich bringe lieber meine Firma an die Börse«, sagt man zum Beispiel und erntet dafür keine Anerkennung, sondern ein karges »Mmmhmm«. Man kann beinahe hören, was das verwandte Gegenüber, egal ob Mann oder Frau, denkt: »Himmel, ist die Frau spröde.« Man kann auch antworten: »Tja, ich hätte wirklich gern Kinder, aber ich finde einfach nicht den passenden Zeitpunkt, geschweige denn den passenden Mann.« Und das Gegenüber denkt genau dasselbe: »Spröde.«

Wenn man auf einer vollgestellten Rolltreppe versucht, sich nach oben durchzukämpfen, weil man den Zug nicht verpassen darf, der einen zu einem wichtigen Termin bringen soll, muss man sich oft an Müttern mit kleinen Kindern vorbeidrängeln. Die Kinder sitzen in bunten Buggys, sie zeigen mit dem Finger auf einen und fragen: »Mami, warum guckt die Frau so böse?«, und die Mütter schwingen sich zwecks Kinderkommunikation in höhere Oktaven und flöten: »Die Frau ist nicht böse, mein Pumuckelchen, die Frau ist gestresst.« Die Mutter mit dem Balg im Buggy blickt auf einen herab, meint man, auch wenn man sich längst an ihr vorbeigeschummelt hat und drei Treppenstufen über ihr steht. Sie hat ihr *Cosmopolitan*-Abo gekündigt und liest jetzt *Eltern*, während man selbst anscheinend in einer Zeitschleife hängen geblieben ist: Noch immer kann der Höhepunkt des Tages darin bestehen, vor dem Kleiderschrank das Outfit für den Abend auszuwählen. So als wäre man immer noch 14. Manche Mütter geben ihren Kindern kranke Namen wie Barbie-Bibiana oder Nasdaq oder Dior, sie können ihre Selbstverwirklichung aufs Kind ausdehnen, sie haben dann einen kleinen Gefährten, der ihre Einmaligkeit spiegelt, und als Kinderlose wird man neidisch.

Ist es schlecht, wenn eine Frau ein Kind aus Lifestyle-Gründen kriegt? Gibt es lautere und unlautere Motive für die Mutterschaft? Wann weiß eine Mutter, dass sie sich ihr Kind nicht nur angeschafft hat? Ist eine Mutter eine bessere Mutter, wenn sie jung ist?

Seiko Noda sitzt als Abgeordnete der japanischen Liberaldemokraten im Parlament in Tokio. Sie ist Anfang 40, unverheiratet und kinderlos. »Ich werde meine Eier einfrieren lassen«, sagte sie in einem *Spiegel*-Artikel. »Ich bin nun 40 Jahre alt, die Zeit drängt, wenn ich noch Kinder haben will.« Also ging Frau Noda zu einem Gynäkologen, ließ sich einige der noch fruchtbaren Eier entnehmen und vorsorglich auf Eis legen, falls ihr Körper die Produktion einstellt, ausgerechnet zu dem Zeitpunkt, an dem sie sich den Ausstieg leisten kann, ausgerechnet dann, wenn sie doch noch einen Mann kennen lernt, dessen Sperma sie sich gern einpflanzen und dessen Brut sie gerne austragen möchte. Der britische Gynäkologieprofessor Ian Craft, Direktor des London Gynaecology and Fertility Centre, glaubt, dass diese Methode für junge Frauen Mitte 20 schon bald der Normalfall sein wird. »Das wird in den nächsten fünf Jahren erreichbar sein, auch wenn die Gesellschaft rund 20 Jahre brauchen wird, damit klarzukommen«, sagte Craft im März 2001 dem Londoner *Times Magazine.* Bis dahin waren weltweit bereits 50 Kinder mit schockgefrostetem Erbgut gezeugt worden. Ist das der Fortschritt, den wir meinen? Auch mit 40 eine Strippenzieherin zu sein, notfalls als Solistin?

Wenn wir weiterhin alles mit uns alleine ausmachen, werden wir die Chance auf ein gerechteres Elternmodell verpassen. Wir werden einen historischen Schritt überspringen. Wir werden so lange allein bleiben mit den Kindern, oder ganz ohne Kinder, bis die Wissenschaft noch stärker eingreifen muss, weil wir es nicht schaffen, die Geburtenrate hoch genug zu halten. Man wird Babys in Farmen züchten, so wie die Menschen im Film *Matrix*. Spätestens dann können wir uns das mit der Mutterschaft ganz abschminken. Man wird uns erneut keine Wahl lassen. Dann wären wir erst recht die Verliererinnen.

8. SILIKON UND ANDERE SORGEN

»Ich bin keins von diesen ›que sera, sera‹-Mädchen.«
(Ally McBeal, 1. Staffel, Folge 19)

Die Blüte unserer Jahre, sie geschieht jetzt. »Zwischen 30 und 40, das sind die besten Jahre für eine Frau«, sagt meine Oma Irmi. Diese Worte haben mich oft getröstet, in meinen Zwanzigern, in Zeiten, in denen der Babyspeck mich noch störte, in denen ich an Liebeskummer litt oder nach einer Bewerbung eine Absage bekam. Irgendwann wird alles besser, irgendwann wird alles stimmen, irgendwann werde ich meinen Platz gefunden haben, eine souveräne Superwoman sein, an Attraktivität gewinnen. Die Worte hatten einen überzeugenden Placebo-Effekt, wann immer etwas schief lief. Die besten Jahre einer Frau. Ich dachte an Entwicklung, Selbstsicherheit, an Catherine Deneuve und Faye Dunaway. Meine Oma bezog die »besten Jahren einer Frau« indes auf die weibliche Normalbiografie ihrer Generation, sie meinte damit die Zeitspanne nach der Einschulung der Kinder, wenn eine Hausfrau und Mutter sich wieder ein bisschen mehr um sich selbst kümmern konnte, auch weil der Mann genug verdiente und sie sich dadurch schicke Röcke leisten konnte, nicht mehr nur neue Hauskleider. Die Zeitspanne, in der eine glückliche Kleinfamilie der 50er und 60er Jahre endlich Urlaub in Italien machen konnte, wo man abends am Strand entlang promeniert, die Kinder hübsch herausgeputzt, und die Eltern auch. Die Kinder weinen nicht und sie geben keine Schimpfworte von sich, und der Mann nimmt die Frau an die Hand, und die Sonne geht zischend im Mittelmeer unter, und beide wissen, dass sie was geschafft haben, und die Frau hat für zwei Wochen hitzefrei und muss im Hotel keine Hausarbeit machen. Meine Oma sprach von anderen Zeiten, das wollte ich lange nicht wahrhaben. Ihre Lebenserfahrung kann mir bei meiner Lebensplanung nicht helfen, nur in Ausnahmefällen, und dasselbe gilt für die meisten Weisheiten meiner Mutter.

Ich brauche nicht mehr zu warten, es gibt keinen Grund für Vorfreude. Ich bin genau jetzt in meinen besten Jahren, sie haben gerade angefangen, rein kalendarisch gesehen. Das macht mich nervös. In Wirklichkeit bin ich noch gar nicht so weit. Ich bin nicht richtig vorbereitet. Mindestens ein Drittel meines Lebens ist vorbei, und ich habe nichts Greifbares, auf das ich zurückblicken kann. Kein Hochzeitstag, der zu feiern wäre, kein Muttertag. Keine Familie, die mich braucht, kein Vorgarten, der zu pflegen, kein Haus, das abzubezahlen ist. Meine Freundschaften zu Gleichaltrigen, die überall wohnen, nur nicht mehr da, wo wir groß wurden, sind virtuell. Meine Klamotten sind in der nächsten Saison von gestern. Meine Einrichtung setzt sich zusammen aus Möbeln der neuen Generation, die Stücke sind leicht, mobil, sie haben Rollen oder sind zusammenfaltbar, leicht zu transportieren, für alle Fälle. Mein Mietvertrag sieht eine dreimonatige Kündigungsfrist vor, und obwohl ich mit einem Mann zusammenlebe, haben wir selbstverständlich getrennte Konten. Ich kann jederzeit gehen, wohin auch immer. Dafür habe ich hart gearbeitet. Ich denke oft an gestern und noch öfter an morgen. Das Heute ist eine Phase, die es zu überwinden oder zu durchschreiten oder zu absolvieren gilt, die strategisch hinter sich gebracht werden will, bis dann, eines Tages, irgendwas passiert.

Es geht voran, sang die Post-Punk-Band Fehlfarben 1980, *Geschichte wird gemacht. Es geht voran.* Ich habe in den vergangenen 31 Jahren keine Geschichte gemacht, obwohl ich stets vorangegangen bin. Ich habe mich bislang weder eingepflanzt noch fortgepflanzt. Ich bin ständig auf dem Sprung, ich kenne es nicht anders. Es ist alles noch nicht vollkommen, nicht mal ansatzweise. Vielleicht wird es niemals anders sein. Vielleicht gehen mir die Höhepunkte im Leben so langsam aus, es gibt kaum noch Sensationen, alles ist schon mal da gewesen. Es sind nicht die besten Jahre, zur Zeit, das kann gar nicht sein. Die besten Jahre kommen noch. Oder sie sind schon vorbei. Auch das ist nicht ausgeschlossen. So weit ist es schon gekommen.

Die Blüte unserer Jahre, sie geschieht jetzt. Das muss man sich ab und an vor Augen halten. Unmittelbar danach setzt das Verwelken ein, daran ist nicht zu rütteln. Erst in letzter Zeit denke ich gelegentlich wieder an Ramona, die aus der Schule. Die mit den vorzeitig gesprossenen primären und sekundären Geschlechtsmerkmalen, die sie gern herumzeigte. Die, die frühzeitiges Petting betrieb. Die, an die jeder mal ran durfte. Die, auf die die Jungs scharf waren. Die, die noch vor ihrem 18. Geburtstag schwanger wurde. Nicht, dass ich im Nachhinein nostalgisch würde. Es ist keineswegs so, dass ich jetzt Altersmilde walten lasse und ihr im Rückblick im Geiste die Hand reiche. »Komm, Ramona, lass uns Versöhnung feiern. Ich weiß, du hast ein Scheißleben, dabei wolltest du es dir doch nur bequem machen. All die Väter all deiner Kinder sind stiften gegangen, und jetzt sitzt du da, du Arme.« Keine Spur von Mitleid, auch wenn es sich an dieser Stelle gut machen würde. Selbst schuld. Das gilt noch immer. Finde ich. Es ärgert mich, dass ich überhaupt wieder an Ramona denke, wo ich schon ihre unvernünftige Mutterschaft mit meinen Steuern mitfinanziere. Ich hatte sie für Jahre völlig vergessen, hatte die pubertäre Schmach ihres Beliebtheitsvorsprungs bei den Jungs erfolgreich verdrängt und durch meinen smarteren Lifestyle für überwunden geglaubt. Ich führte das bessere Leben.

Aber nun sind Ramonas Töchter da. Sie haben die Balz zum Business gemacht. Und man selbst kommt sich plötzlich wieder genauso pickelig und verklemmt vor wie auf dem Schulhof. Man nennt sie Boxenluder, Tittenwunder, Miss Schörmenie oder Mädchen-von-Seite-Drei, und ihre Zauberformel lautet Nullhundertneunzig-sechs-sechssechs-sechssechssechs. Junge, ungebildete Weibsbilder, deren Brüste üppig sind, die Lippen dauergeschürzt, freche Fräuleins, die den Männern signalisieren, dass sie für jeden Spaß zu haben sind – so wie Ramona es zu Grundschulzeiten am Autoscooter gemacht hat. Superbienen, die definitiv »weiter entwickelt« sind als wir Durchschnittsfrauen – so wie Ramona uns einst in der Umkleidekabine mit ihrer Oberweite überrundete. Hammerbräute, neben denen wir früheren *Esprit*- und heutigen *Peek&Cloppenburg*-Trägerinnen nur abschmieren können – so wie Ramona uns einst mit ihren zusammengeschnürten *Sasch*-Hosen abhängte.

Die Original-Ramona von früher hat ihre Strafe bereits erhalten, und zwar in Form eines monatlichen Schecks vom Sozialamt. Ihre Epigoninnen jedoch haben aus ihren Fehlern gelernt: Erstens lassen sie ihre Schamhaare nicht durch den Slip blitzen wie Ramona versehentlich in der vierten Klasse, denn die meisten von ihnen sind komplett glatt rasiert. Zweitens locken sie die Männer zwar immer noch mit den durchschaubarsten Tricks – aber jetzt ohne sich wirklich von ihnen fangen zu lassen. Und *wenn* sie sich schwängern lassen, dann sorgen sie, drittens, dafür, dass der Samenspender ordentlich Asche in der Tasche hat, dass er ein hübsches Sümmchen Unterhalt bezahlen muss, so dass sie sich ein angenehmes Leben leisten können. Es klappte bei Angela Ermakova und Boris Becker, es funktionierte bei Jenny Elvers und Alex Jolig, es glückte bei Verona Feldbusch und Dieter Bohlen. Zwar hat Verona kein Kind bekommen, aber sie war immerhin vier Wochen mit dem Dieter verheiratet, ließ sich diese Frist nach der Scheidung mit einer halben Million bezahlen, und widmete sich fortan ihrem eigentlichen Baby, ihrer Karriere. Sie zocken mächtig ab, die Ramonas der Neuzeit, und wenn man sie unter dem Oberbegriff »Luder« summiert, dann haben sie gar nichts dagegen, ganz im Gegenteil, sie schnurren glücklich.

Während wir, die Generation Ally, die professionalisierten Töchter der Emanzipationsbewegung, mit unserem flexibilisierten Erfolgsleben beschäftigt waren, haben die Luder still und leise an den großen Rädern der Welt gedreht und sich einen Platz verschafft, den wir ihnen nie zugetraut hätten: Sie sind scheinbar an der Macht, überall. Sie herrschen über Telefongesellschaften und Fernsehsender, Werbeagenturen und Verlage. Es herrscht das Prinzip der allgegenwärtigen Verfügbarkeit von Frauen. Frauen, die wesentlich unkomplizierter als wir erscheinen, die besser aussehen, die offenbar mehr Spaß haben und sich besser bewegen als wir. Es sind die »Matratzen« und »Dosen«, die leichten Mädchen, die plötzlich ein unglaubliches Gewicht haben, gesamtgesellschaftlich gesehen.

Die Luder, die vor Kameras ihre Brüste einseifen, um damit Windschutzscheiben zu waschen, wirken überhaupt nicht ausgebeutet oder faul, sondern bauernschlau und tüchtig. Zum Beispiel, wenn sie auch tatsächlich Ramona mit Vornamen heißen und Drews mit Nachnamen, und wenn sie die Ehefrau eines abgehalfterten Schlagersängers sind. Dann halten sie fröhlich ihre Ballermänner in die Kamera und verspritzen Milch auf die Sessel in Privatfernsehstudios. Alle schauen in diesem Moment auf Ramona, keiner auf den Jürgen, der im Hintergrund Faxen macht. Das Ehepaar Drews lebt davon, dass Ramona ihre Möpse in die Objektive drückt und Jürgen dazu gelegentlich eine Rap-Version seines 70er-Hits *Ein Bett im Kornfeld* singen darf. Kulturpessimisten könnten vermuten, dass der Jürgen sich die Ramona praktisch gekauft hat, dass er sich die Ramona hält wie ein Zuchtpferd zum Vorzeigen, damit überhaupt noch jemand nach ihm schaut, dass er die Ramona schamlos ausnutzt. Aber eigentlich wirkt es ganz anders. Es wirkt eher so, als habe die Ramona sich den Jürgen an Land gezogen, als habe sie einen Leasingvertrag mit ihm abgeschlossen, der ihr zusichert, dass sie sich immer nach vorne drängeln darf, wenn eine Kamera auf die beiden gerichtet ist, damit sie alsbald selbst berühmt wird. De facto bringt sie das Geld nach Hause, so viel ist klar. Sie schaufelt es mit ihren knallprallen Riesenbrüsten heran, sozusagen.

Top-Playerinnen auf dem Markt der Körperflüssigkeiten, auch der zurückgehaltenen, sind außerdem die Ammer-Chicks aus Hamburg, die in die Kategorie *It-Girls* fallen. Michael Ammer ist von Beruf Partymacher und schmückt seine Disco *J's* in einem Bunker auf St. Pauli gern mit B-Promis wie Axel Schulz und Fritz Wepper. Um die Gäste in der VIP-Lounge bei Laune zu halten, beschäftigt Herr Ammer professionelle Chicks, junge Frauen, oft exotischer Anmutung, so knapp bekleidet wie möglich. Sie agieren wie moderne Hetären, sie handeln mit Sex. Zunächst nicht im praktischen Sinne, eher im gedanklichen. Sie sollen den prominenten Gästen feuchte Träume bescheren, damit die VIPs sich weiter in Stimmung trinken und das *J's* in guter Erinnerung behalten und regelmäßig wiederkommen. Party-Queen Ariane Sommer weilte hier zur Fortbildung, und auch das Bohlensche Teppichwunder mit der stammelnden Schönheit Janina nahm hier seinen Lauf. Der Herr Ammer landet auf diese Weise häufiger in den Gazetten. Noch viel häufiger landen aber die Chicks in den Schlagzeilen. Oft bleibt es nämlich nicht bei den Träumereien, und die Chicks gehen den Promis in Echtzeit an die Wäsche. Meist sorgen sie dafür, dass ein Paparazzo in der Nähe ist. Später kassieren die Chicks dann Schweigegeld oder Interview-Honorare.

Die Boxenluder gehen noch subversiver vor. Womit verdienen sie eigentlich ihr Geld? Wovon bezahlen sie die Flugtickets nach Monaco, Silverstone und Suzuka? Werden sie stundenweise bezahlt oder per Tagessatz? Wer kommt für die Spesen auf? Wer sagt ihnen, was sie zu tun haben? Was tun sie überhaupt? Sie stehen an den Rennpisten dieser Welt herum und halten Schilder hoch oder Champagnerflaschen bereit, und ab und an lassen sie sich von einem Mechaniker flachlegen oder von David Coulthard, denn die meisten anderen Rennfahrer sind verheiratet und könnten sich einen Seitensprung nicht leisten, weil das die Presse verdirbt und die Sponsoren abspringen, hat man ja alles schon erlebt.

Gibt es einen Schuldigen? Einen Frauen hassenden Master of the Universe? Einen geheimnisvollen Mister X, einen Typen, der 15 Mal so viel Macht hat wie Bill Gates und in der Lage ist, der gesamten Welt seine perversen Teenage-Tittie-Phantasien aufzunötigen, indem er den Ludern Sendeplätze und Titelseiten freiräumt? Einen Gott des y-Chromosoms, der dabei ist, die Emanzipation umzukehren? Schön wär's. Dann wüsste man wenigstens, in welche Richtung man »buh« rufen müsste. Oder Böseres.

Leider ist es komplizierter. Leider sind es (auch) Frauen, die den Ludern beim Aufstieg behilflich sind. Leider sind es ausgerechnet solche, die meinen Beruf ausüben, den der Journalistin, sie nennen sich zumindest so, und sie arbeiten nicht selten für private Fernsehsender. In einem Volontärskurs lernte ich eine kennen, die sich entsprechend ausbilden ließ. Man brachte ihr bei, wie man »Darsteller« bei Casting-Agenturen ordert, Männer und Frauen, die sich für Geld ausziehen. Man brachte der angehenden Redakteurin auch bei, wie man ein Hotelzimmer für Filmaufnahmen mietet beziehungsweise wie man den Namen der Hotelkette geschickt ins bewegte Bild einbaut, damit das Hotelzimmer für umsonst genutzt werden kann. Auch lehrte man sie, wie man die »Darsteller« zu lustigen Erotikspielchen animiert. Und schließlich erfuhr sie, wie sie ihrer Stimme ein verruchtes Timbre verleiht und wie man einen anzüglichen Sprechtext formuliert, der später aus dem Off über die Aufnahmen gelegt wird: »Mit ihrem neuen Tangaslip macht Moni ihren Roberto so richtig heiß. Wenn frau sich nur ein bisschen Mühe gibt, herrscht bald schon wieder Action auf der Matratze.«

Frauen lassen sich ablichten, Frauen halten die Kamera drauf, Frauen betexten die Bilder. Zum Beispiel Katja Kessler, die ihre journalistische Karriere mit den *Mi-Ma-Mausesack*-Kommentaren zu den Oben-ohne-Titelbildern der *Bild*-Zeitung startete und heute bei der Möchtegern-Boheme als Trash-Intellektuelle sehr geschätzt ist und mit der ich höchst unfreiwilligerweise die Initialen teile. Die Mäuschenbranche ist längst in Frauenhand. Während Ingrid Steeger in den 70ern noch einen Michael Pfleghar brauchte, der ihr vorschrieb, wie sie in *Klimbim* mit dem Hintern zu wackeln hatte, sitzen die Luder der Jetztzeit direkt am Schaltknüppel. Sie machen sich freiwillig zum Lockvogel und prahlen mit ihrem feuchten Vaginalklima. »Ich bin wirklich extrem und wild mit Sex«, meint etwa die Promi-Masseuse Doctor Dot (34), die gelegentlich zum Thema »Beauty« oder »Sexappeal« in Nachmittagstalkshows auftritt. »Das Einzige, was ich nicht tun würde, ist: Geld dafür verlangen. Das ist mein einziges Tabu«, sagt Frau Dot. Nicht minder einladend klingen die Äußerungen der *Blond-am-Sonntag*-Talkerin Barbara Schöneberger (28): »Es gab mal einen Mann, der hat gesagt, er fände es schöner, wenn ich etwas dezenter wäre. Das begann schon bei der Zurschaustellung meines Körpers. Da habe ich gesagt: Okay, such dir bitte eine andere Frau.«

Männer sind nicht die (alleinigen) Verursacher der Weibchen-Renaissance, so einfach ist es nicht. Männer stehen meist daneben und wissen gar nicht, wie ihnen geschieht.

Die Luder-Faszination beruht ganz wesentlich auf dem Faktum Silikon, bei den Männern wie bei uns. Es ist ja kein Geheimnis, dass all die Superkörper zurechtgeschnippelt sind. Für Moral und Empörung ist es längst zu spät. Professionelle Anhängsel wie Nadja Abdel Farrag erzählen frank und frei, wo überall ein Chirurg dran war, und junge Mädchen lassen sich auf dem OP-Tisch filmen. Es gibt auch Frauen, die leugnen alles, aber es hilft ja nichts, wenn man die Vorher-Nachher-Bilder sieht. Der Gedanke, sich mit allerlei Kunststoffen aufzupolstern, ist der Generation Ally im tiefsten Innern, aus dem Bauch raus, zwar zuwider. Allerdings sind wir auch beeindruckt von der schieren Idee.

Vermutlich sind wir in dieser Hinsicht eine einzigartige historische Erscheinung, eine Zwittergeneration in Sachen Schönheits-OPs. Für die frauenbewegte Generation vor uns war die Schönheitschirurgie eine Ausgeburt sexistischen Gedankenguts, für die weniger bewegten Frauen war sie früher schlicht unbezahlbar. Dank den Besuchen bei Oma Irmi bekam ich frühzeitig Einblick in die *Frau im Spiegel*, und darin berichteten prominente Frauen vom Schlage einer Anneliese Rothenberger in den 70er und 80er Jahren gelegentlich von Frischzellenkuren, und am Illustriertenrand wurde in Schwarzweißanzeigen für ebensolche Kuren in abgelegenen Schwarzwaldkliniken geworben, Preis auf Anfrage. Eine Frischzellenkur zu machen bedeutete, sich Zellen von frisch geborenen Kälbern spritzen zu lassen, die die eigene Haut aufpeppeln sollten. Heute ist diese Methode wegen BSE nicht mehr gefragt, aber die Gentechniker arbeiten ja bereits fleißig daran, Ersatzteilembryos für Notfälle wie diesen zu züchten.

Unsere Mütter lernten in ihrem ganzen Leben vermutlich keinen einzigen Schönheitschirurgen kennen, und inzwischen sind sie über 45, ergo jenseits der Attraktivitätsgrenze, und müssen sich damit nicht mehr groß herumschlagen. Unsere jüngeren Schwestern oder ehemaligen Nachhilfeschülerinnen oder späteren Töchter wiederum werden sich zum 16. Geburtstag ganz selbstverständlich eine gerade gebogene Nase wünschen, und zum 18. eine Busenaufpäppelung von 75b auf 75d, und mit 22 spritzen sie sich Collagen in die Lippen, und mit 25 das Nervengift *Botox*, das die Fältchenbildung lähmt, einfach, weil es die Gesichtsmuskeln darniederstreckt.

Wir, die wir historisch gesehen mittendrin stecken in der Übergangsphase zur komplett getunten Gesellschaft, sind unentschieden. Wir könnten uns einen solchen Eingriff inzwischen vermutlich locker leisten. Die Optimierung des Körpers ist, ganz nüchtern betrachtet, die logische Folge des Lifestyle-Desasters, und wir können uns dieser Logik leider nicht widersetzen, wir kennen ja nichts anderes. Schon bald wird es als Nachlässigkeit gelten, sich nicht operieren zu lassen. Mit Krähenfüßen im Gesicht herumzulaufen wird dasselbe sein, wie heute mit fettigen Haaren auf eine Vernissage zu gehen. Nasen mit Knorpelhöckern werden ein Sozialhilfeempfängerphänomen sein, so wie heute fehlende Schneidezähne. Es wird berichtet, dass zunehmend auch Männer sich unters Messer legen. Es gehen Gerüchte, dass Topmanager von ihren Firmen ein Body-Tuning finanziert bekommen, bevor sie auf die öffentlichkeitswirksame Funktion des Vorstandsvorsitzenden gehievt werden. Das ist der Lauf der Zeit.

Während wir noch zögern, führen uns die Luder fröhlich ihre Macht vor, sie haben gnadenlos aufgerüstet. Manni legt seinen Manta tiefer, Mandy schnallt sich die Titten hoch. Es ist dasselbe Prinzip: Wer hat den längsten (Schwanz), wer hat die dicksten (Dinger)? Körper wie Instrumente, wie Maschinen, kaltschnäuziger geht es nicht. Frauen wie Ramona Drews (gepolstert) und Jenny Elvers (abgesaugt) legen sich mit dem ganzen Körper ins Zeug. Wenn's drauf ankommt, zucken sie mit keiner Wimper. Warum auch? Die Zielgruppe ist Jahrtausende lang erforscht. »Willst du dich wirklich mit mir anlegen?«, fragen ihre Superkörper. Und wenn der Mann die Drohung nicht versteht, weil ihm schon die Zunge aus dem Hals hängt und es ihm schon in den Ohren rauscht vor Geilheit, dann greift er zu – und ist nachher ein wenig ärmer, während die Frau nachher ein wenig reicher ist, zum Beispiel, wenn der Mann ein Programmchef ist und ihr eine eigene Show mit üppigem Salär versprochen hat. So holt man die Operationskosten in null Komma nichts wieder rein.

Wenn wir einmal wieder mit unserer besten Freundin eine Flasche Süßpapp-Likör geleert und uns in Rage geredet haben, dann kommen wir in Versuchung, ein Loblied auf diese Frauen zu singen, sie als Hohepriesterinnen der weiblichen Potenz anzubeten. Die letzte Runde im Geschlechterkampf ist eingeläutet, Gong! Wir könnten locker zu dem Schluss kommen: Silikon ist der erste Schritt zur androgynen Gesellschaft. Und das führt uns zu einem interessanten Gedanken: Im Grunde sind die Luder und wir uns viel ähnlicher, als es zunächst den Anschein macht. Wir alle haben Karriere gemacht, wir selbst im Business-Kostüm, die Luder ohne Oberteil. Während wir auf einst männlichem Terrain herumturnen, auf Bürofluren und in Meetingsälen, sind die Luder im klassischen Frollein-Sektor aktiv – aber in der Methode sind sie männlicher als viele Menschen mit y-Chromosom. Sie sind auf ihre Art berechnend und brutal. Brutal weiblich, sozusagen.

Nun könnte uns all das egal sein, wir müssten nicht nach 22 Uhr die schleimigen Kanäle einschalten, wo die Brüste hüpfen. Wir müssten uns auch nicht um das Frauenbild sorgen, das unsere Kinder einmal vermittelt bekommen, sollten wir jemals Kinder haben. Wir könnten hoffen, dass es sich wieder einmal nur um einen Lifestyle-Trend handelt, der sich legt, Ludertum statt Girlietum. Wir könnten über diese Frauen auch einfach nur lachen, so wie einst über den *Tutti-Frutti*-Obstkorb, und über die Männer, die drauf abfahren, gleich mit. Aber so richtig witzig ist das alles gar nicht mehr.

Haben Sie die Anfangsjahre der Sex-Show *Peep* verfolgt? Mit Verona Feldbusch als Moderatorin? Mussten Sie nicht auch lachen? Da saß diese hölzerne Person mit der knubbeligen Nase, die später gerade wurde, und den dicken Tränensäcken, die später abflachten, sie hatte allerdings schon damals lange Beine und lange Haare und ein tiefes Dekolleté. Sie befragte drittklassige Seriendarsteller nach deren bevorzugter Sexstellung, und wenn der oder die Befragte sich zu einer mäßigen Pointe zum Thema aufraffte, bekam die Moderatorin es nicht mit, denn sie suchte gerade hektisch auf den Karteikarten nach der nächsten Frage oder sie blickte sich im Studio Hilfe suchend nach dem Praktikanten um, der ihr ein Schild hinhielt, auf dem die Ansage für den nächsten Filmbeitrag stand. Wenn das Publikum über die Pointe des Soap-Stars lachte, dann dachte die Moderatorin immer, sie wäre gemeint, und lachte vorsorglich mit, weswegen man dann tatsächlich über sie lachte. Schließlich sagte sie »einem Fülm« an, in den es um die Messe Erotika in Suhl ging und warum die Ossis besser vögeln tun als die Wessis. Zwischendrin suchte die Moderatorin nach passenden Überleitungen und schließlich verabschiedete sie sich mit den Homestripvideo, das wo ein Zuschauer geschickt hatte.

Das waren noch Zeiten, Ende der 90er. Frau Feldbusch hat schon damals in Interviews offen zugegeben, wie es um sie steht. Sie sei genauso, wie sie ist, sagte sie. Sie spiele nichts, sie verberge nichts, sie mache niemandem etwas vor. Sie gab offen zu, dass sie ein Dummerle ist und dass sie gar nicht weiß, wie ihr geschieht, sie disqualifizierte sich selbst, sozusagen.

Dann ist etwas Interessantes passiert: Frau Feldbusch wurde zum Role Model erklärt. Frauen wie Verona Feldbusch »machen mit einer gewissen Selbstverständlichkeit das, was sie wollen«, lobte Kanzlergattin Doris Schröder-Köpf im Frühjahr 2001 die lebendige Werbeträgerin in der *Berliner Zeitung*. Dies sei sicherlich auch eine »Generationsfrage«. Und FDP-Generalsekretär Guido Westerwelle bewunderte in einem *Focus*-Gespräch die Geschäftstüchtigkeit des ansehnlichen Fräuleins. Sie galt über Nacht als Vorbild für die Frauen ihres Alters, also für uns. Frau Feldbusch könne immerhin ihre Bankkonten selbst verwalten, hieß es plötzlich. Und sie sah noch dazu supi aus. Respekt, Respekt. Mit einem Mal war es unerheblich, dass sie Akkusativ und Dativ verwechselte, man hielt sie für ein Genie, und zwar für ein Marketinggenie. Es erschien plötzlich unglaubwürdig, dass jemand tatsächlich so bescheiden denken kann wie Frau Feldbusch und damit so viel Geld verdient. Sie muss sich das alles ausgedacht, zurechtgelegt haben, dahinter *muss* einfach eine Taktik stehen, nahmen viele an. In Wirklichkeit ist sie superclever, dieses Luder, so wird es sein. Na, Sie machen uns aber Spaß, Frau Feldbusch. Schau mal einer an.

Wie toll sie ihre Geschäfte im Griff hat, das verriet Frau Feldbusch im Sommer 2001 in der Talkshow von Johannes B. Kerner im ZDF, einer denkwürdigen Sendung, in der die Schöne auf Alice Schwarzer traf. Die Sendung wurde wenige Wochen später ein zweites Mal in voller Länge gezeigt, weil der Showdown der bissigen Stuten auch in seiner Wiederholung dicke Quoten versprach. Das Gespräch war als Duell zweier unterschiedlicher Frauengenerationen angekündigt worden, Frau Feldbusch war 33, Frau Schwarzer 58, die *Bild*-Zeitung schrieb vom Gipfeltreffen zwischen *brain* und *body*. Vorausgegangen war ein sachter Pressewirbel, weil Frau Schwarzer in einem Interview gesagt hatte, das Produkt Feldbusch sei eine Ohrfeige für alle Frauen. Was sie damit sagen wollte, war, dass Frau Feldbusch mit dem Image, das sie lebt, nichts als ein süßer Hoppelhase ist, Teil einer menschenverachtenden Industrie, genauer gesagt, ein Premiumprodukt der Fleisch verarbeitenden Industrie, noch genauer gesagt, der Frauenfleisch verarbeitenden Industrie. Dass Frau Feldbusch privat eine nette Person sein mag, aber dass die naiv-dümmliche Art, die sie verkauft, in Wahrheit zum Kotzen ist, das wollte Frau Schwarzer sagen. Dass sie sich nicht einbilden solle, ein Vorbild zu sein, nur weil das Holz vor ihrer Hütte nach der letzten Straffung für die nächsten Jahre noch hält. Und im Grunde hat das auch jeder verstanden. Aber das, was Frau Schwarzer da losließ, gibt keinen guten Slogan ab, es macht so überhaupt keinen Spaß. Frau Feldbusch machte eindeutig die besseren Witze, sie machte sich über den »schwarzen Sack« lustig, das Strickkleid, das Frau Schwarzer trug, und alle mussten zugeben, dass Frau Schwarzer nicht annähernd so gut aussah wie Frau Feldbusch in ihrem knappen weißen Hosenanzug mit ärmelfreier Weste. Darum ging es bei diesem Gespräch aber gar nicht, und Frau Schwarzer versuchte immer wieder, darauf hinzuweisen. Aber da kam Frau Feldbusch offensichtlich nicht mit. Frau Feldbusch redet nicht über andere Frauen oder die Gesellschaft, Frau redet ausschließlich über das, mit den sie sich auskennt, über sich selbst. Am Rande kam heraus, dass die Geschäftsfrau ihre Geschäfte gar nicht alleine führt, denn sie hat einen Berater, einen Herrn Midzic, einen Ex-Freund, der heute immer noch auf sie aufpasst. Sie gab öffentlich zu, dass sie all ihr Geld auf dem Sparbuch angelegt hat, wie meine Oma Irmi, weil sie sich mit Aktiendepots und Tagesgeldkonten nicht auskennt.

Und trotzdem war in den nächsten Tagen überwiegend vom Punktsieg für Verona zu lesen, der *Spiegel* zum Beispiel sprach Frau Feldbusch »Vorsprung durch Selbstironie« zu, »Technik, die begeistert«. Mehrere Parteien, zuvorderst Bündnis 90/Die Grünen, mühten sich zum Wahlkampfauftakt für die Bundestagswahl 2002, Frau Feldbusch als Pressebonbon zu engagieren. Aber letztlich entschied sich die Edle, die nach eigenem Bekunden in Bälde die Mutterschaft anstrebt, dann doch für etwas Herzigeres, sie wolle Botschafterin für die SOS-Kinderdörfer werden. Frau Feldbusch hat ihren Style, ihre Selbstvermarktung perfektioniert. Sie weiß, was Männern gefällt, und sie entscheidet ganz allein, in welchem Werbespot sie die Lippen schürzt. Wenn sie ein Angebot bekommt, dann sagt sie ja, oder sie sagt nein. Das kann sie. Das ist toll, das ist super. Das ist erwähnenswert. Das qualifiziert für ein politisches Amt.

Niemand lacht mehr über Frau Feldbusch. Nicht mal mehr wir. Diejenigen, über die man lacht, das sind längst wir selbst. Frauen um die 30, die einen ganz normalen Beruf haben, aber ansonsten nicht viel. Weder eine frauenbewegte Vergangenheit noch einen Traumbody noch eine eigene Schmuckkollektion, und am Ende nicht einmal einen Partner. Ally McBeal verplappert sich, sie tritt in ein Fettnäpfchen nach dem nächsten, sie haut sich den Kopf an der Klotür an, und sie muss niesen, wenn sie einem interessanten Mann gegenübersteht. Ihr britisches Pendant, die Romanfigur Bridget Jones, fällt im dazugehörigen Film *Schokolade zum Frühstück* unablässig um, sie kocht aus Versehen blaue Suppe statt Lauchcreme und liegt beim Karaokesingen zahllose Oktaven neben der Spur. In Deutschland schliddert die von Anke Engelke gespielte Talkshow-Moderatorin *Anke* in der gleichnamigen Serie von einer Katastrophe in die nächste. Warum stolpern diese Frauen ständig? Warum stottern sie? Warum lassen sie Gläser fallen? Warum essen sie zu viel oder zu wenig? Warum merken sie es nicht, wenn ihre Frisur komisch verrutscht ist oder ihr Rocksaum in der Strumpfhose klemmt und man ihre Schlüpfer sehen kann? Warum sprechen sie ständig aus Versehen in angeschaltete Mikrofone, so dass die ganze Belegschaft hört, dass sie an Blasenentzündung leiden? Und warum fahren wir voll drauf ab, bitte schön? Diese Frauen leben wie einsame Wölfe in der urbanen Prärie, und alles, was an Weiblichkeit für sie übrig bleibt, sind hysterische Gefühlsausbrüche, abgebrochene Fingernägel, das richtige Outfit zum falschen Anlass, Rotweinflecken auf der Bluse, peinliche Versprecher, die Panik, zu alt für ein Kind zu sein, das Werben um den Mann als solchen und immer und immer wieder Eiscreme. Das, was letztlich für Lacher sorgt, sind die Versuche dieser Frauen, weiblich zu sein. Sie stümpern herum. Sie benehmen sich wie die letzten Idioten, wenn man es genau nimmt.

Wir Frauen der Generation Ally dachten, wir wären die Superfrauen, wir dachten, an uns käme keiner vorbei. Stattdessen fragt man sich jetzt bloß, auf welcher Seite man steht: auf der Seite der neurotischen, moppeligen, ungeschickten Allys, Bridgets und Ankes – oder im Lager der prallen, feuchten, willigen Ramonas, Veronas und Jennys. Gegen Ende der Pubertät hatten wir angenommen, die Zeit der Schlampen und Luder sei vorbei, wir glaubten, sie hätten keine Chance mehr, wir nahmen außerdem an, nur die organisierten Feministinnen hätten ein Problem mit ihrem Selbstwertgefühl – und jetzt haben wir selbst eins. »Die Zukunft ist weiblich«, sagte man in den frühen 90ern. Jetzt verstehen wir endlich, wie das gemeint war.

Es gibt, nüchtern betrachtet, mehrere Möglichkeiten für uns: Wir dürfen unsere Brustwarzen präsentieren und dumme Sprüche ablassen und dafür viele Männer kriegen und öffentliche Aufmerksamkeit erregen. Oder wir dürfen langsam ergrauen und in die Breite gehen, im Job Magengeschwüre erleiden, deppert herumstolpern, viel zu viel fernsehen und vergeblich auf Männeranrufe warten. Oder wir dürfen Mama und Männer-Amme spielen und in den eigenen vier Wänden ein bisschen herumbestimmen. Wir können auch versuchen, alles auf einmal hinzubekommen: Sexyness, Erfolg, Fürsorge. Dann ist das schlechte Gewissen erst recht garantiert. Aufruhr ist von uns jedenfalls nicht zu erwarten, sie passt nicht ins Drehbuch, nicht ins Selbst-Design.

Vielleicht teilen wir uns eines Tages im Altersheim unfreiwillig ein Zimmer mit einem Luder, denn in den Altersheimen wird es eng werden. Wir liegen dann da, mit einem gebrochenen Fuß, weil wir über eine leere Gin-Flasche gestolpert sind, an unserem 71. Geburtstag, an dem wir uns betrunken haben, denn wir erwarteten sowieso keinen Besuch, wer sollte denn kommen? Unterdessen geht dem Luder das Silikon auf Grundeis, alles hängt und schlabbert und verknotet und verkrustet sich, die eventuell geborenen Kinder rufen viel zu selten an, die Rente geht überwiegend für Reparaturarbeiten am eigenen Körper drauf, und sie kann die Langeweile nicht einmal mit einem Kreuzworträtsel vertreiben, weil sie vor lauter *body* verpasst hat, ihr *brain* zu päppeln. Keine von uns wird Siegerin sein. Unsere Mütter waren Makramee-Mütter, wir sind Lifestyle-Luschen, eine schlimmer als die andere.

31 ist mein Alter. Zwischen meinem 20. und 30. Geburtstag bin ich neun Mal umgezogen und habe in vier verschiedenen Städten gelebt, jeweils mindestens ein halbes Jahr lang. Ich habe Praktika absolviert, um Erfahrung zu sammeln, und viele verschiedene Jobs gemacht, um mich über Wasser zu halten, habe Einkaufswagen sortiert, gekellnert, Hongkongfilme synchronisiert und telefonische Marktforschung betrieben. Ich habe studiert und das Studium zügig abgeschlossen und wegen der Frauenquote an der Uni eine Stelle als wissenschaftliche Hilfskraft angeboten bekommen, aber ich ging lieber raus in die Praxis. Dort habe ich einen damals noch ordentlichen Beruf erlernt, den der Redakteurin, und mich fest anstellen lassen. Ich war erfolgreich, so erfolgreich, dass ich mich als Freiberuflerin selbstständig machte und meine Ich-AG gründete, in der Zeit, in der die Start-up- und Existenzgründerwelle boomte. Ich wollte weniger arbeiten und mehr verdienen, was sich beides bislang nicht erfüllt hat.

Ich habe neben Europa auch den nordamerikanischen und den südamerikanischen Kontinent fast komplett bereist. Asien ist als nächstes dran. Ich beherrsche zumindest eine Fremdsprache und habe Grundkenntnisse in zwei anderen Sprachen; außerdem habe ich das Große Latinum, was für das Hier und Heute rein gar nichts bringt, man weiß nie, ob man es in den Lebenslauf schreiben soll oder nicht. Ich bestellte Caipirinha, als die meisten noch gar nicht wussten, was das war, und als die meisten wussten, was das war, bestellte ich längst etwas anderes. Immerhin ungefähr drei Mal habe ich harmlose Drogen ausprobiert. Schon 1993 war ich online, aber erst seit dem Anbruch des neuen Jahrtausends besitze ich ein Handy, ich schaffte es zur selben Zeit an, als ich ein Onlinedepot eröffnete, mit dem ich die Hälfte des bislang Ersparten verlor. Das ist aber nicht so schlimm. Ich kenne die Codes, aber ich bin glücklicherweise kein Fashion Victim geworden, ich kann geschickt preiswerte Secondhand- und *H&M*-Klamotten mit wenigen Designerstücken kombinieren, so dass es meist nach irgendwas aussieht und ich noch nie von einem Türsteher abgewiesen wurde.

Die Zahl der Männer, die ich näher kennen lernte, liegt über dem statistischen Mittel von 4,4, allerdings hatte ich noch nie einen One-Night-Stand, die kleinste Erotik-Einheit war ein Two-Night-Stand. Vorläufig bin ich kein Single, ich führe eine Beziehung. Ich habe Schwangerschaftsstreifen, obwohl ich noch nie schwanger war, und obwohl ich erst sehr spät mit dem Rauchen angefangen habe, mit 20, schlote ich mehr als jeder Mann, den ich kenne. Bei einer Körpergröße von 1,63 Meter wiege ich um die 55 Kilogramm, da kann ich mich nicht beschweren. Ich kann tagelang Fastfood essen, und man sieht es mir nicht an. Wenn ich mit anderen Menschen essen gehe, bestelle ich hochwertigere Speisen, Fisch oder Salat oder Couscous. Sushi schmeckt mir nicht. Meine Cholesterinwerte liegen leicht über dem Normalwert, und ich habe Angst, noch vor meinem 40. Geburtstag einen Schlaganfall zu erleiden.

Mein Leben lang hasste ich Sport, aber seit einem Jahr bin ich in einem Fitnessstudio angemeldet, man muss einfach etwas tun. Erst in meinem 30. Lebensjahr erwarb ich meine erste Antifaltencreme mit A-h-A-Effekt, dafür entdeckte ich schon mit 26 das erste graue Haar, und ich riss es aus, aber inzwischen geht das nicht mehr, denn es werden immer mehr, eigentlich sind sie eher weiß, und wenn ich sie alle ausrisse, wäre ich bald kahl. An manchen Haaren lässt sich der Verfall nachlesen: Sie sind unten, an den Spitzen, noch schwarzbraun, in der Mitte wechselt der Ton ins Haselnussbraun-Rötliche, und oben werden die Farbpigmente immer weniger, die letzten drei oder vier Zentimeter vor der Haarwurzel ist nichts mehr da, nur noch leere Hornzellen. Ich denke nicht, dass es mir steht, ich fühle mich noch zu jung dafür. Ich habe einen kleinen Wulst unter dem Nabel, einen Frauenbauch, einen kleinen Hubbel, der mit den Jahren immer wulstiger wird. Ich hatte nie einen flachen Bauch wie Geri Halliwell oder Gisèle Bündchen, auch nicht mit 15, und neulich hat mir meine Mutter eine teure Nylonstrumpfhose mit Bauchfett verdrängender Wirkung geschenkt, das Hosenteil saß superstramm und drückte den Speck platt. Ich habe die Strumpfhose nur einmal getragen. Egal wie teuer eine Nylonstrumpfhose ist, nach einmaligem Tragen muss ich sie wegschmeißen, weil die Hornhaut an meinen Füßen das Material durchscheuert. At the end of the day bleibt manchmal nichts als eine Laufmasche. Puh, ein Tussispruch.

Ich wollte niemals eine Tussi sein, deswegen legte ich mir frühzeitig einige burschikose Hobbys zu, allerdings bin ich keine Frau zum Pferdestehlen, denn Tiere mag ich nicht, vor allem keine Haustiere. Guppy-Fische, Perserkatzen, Golden Retriever. Haustiere sind dumm. Ich tippe Fußballergebnisse in einer Tipper-Liga, als einzige Frau unter 36 Männern, und im Sommer 2000 wurde ich Tippkönigin bei der Europameisterschaft. Allerdings habe ich keine Ahnung von Fußball, ich weiß nur, dass Bayern München scheiße ist, aber Vicente Lizarazu finde ich trotzdem charmant. In meinem ganzen Leben habe ich vielleicht zwei oder drei Mal die *Emma* gekauft, so wie ich mir auch zwei oder drei Mal den *Playboy* gekauft habe, aus reiner Neugierde. Ich habe noch nie ein Frauenbuch gelesen, dafür viele Männerbücher, von Paul Bowles, Boris Vian, Charles Bukowski, Henry Miller, H.D. Thoreau, Douglas Coupland und Nick Hornby, wobei Nick Hornby nicht wirklich zählt, denn ich kenne keinen Mann, der seine Bücher liest, nur Frauen. Ich interessiere mich sehr für Musik, da kann ich mitreden, in diesem Bereich liege ich deutlich über der Mainstreamgrenze, ich weiß immerhin, dass die Gorillaz das Nachfolgeprojekt von The Blur sind und dass der Kopf des ganzen Damon Albarn heißt und dass Herr Albarn mal mit Justine Frischmann zusammen war, der feministisch gesonnenen Chefin der Band Elastica, und dass das Original von »Blue Suede Shoes« von Carl Perkins ist, und nicht von Elvis Presley. Ich besitze eine bescheidene Sammlung Northern-Soul- und Garage-Punk-Platten. Eros Ramazotti kommt in meinem Universum nicht vor, und ich dachte immer, ich könnte keinen Mann lieben, der Dire Straits hört, und jetzt wohne ich mit einem zusammen, der neben Dire-Straits- auch noch Udo-Lindenberg-Platten besitzt. Ich würde gern bestimmen, dass er sie aus dem Regal nimmt und im Küchenmixer zu Vinylsplittern zerhäckselt, aber ich weiß, dass ich so weit nicht gehen kann.

Als ich 16 war, begannen Bauarbeiter, mir nachzupfeifen, und ich zupfte hinter der nächsten Straßenecke an meiner Kleidung herum, denn ich befürchtete, billig auszusehen. Als ich mit 21 zur Uni ging, erzählten junge Männer mir in der Mensa etwas von Schwarzweißfotografie und von Drehbüchern, an denen sie schrieben, sie näherten sich im Hellen über die intellektuell-kreative Schiene, und wenn es ein AstA-Fest gab, packten sie mir im Dunkeln an den Hintern. Ich nahm es nicht weiter ernst. Als ich mit 24 bei einem Fernsehsender hospitierte, stellte mir der Studioleiter ein gemeinsames Zimmer für die Dienstreise in Aussicht und fand das witzig, er merkte gar nicht, wie peinlich er war. Ich stand drüber. Mit 28 gab es im Büro Kollegen; die meisten waren gebunden, genau wie ich, und sie dienten mir unkomplizierte Affären ohne Gefühlswirrwarr an. Das war ein klarer Deal, aber ich war meist zu sehr in meinen aktuellen Freund verliebt oder zu beschäftigt oder zu faul. Jetzt, mit 31, sprechen mich häufig jüngere Männer an, es ist erstaunlich, und als es das erste Mal geschah, fühlte ich mich, mit Verlaub, verarscht, aber inzwischen stelle ich eine gewisse Regelmäßigkeit fest, die kein Zufall sein kann. Sie sind vielleicht 26 oder 24, diese jungen Männer, manche sind höchstens 20, manche sind jüngere Geschwister von Bekannten, manche sind Praktikanten, die meisten sind Passanten. Sie werden rot, wenn sie mich um Wechselgeld für die U-Bahn oder eine Zigarette bitten, oder sie sitzen in Grüppchen zusammen, lachen unverschämt und rufen »Wowwowwow«, wenn ich vorbeilaufe, oder sie zischen und blinzeln anzüglich im Eiscafé. Inzwischen nehme ich das souverän zur Kenntnis und smile smart zurück, in a sophisticated way. Ich spreche inzwischen eine ganz neue Zielgruppe an, es sind diejenigen, die reife Frauen bevorzugen, nehme ich an. Man muss das Beste draus machen.

Ich kann kochen, ich weiß, wie man lange Flure geschickt dekoriert, ich nehme Königshochzeiten auf Video auf. Ich bin eine Frau, aber schon bald bin ich keine junge Frau mehr. Ich möchte gern noch mal ins Ausland gehen, ich habe da so ein Projekt im Kopf. Ich nehme die Pille, und auch wenn ich sie häufig vergesse, musste ich noch nie abtreiben. Vielleicht bin ich gar nicht fruchtbar, ich habe es noch nie testen lassen. Wenn man mich fragt, ob ich Kinder will, dann weiß ich nicht, was ich sagen soll. Ich kann es mir durchaus vorstellen, aber ich kann mir auch vorstellen, kinderlos zu bleiben. Ich weiß nicht, was es bedeutet, und ich weiß nicht, wie viel Liebe nötig ist, um ein Kind zu zeugen und großzuziehen. Wenn in der Nachbarschaft ein Baby schreit, während ich arbeiten muss, fluche ich. Ich bin oft ungeduldig, und ich schlafe sonntags gern lange aus, ich weiß nicht, ob ich eine gute Mutter wäre. Ich weiß nicht, ob ich eine richtige Frau bin. Ich weiß nicht, ob ich später einsam bin. Ich habe Angst, Angst zu haben. Und ich hasse *Ally McBeal*.

ENDE